働き方検定
働き方マスター試験
学習テキスト
試験対策資料集＋問題集

Work Style Reform Master

本書の構成

　本学習テキストは、働き方マスター試験の受験者の学習を支援するための資料および問題を掲載したものです。
　第1章の①働き方に関する統計・図表資料集では、厚生労働白書を始めとする資料から、働き方に関する統計・調査・図表などを中心に収録しています。②〜⑥では、働き方改革実行計画など、これから政府が行っていくとしている計画や政策などを中心に収録しています。
　第2章は2017年12月発行「働き方改革検定 働き方改革マスター試験 精選対策問題集」掲載の問題・解答・解説を再構成しました。
　第3章は2018年1月開催の「第1回 働き方改革検定 働き方改革マスター試験」に出題された問題に解答・解説を加えて掲載しました。
　本学習テキストが働き方マスター試験を受験される皆様の一助になれば幸いです。

※掲載の計画書やガイドライン案などは、本学習テキスト発行時点のものになります。最新の情報や全文については、厚生労働省ホームページ、全日本情報学習振興協会ホームページなどをご確認ください。
※本書で扱っている、『働き方改革実行計画』本文、工程表、概要の内容やページ数等は、首相官邸ホームページ「働き方改革実現会議」に掲載されているリンク先のデータに準拠しています。

目次

第1章 働き方マスター試験対策資料集　　9

1 働き方に関する統計・図表資料集　　10

① 人口高齢化

- 人口ピラミッドの変化－平成29年中位推計－　　10
- 年齢3区分別人口及び人口割合の推移と予測　　11
- 労働力人口の推計　　12
- 高齢者の人口に占める労働力人口比率の推移　　13
- 出生数及び合計特殊出生率の年次推移　　14
- 人口動態総覧の年次推移　　15
- 60歳以上の就業者数と就業率などの推移　　16
- 高年齢者雇用確保措置の状況　　17
- 何歳まで働きたいか（60歳以上）　　18
- 働く理由（40歳以上）　　19
- 仕事につけなかった主な理由（55〜69歳）　　20
- 60歳以降に希望する就労形態　　21
- 高齢期の就労にあたり企業に望むこと・国の取り組むべき施策　　22
- 高年齢者雇用安定助成金の拡充　　23
- 高齢者の起業支援　　24

② 一億総活躍社会の実現

　数値目標 _____ 25

　成長と分配の好循環メカニズムの提示 _____ 26

　OECD加盟諸国の時間当たり労働生産性 _____ 27

③ 子どもを産み育てやすい環境づくり

　共働き世帯と専業主婦世帯の年次推移 _____ 28

　第1子の出生年別にみた、第1子出産前後の妻の就業変化 _____ 29

　保育所等の定員・利用児童数等の状況 _____ 30

　保育所等待機児童数及び保育所等利用率の推移 _____ 31

　育児休業取得率の推移 _____ 32

　男女雇用機会均等法に関する相談内容の内訳 _____ 33

　仕事と家庭の両立支援対策の概要 _____ 34

　子育て安心プラン _____ 35

　仕事と家庭を両立しやすい環境整備の支援 _____ 36

④ 経済社会の活力向上と地域の活性化に向けた雇用対策の推進

　性別賃金、対前年増減率及び男女間賃金格差の推移 _____ 37

　労働力人口及び労働力人口総数に占める女性割合の推移 _____ 38

　女性の年齢階級別労働力率 _____ 39

　女性活躍推進法に基づく認定制度（えるぼし） _____ 40

　若者雇用促進法（「青少年の雇用の促進等に関する法律」） _____ 41

⑤ 安心して働くことのできる環境整備

項目	ページ
年平均労働時間の国際比較	42
年間総実労働時間の推移	43
就業形態別年間総実労働時間及びパートタイム労働者比率の推移	44
諸外国のフルタイム労働者とパートタイム労働者の賃金水準	45
男女別　パートタイム労働者の1時間当たり所定内給与額の年次推移	46
男女別　パートタイム労働者の実労働日数・1日当たり所定内実労働時間数の年次推移	47
新ジョブ・カード制度	48
転職入職者が前職を辞めた理由別割合	49
所定外労働が必要となる理由（正社員）	50
年次有給休暇の取得率、付与日数・取得日数の推移	51
民事上の個別労働紛争、相談内容別の件数	52
パワハラの行為類型とその具体例	53
過労死等の労災補償状況	54
最低賃金の年次推移	55
賃金の改定の決定に当たり最も重視した要素別企業割合	56
非正規雇用労働者の推移	57
非正規の職員・従業員が現在の雇用形態についた主な理由	58
正社員転換・待遇改善実現プラン	59
無期労働契約への転換制度の概要	60
短時間正社員制度の有無別事業所割合	61
短時間正社員制度の利用状況別事業所割合	61
テレワーク関係の用語の定義	62

企業におけるテレワークの導入率	63
働き方改革に取り組む目的	64
テレワークの場所・時間・頻度等	65
勤務先にテレワーク制度等があると回答した割合	66
制度等の有無別のテレワーカー割合	67
在宅ワークを始めた理由	68

⑥ 自立した生活の実現と暮らしの安心確保

世帯類型別生活保護受給世帯数の年次推移	69
生活困窮者自立支援制度の概要	70

⑦ 若者も高齢者も安心できる年金制度の確立

公的年金・恩給を受給している高齢者世帯における公的年金・恩給の総所得に占める割合別世帯数の構成割合	71
短時間労働者への被用者保険の適用拡大の促進	72

⑧ 国民が安心できる持続可能な医療・介護の実現

ニッポン一億総活躍プラン（介護部分抜粋）	73
今後の介護従事者の処遇改善について	74
保育士等（民間）のキャリアアップの仕組み・処遇改善のイメージ	75
事業場における治療と職業生活の両立支援のためのガイドライン	76
病気の治療と両立に向けたトライアングル型支援のイメージ	77

⑨ 障害者支援の総合的な推進
　障害者雇用の現状 　　　　　　　　　　　　　　　　　　　　　78
　ハローワークにおける難病のある方の職業紹介状況　　　　　　79

⑩ 国際社会への貢献と外国人労働者などへの適切な対応
　国籍別外国人労働者の割合　　　　　　　　　　　　　　　　　80
　在留資格別外国人労働者の割合　　　　　　　　　　　　　　　81

2 働き方改革実行計画／概要　　　　　　　　　　　　　　　　82

3 一億総活躍社会の実現に向けて　　　　　　　　　　　　　　105

4 今後に向けた課題及び当面重点的に取り組むべき事項
　（『仕事と生活の調和（ワーク・ライフ・バランス）レポート2016』より）　117

5 同一労働同一賃金ガイドライン案　　　　　　　　　　　　　139

6 平成二十九年度雇用施策実施方針の策定に関する指針　　　　154

第2章　試験対策問題集　　　　　　　　　　　　　　　　　165

第3章　過去問題　　　　　　　　　　　　　　　　　　　　255

第1章
働き方マスター試験対策資料集

Work Style Reform Master

① 人口高齢化

■人口ピラミッドの変化－平成29年中位推計－

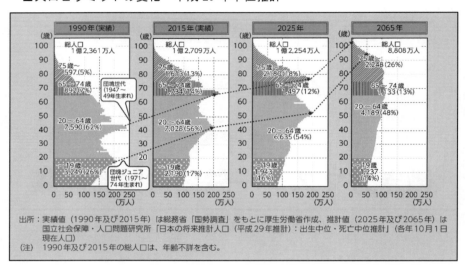

出所：実績値（1990年及び2015年）は総務省「国勢調査」をもとに厚生労働省作成、推計値（2025年及び2065年）は国立社会保障・人口問題研究所「日本の将来推計人口（平成29年推計）：出生中位・死亡中位推計」（各年10月1日現在人口）
（注） 1990年及び2015年の総人口は、年齢不詳を含む。

　我が国の合計特殊出生率は、2005（平成17）年に1.26となり、その後、横ばいもしくは微増傾向となっているが、2016（平成28）年も1.44と依然として低い水準にあり、長期的な少子化の傾向が継続している。
　また、2017（平成29）年に発表された国立社会保障・人口問題研究所「日本の将来推計人口（2017年推計）」によると、現在の傾向が続けば、2065年には、我が国の人口は8,808万人、1年間に生まれる子どもの数は現在の半分程度の約55万人となり、高齢化率は約38％に達するという厳しい見通しが示されている。
　（厚生労働省「平成29年版　厚生労働白書」より作成）

■年齢3区分別人口及び人口割合の推移と予測

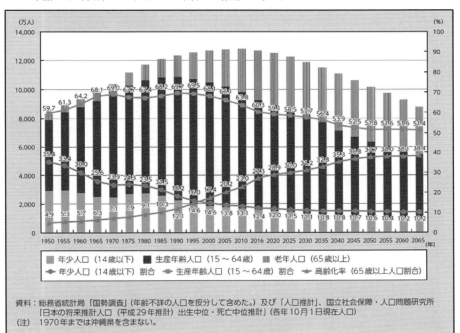

我が国の人口構成について、年齢3区分別人口で推移を見てみると、1970（昭和45）年の時点では、高齢化率は7.1％とおよそ14人に1人が高齢者の社会であったが、医療水準の向上等により平均寿命が上昇する一方で、1974（昭和49）年以降、合計特殊出生率が人口置換水準を下回る状態が続いてきた結果、少子高齢化が急速に進展し、2016（平成28）年では、高齢化率が27.3％と4人に1人以上が高齢者の社会となっている。

また、生産年齢人口割合についても、1990（平成2）年以降減少を続けている。高齢化の進展は、年金・医療・介護などの社会保障給付費を増大させる要因となる一方で、税金や社会保険料を主に負担する現役世代の相対的な減少を意味するため、社会保障の給付と負担のアンバランスを高めることとなる。

（厚生労働省「平成29年版　厚生労働白書」より作成）

■労働力人口の推計

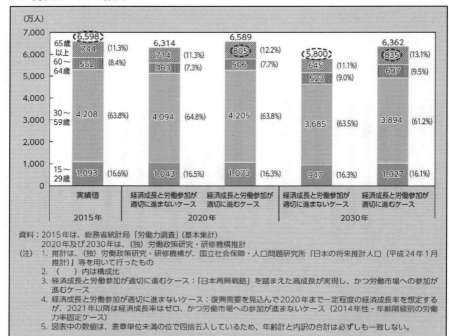

　今後、人口減少が進むなかで労働力人口（働く意思と能力のある者（＝就業者数＋完全失業者数））はどうなっていく見込みだろうか。

　「経済成長と労働参加が適切に進まないケース」と「経済成長と労働参加が適切に進むケース」について2020年と2030年のそれぞれの労働力人口の推計を示したものが上記の図である。どちらのケースにおいても、2015（平成27）年の労働力人口よりも減少する見込みとなっている。特に、「経済成長と労働参加が適切に進まないケース」では、2030年は5,800万人と推計されており、2015年の6,598万人から約800万人減少する見込みとなっている。

　一方、「経済成長と労働参加が適切に進むケース」は、2015年から2020年では9万人と2030年では236万人の減少でとどまる見込みであるが、65歳以上の労働力人口は増加する見込みとなっている。

　（厚生労働省「平成28年版　厚生労働白書」より作成）

■高齢者の人口に占める労働力人口比率の推移

○高齢者の人口に占める労働力人口（働く意思と能力のある者（＝就業者数＋完全失業者数））の比率は、近年上昇傾向にあり、65歳以上では2015年（平成27年）に22.1％となっている。

資料：総務省統計局「労働力調査」
（注）　2011年は、補完推計値を使用している。

　将来に必要な労働力人口が減少することが懸念されており、働く意欲のある高齢者が、長年培ってきた知識や経験を生かし、年齢に関わりなく活躍し続けることができる「生涯現役社会」を実現することがますます重要になっている。
　また、高齢者が働くことは、高齢者自身が支えられる側から支える側に回り、健康や生きがいにもつながるものと考えられる。
　我が国における高齢者の就労意欲は高く、65歳を超えても働きたいとする者は約7割を占めるとともに、高齢者の人口に占める労働力人口の割合についても近年上昇を続けている。
　（厚生労働省「平成28年版　厚生労働白書」より作成）

第1章 働き方マスター試験対策資料集

■出生数及び合計特殊出生率の年次推移

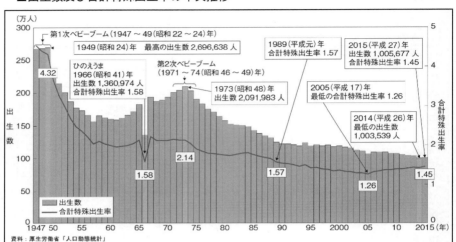

　我が国の年間の出生数は、第1次ベビーブーム期には約270万人、第2次ベビーブーム期には約210万人であったが、1975（昭和50）年に200万人を割り込み、それ以降、毎年減少し続けた。1984（昭和59）年には150万人を割り込み、1991（平成3）年以降は増加と減少を繰り返しながら、緩やかな減少傾向となっている。

　2015（平成27）年の出生数は、100万5,677人であり、前年の100万3,539人より2,138人増加した。合計特殊出生率をみると、第1次ベビーブーム期には4.3を超えていたが、1950（昭和25）年以降急激に低下した。その後、第2次ベビーブーム期を含め、ほぼ2.1台で推移していたが、1975年に2.0を下回ってから再び低下傾向となった。1989（昭和64、平成元）年にはそれまで最低であった1966（昭和41）年（丙午：ひのえうま）の1.58を下回る1.57を記録し、さらに、2005（平成17）年には過去最低である1.26まで落ち込んだ。

　近年は微増傾向が続いており、2015年は、1.45と前年より0.03ポイント上回った。

　（内閣府「平成29年版　少子化社会対策白書」より作成）

■人口動態総覧の年次推移

年次	出生数	死亡数
1990年	1,221,585	820,305
1991年	1,223,245	829,797
1992年	1,208,989	856,643
1993年	1,188,282	878,532
1994年	1,238,328	875,933
1995年	1,187,064	922,139
1996年	1,206,555	896,211
1997年	1,191,665	913,402
1998年	1,203,147	936,484
1999年	1,177,669	982,031
2000年	1,190,547	961,653
2001年	1,170,662	970,331
2002年	1,153,855	982,379
2003年	1,123,610	1,014,951
2004年	1,110,721	1,028,602
2005年	1,062,530	1,083,796
2006年	1,092,674	1,084,450
2007年	1,089,818	1,108,334
2008年	1,091,156	1,142,407
2009年	1,070,035	1,141,865
2010年	1,071,304	1,197,012
2011年	1,050,806	1,253,066
2012年	1,037,231	1,256,359
2013年	1,029,816	1,268,436
2014年	1,003,539	1,273,004
2015年	1,005,677	1,290,444
2016年	976,978	1,307,748

　出生数は減少傾向、死亡数は増加傾向が続いており、2005（平成17）年には死亡数が出生数を上回り推移するようになった。これらは日本の少子高齢化の要因の一つとされており、ニッポン一億総活躍プランでも解決を図っていくとしている。

　（厚生労働省「平成28年　人口動態統計」より作成）

■60歳以上の就業者数と就業率などの推移

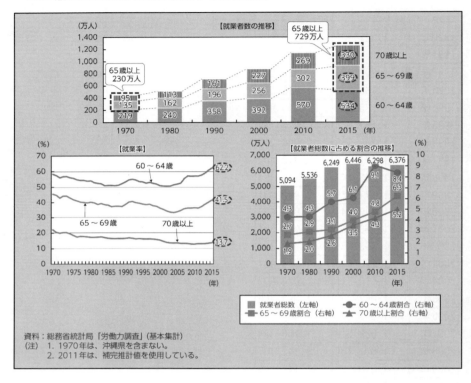

資料：総務省統計局「労働力調査」(基本集計)
(注) 1. 1970年は、沖縄県を含まない。
    2. 2011年は、補完推計値を使用している。

　2015（平成27）年の60歳以上の就業者数（就業率）について見てみると、60～64歳は534万人（62.2％）、65～69歳は399万人（41.5％）、70歳以上は330万人（13.7％）となっている。60～64歳層は、高年齢者雇用確保措置の導入が義務付けられた2006（平成18）年以降、就業率が上昇している。
　65歳以上の就業者数は、1970（昭和45）年に230万人であったが、2015年には729万人と3倍以上に増加しており、就業者総数に占める割合も上昇傾向にある。
　（厚生労働省「平成28年版　厚生労働白書」より作成）

■高年齢者雇用確保措置の状況

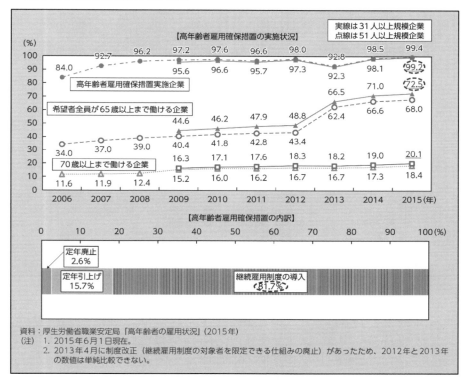

　2015（平成27）年6月1日現在、高年齢者雇用確保措置を導入している企業は、99.2％（31人以上企業）となっており、雇用確保措置の内訳は、「継続雇用制度の導入」が約8割を占めている。また、希望者全員が65歳以上まで働ける企業も72.5％と近年増加傾向にある。
　（厚生労働省「平成28年版　厚生労働白書」より作成）

■何歳まで働きたいか（60歳以上）

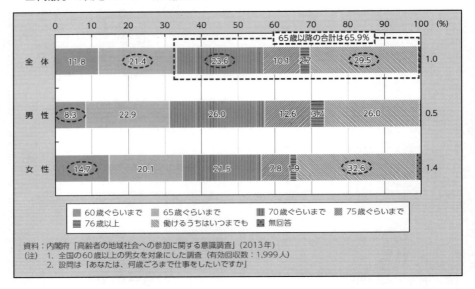

　60歳以上の男女に対し、「何歳ごろまで仕事をしたいか」についてたずねたところ、「働けるうちはいつまでも（29.5％）」が最も多く、次いで「70歳ぐらいまで（23.6％）」、「65歳ぐらいまで（21.4％）」となっている。なお、65歳を超えて働きたいと回答した人は合計で65.9％となっている。性別に見てみると、男性は「60歳ぐらいまで」が8.3％と低い割合に対し、女性は、14.7％と2倍近くの差が見られ、「働けるうちはいつまでも（32.6％）」も比較的高い割合を示している。

（厚生労働省「平成28年版　厚生労働白書」より作成）

■働く理由（40歳以上）

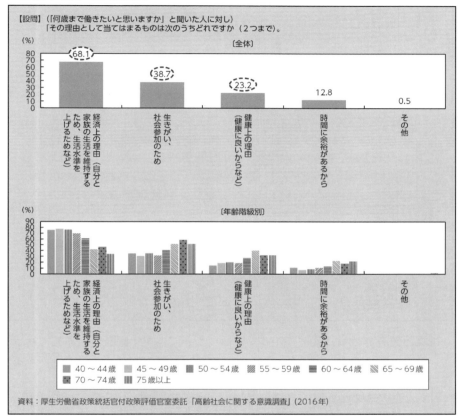

　40歳以上の男女に対し、働く理由についてたずねたところ、全体としては、「経済上の理由（68.1%）」が最も多く、次いで「生きがい、社会参加のため（38.7%）」、「健康上の理由（23.2%）」となっている。年齢階級別に見てみると、年齢階級が上がるにつれて、「経済上の理由」の割合が低下していき、「生きがい、社会参加のため」や「健康上の理由」等の割合が増えていき、高齢になるほど働くことを通じて生きがい・健康といった要素が考慮されるようになる傾向にあった。

　（厚生労働省「平成28年版　厚生労働白書」より作成）

■仕事につけなかった主な理由（55～69歳）

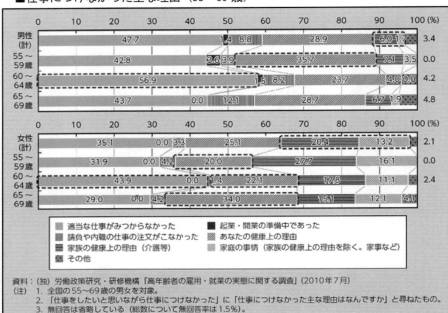

就業希望者の仕事に就けなかった理由について性・年齢階級別に見てみると、男女ともいずれの年齢階級でも「適当な仕事がみつからなかった」が最も多いが、60～64歳でその割合が高い。

「あなたの健康上の理由」は男性が55～59歳で最も割合が高いのに対して女性では年齢階級が高くなるほど増加している。女性では「家族の健康上の理由（介護等）」や「家庭の事情（家族の健康上の理由を除く。家事など）」が男性に比べ高い。

（厚生労働省「平成28年版　厚生労働白書」より作成）

■60歳以降に希望する就労形態

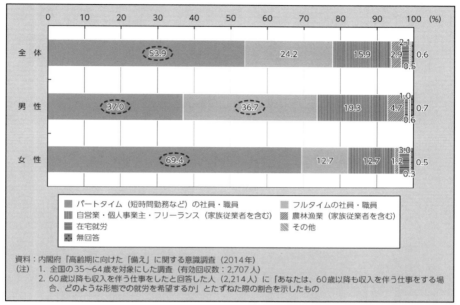

　内閣府の調査で60歳以降に希望する就労形態をたずねている。60歳以降に希望する就労形態は、「パートタイム（短時間勤務など）の社員・職員（53.9％）」と最も多く回答している。ただし、性別にみると、傾向ははっきり分かれる。女性は、69.4％もの人が「パートタイム（短時間勤務など）の社員・職員」を選んでいるものの、男性は、37.0％となっており、「フルタイムの社員・職員」を選んでいる人も36.7％でほぼ二分されている状況であることも留意する必要があろう。

　（厚生労働省「平成28年版　厚生労働白書」より作成）

■高齢期の就労にあたり企業に望むこと・国の取り組むべき施策

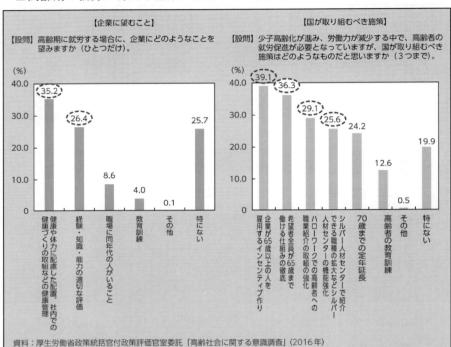

　意欲ある高齢者が企業にどのようなことを望んでいるか、国の取り組むべき施策はどのようなものと考えているのかを知ることは年齢にかかわらず働くことができる社会を実現するうえで有用なことである。

　企業にどのようなことを望むかでは、「健康や体力に配慮した配置、社内での健康づくりの取組などの健康管理（35.2％）」が最も多く、次いで「経験・知識・能力の適切な評価（26.4％）」となっている。

　国が取り組むべき施策としては、「企業が65歳以上の人を雇用するインセンティブ作り（39.1％）」で最も多く、次いで「希望者全員が65歳まで働ける仕組みの徹底（36.3％）」となっている。

　（厚生労働省「平成28年版　厚生労働白書」より作成）

■高年齢者雇用安定助成金の拡充

```
                                                    平成28年度予算額  31.7億円

高齢者が意欲と能力がある限り年齢に関わりなくいきいきと働ける社会の構築に向けて、高齢者の雇用環境整備や、有期契
約の高年者を定年後も安定した雇用形態に転換する事業主に対して助成することを通じて、高齢者の雇用の安定を図る。

                            ※2つのコースで構成（赤字下線部は平成28年度より制度拡充）

1  高齢者の雇用の環境整備支援

高年齢者活用促進コース
●助成内容
 ① 新たな事業分野への進出等（新たな事業分野への進出、職務の再設計等による職場又は職務の創出）
 ② 機械設備の導入等（機械設備、作業方法、作業環境の導入又は改善）
 ③ 高齢者の雇用管理制度の整備（短時間勤務制度・在宅勤務制度の導入、高年齢者に係る賃金・能力評価制度等の構築、専
   門職制度の導入、研修等能力開発プログラムの開発等）
 ④ 健康管理制度の導入（制度導入をした場合、コンサルタントへの依頼等について30万円の費用を要したものとみなす）
 ⑤ 定年の引上げ等（66歳以上への定年の引上げ、定年の定めの廃止又は希望者全員を66歳以上の年齢まで雇用する継続雇
   用制度の導入のいずれかを実施した場合、当該措置の実施に100万円の費用を要したものとみなす）
●助成額
 ①～⑤に係る環境整備計画の実施に要した費用の額の 2/3（大企業1/2）
 ※ 60歳以上の雇用者1人当たり20万円上限（上限1,000万円）
 ※ ただし、下記のいずれかの事業主の場合は、歳以上の雇用者人当たり30万円上限
    a 建設・製造・医療・保育・介護の分野に係る事業を営む事業主
    b 65歳以上の者（高年齢継続被保険者）の雇用割合が4％以上の事業主
    c 高年齢者活用促進の措置のうち「高年齢者の生産性の向上に資する機械設備、作業方法や、高年齢者が安全に働ける
      作業環境の導入または改善等」を実施した事業主

2  有期契約の高齢者に対する安定した雇用形態への転換促進

高年齢者無期雇用転換コース（新設）
●助成内容
 50歳以上定年年齢未満の有期契約労働者を無期雇用に転換させた事業主に対して、その人数に応じ助成する
●助成額
 対象者1人につき50万円（中小企業以外は1人につき40万円）
```

　今後、2012（平成24）年法改正の内容について、高年齢者雇用確保措置未実施企業に対する指導の徹底等により、確実に実施されるようにするとともに、65歳以上の者の雇用の確保について、企業の自主的な取組みを支援していくことが必要である。

　60歳以上の者の雇用環境整備について、新たな事業分野への進出や機械設備の導入、雇用管理制度の整備等を行った企業に対しては、これまでも高年齢者雇用安定助成金を支給してきているが、2016（平成28）年度からはこれを拡充し、新たに60歳以上の者を対象とした健康管理制度の導入を行った場合には、それらの実施に要した費用の一部を助成することとし、助成額についても拡充した。また、50歳以上かつ定年年齢未満の有期契約労働者を無期雇用労働者に転換させた企業に対しても助成を行うこととした。

　（厚生労働省「平成28年版　厚生労働白書」より作成）

■高齢者の起業支援

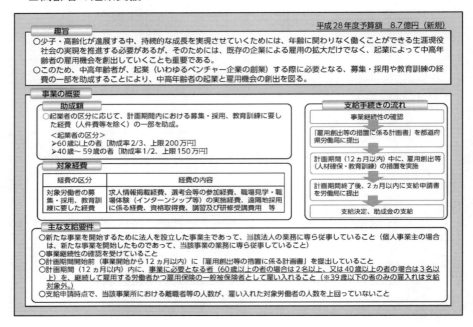

　既存の企業による雇用の拡大だけでなく、起業によって高齢者の雇用を創出していくことも重要である。このため、同じく2016（平成28）年度から、高齢者がいわゆるベンチャー企業の創業を行う際に、従業員の募集・採用や教育訓練の経費の一部を助成する「生涯現役起業支援助成金」を創設し、支援を開始した。
　（厚生労働省「平成28年版　厚生労働白書」より作成）

② 一億総活躍社会の実現

■数値目標

	行動指針策定時 (2007.12)	新行動指針策定時 (2010.6) 又は最新値と比較可能な最も古い数値(*)	最新値〔注1〕	目標値（2020年）
Ⅰ就労による経済的自立が可能な社会				
①就業率（Ⅱ、Ⅲにも関わるものである）				
20～64歳	―	74.6%（2009）	79.2%（2016）	80%
20～34歳	―	73.6%（2009）	77.7%（2016）	79%
25～44歳　女性	64.9%（2006）		72.8%（2016）	77%
60～64歳	52.6%（2006）		63.6%（2016）	67%
②時間当たり労働生産性の伸び率（Ⅱ、Ⅲにも関わるものである）	1.6%（'96～'05年度の10年間平均）⇒ 遡及改定値1.8%		0.9%（'06年度～'15年度の10年間平均）〔注2〕	実質GDP成長率に関する目標（2%を上回る水準）より高い水準（※）
③フリーターの数 *	187万人（2006）（2003年にピークの217万人）		155万人（2016）	124万人 ※ピーク時比で約半減
Ⅱ健康で豊かな生活のための時間が確保できる社会				
④労働時間等の課題について労使が話し合いの機会を設けている割合〔注3〕	41.5%（2007）	**40.5%（2010）** **	55.4%（2015）	全ての企業で実施
⑤週労働時間60時間以上の雇用者の割合 *	10.8%（2006）		7.7%（2016）	5%
⑥年次有給休暇取得率 *〔注4〕	46.6%（2006）	**46.7%（2007）** **	48.7%（2015） ***	70%
⑦メンタルヘルスケアに関する措置を受けられる職場の割合	23.5%（2002）		59.7%（2015）	100%
Ⅲ多様な働き方・生き方が選択できる社会				
⑧短時間勤務を選択できる事業所の割合（短時間正社員制度等）	（参考）8.6%以下（2005）〔注5〕	**13.4%（2010）** **（注5）	15.0%（2015）	29%
⑨自己啓発を行っている労働者の割合 *				
正社員	46.2%（2005）		42.7%（2014）	70%
非正社員	23.4%（2005）		16.1%（2014）	50%
⑩第1子出産前後の女性の継続就業率 *	38.0%（2000-2004）⇒ 遡及改定値39.8%		53.1%（2010-2014）	55%
⑪保育等の子育てサービスを提供している数				
認可保育所等（3歳未満児）〔注6〕	―		98万人（2016）	116万人（2017年度）
放課後児童クラブ	―	81万人（2010）	109万人（2016）	122万人（2019年度）
⑫男性の育児休業取得率 *	0.50%（2005）		2.65%（2015）	13%
⑬6歳未満の子どもをもつ夫の育児・家事関連時間	1日当たり60分		67分（2011） ***	2時間30分

注1　最新値は、データ公表時期の関係で、必ずしも最新の状況が反映されているわけではないことに留意が必要。

　仕事と生活の調和した社会の実現に向けた企業、働く者、国民、国及び地方公共団体の取組を推進するための社会全体の目標として、政策によって一定の影響を及ぼすことができる項目について数値目標が設定されている。

　就業率、フリーターの数、第1子出産前後の女性の継続就業率は順調に進捗。時間当たり労働生産性の伸び率、自己啓発を行っている労働者の割合は進捗していないことが読み取れる。

　（内閣府「仕事と生活の調和（ワーク・ライフ・バランス）レポート2016」より作成）

■成長と分配の好循環メカニズムの提示

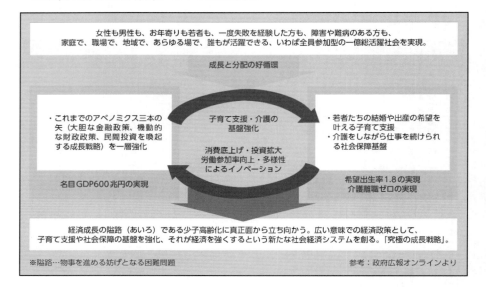

　2016（平成28）年6月2日に、あらゆる場で誰もが活躍できる、全員参加型の社会を目指すため、「ニッポン一億総活躍プラン」が閣議決定された。
　同プランでは、少子高齢化の進行が、労働供給の減少のみならず、将来の経済規模の縮小や生活水準の低下を招き、経済の持続可能性を危うくするという認識が、将来に対する不安・悲観へとつながっているとし、少子高齢化という構造的な課題に取り組み、女性も男性も、お年寄りも若者も、一度失敗を経験した方も、障害や難病のある方も、家庭で、職場で、地域で、あらゆる場で、誰もが包摂され活躍できる社会「一億総活躍社会」の実現を目指すとした。
　一億総活躍社会とは、「成長と分配の好循環」を生み出していく新たな経済社会システムの提案である。すなわち、全ての人が包摂される社会、一億総活躍社会が実現できれば、安心感が醸成され、将来の見通しが確かになり、消費の底上げ、投資の拡大にもつながる。
　「ニッポン一億総活躍プラン」では、アベノミクスによる成長の果実を活用して、子育て支援や社会保障の基盤を強化し、それが更に経済を強くするという「成長と分配の好循環」メカニズムを提示している。
　（厚生労働省「平成29年版　厚生労働白書」より作成）

■OECD加盟諸国の時間当たり労働生産性

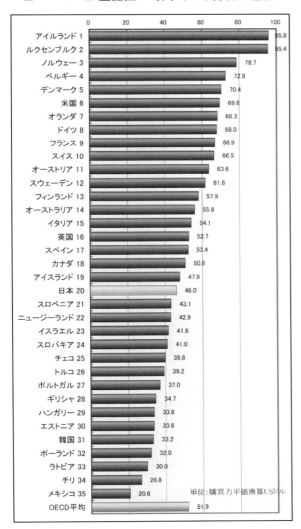

　日本の就業1時間当たり労働生産性は、46.0ドル（4,694円）で、35カ国中20位だった（2016年／35カ国比較）。日本の順位は、1980年代後半から足もとにいたるまで19〜21位で大きく変わらない状況が続いている。
　（公益財団法人日本生産性本部「労働生産性の国際比較　2017年版」より作成）

③ 子どもを産み育てやすい環境づくり

■共働き世帯と専業主婦世帯の年次推移

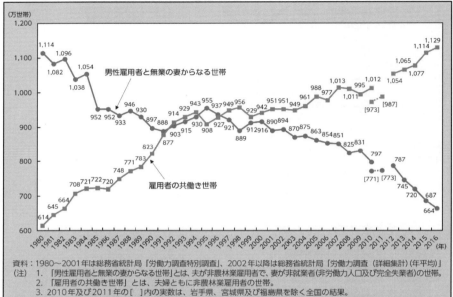

家族形態の変化について、共働き世帯と専業主婦世帯の数の推移で見てみると、1980（昭和55）年時点では、専業主婦世帯が主流であったが、その後、共働き世帯数は継続的に増加し、1997（平成9）年には共働き世帯が専業主婦世帯を上回った。その後も共働き世帯は増加を続けており、専業主婦世帯数との差は拡大傾向にある。

（厚生労働省「平成29年版 厚生労働白書」より作成）

■第1子の出生年別にみた、第1子出産前後の妻の就業変化

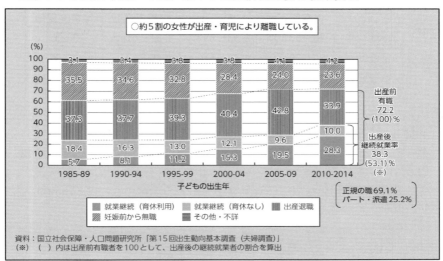

育児・介護期は特に仕事と家庭の両立が困難であることから、労働者の継続就業を図るため、仕事と家庭の両立支援策を重点的に推進する必要がある。とくに、第1子出産後の女性の継続就業割合（出産前有職72.2／出産後継続就業率38.3）をみると、53.1%（2015（平成27）年度）となっており、いまだに半数近くの女性が出産を機に離職している。

（厚生労働省「平成29年版 厚生労働白書」より作成）

■保育所等の定員・利用児童数等の状況

	保育所等数	定員	利用児童数	定員充足率
平成27年	28,783か所	2,531,692人	2,373,614人	93.8%
平成28年	30,859か所	2,634,510人	2,458,607人	93.3%
平成29年	32,793か所	2,735,238人	2,546,669人	93.1%

① 施設数　保育所等数は32,793か所で、2016（平成28）年と比べて1,934か所（6.3％）の増。

② 定員　保育所等の定員は2,735,238人で、平成28年と比べて100,728人（3.8％）の増。

③ 保育所等利用児童数　保育所等を利用する児童の数は2,546,669人で、平成28年と比べて88,062人（3.6％）の増。

④ 定員充足率　定員充足率（利用児童数÷定員）は93.1％で、平成28年と比べて0.2ポイントの減。

（厚生労働省「保育所等関連状況取りまとめ（平成29年4月1日）」より作成）

■保育所等待機児童数及び保育所等利用率の推移

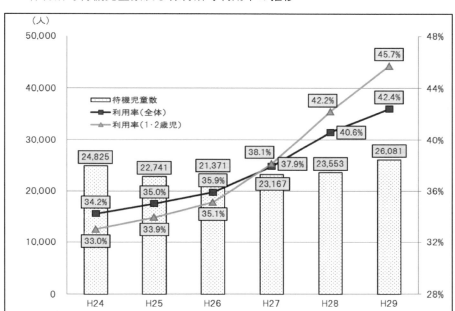

　2017（平成29）年の待機児童数は26,081人で前年比2,528人の増加となった。保育利用率（利用児童数／就学前児童数）は年々上昇しており、特に待機児童全体の71.7%（18,712人）を占めている1・2歳児の利用率は、42.2%からこの1年間で3.5ポイント上昇し、2017年4月1日時点の保育利用率は45.7%となっている。
　（厚生労働省「保育所等関連状況取りまとめ（平成29年4月1日）」より作成）

■育児休業取得率の推移

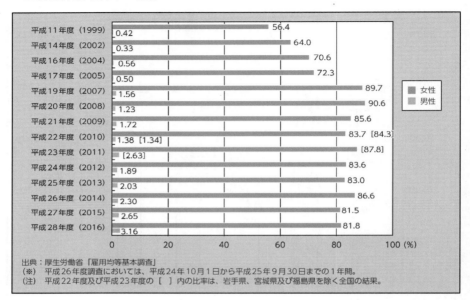

出典：厚生労働省「雇用均等基本調査」
（※）　平成26年度調査においては、平成24年10月1日から平成25年9月30日までの1年間。
（注）　平成22年度及び平成23年度の［　］内の比率は、岩手県、宮城県及び福島県を除く全国の結果。

　育児休業の取得率については、直近の調査では、女性の育児休業取得率は81.8%（2016（平成28）年度）と、育児休業制度の着実な定着が図られている。
　しかし、第1子出産後の女性の継続就業割合をみると、53.1%（2015（平成27）年度）となっており、いまだに半数近くの女性が出産を機に離職している（P.29参照）。
　また、男性の約3割が育児休業を取得したいと考えているとのデータもある中、実際の取得率は3.16%（2016年度）にとどまっている。さらに、男性の子育てや家事に費やす時間も先進国中最低の水準である。こうした男女とも仕事と生活の調和をとることが難しい状況が女性の継続就業を困難にし、少子化の原因の一つになっていると考えられる。
　（厚生労働省「平成29年版　厚生労働白書」より作成）

■男女雇用機会均等法に関する相談内容の内訳

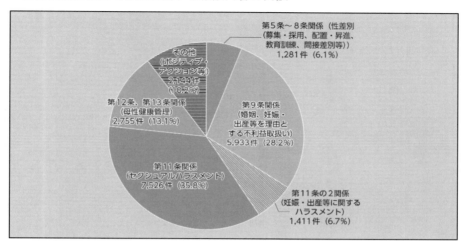

　労働者が性別により差別されることなく、また、働く女性が母性を尊重されつつ、その能力を十分に発揮できる雇用環境を整備するため、男女雇用機会均等法令に沿った男女均等取扱いがされるよう周知徹底するとともに、法違反が認められる企業に対しては、都道府県労働局雇用環境・均等部（室）において、迅速かつ厳正な指導を行っている。
　また、労働者と事業主の間の紛争については、都道府県労働局長による紛争解決の援助及び機会均等調停会議による調停で円滑かつ迅速な解決を図っている。
　2016（平成28）年度に雇用環境・均等部（室）に寄せられた男女雇用機会均等法に関する相談件数は21,050件である。その内容を見ると、職場におけるセクシュアルハラスメントや妊娠・出産等を理由とする解雇その他不利益取扱いに関する相談が多くなっている。
　（厚生労働省「平成29年版　厚生労働白書」より作成）

■仕事と家庭の両立支援対策の概要

法律に基づく両立支援制度の整備	両立支援制度を利用しやすい職場環境づくり	その他
妊娠中・出産後の母性保護、母性健康管理（労働基準法、男女雇用機会均等法） ・産前産後休業（産前6週、産後8週）、軽易な業務への転換、時間外労働・深夜業の制限 ・医師等の指導等に基づく、通勤緩和、休憩、休業等の措置を事業主に義務づけ ・妊娠・出産等を理由とする解雇その他の不利益取扱いの禁止	**次世代法に基づく事業主の取組推進** ・仕事と子育てを両立しやすい環境の整備等に関する行動計画の策定・届出・公表・従業員への周知（101人以上は義務、100人以下は努力義務） ・一定の基準を満たした企業を認定（くるみんマーク及びプラチナくるみんマーク） ・認定企業に対する税制上の措置	長時間労働の抑制、年次有給休暇の取得促進等全体のワーク・ライフ・バランスの推進 保育所待機児童の解消・放課後児童クラブの充実、子育て援助活動支援事業（ファミリー・サポート・センター事業） 子育て女性等の再就職支援（マザーズハローワーク事業、仕事と育児カムバック支援サイト）
育児休業等両立支援制度の整備（育児・介護休業法） ・子が満1歳（両親ともに育児休業を取得した場合、1歳2ヶ月＝"パパ・ママ育休プラス"）まで（保育所等に入所できない場合等は最長2歳まで）の育児休業 ・子が3歳に達するまでの短時間勤務制度、所定外労働の免除 ・育児休業を取得したこと等を理由とする解雇その他の不利益取扱いの禁止　等	**助成金等を通じた事業主への支援** ・育児休業者の代替要員を確保し休業取得者を原職等に復帰させる、男性の育児休業取得を支援する、妊娠、出産、育児又は介護を理由とした退職者の再雇用制度に基づき復職させるなど、両立支援に取り組む事業主へ助成金を支給 ・中小企業で働く労働者の育児休業取得及び育児休業後の円滑な職場復帰支援のための「育休復帰支援プラン」の策定・利用支援 ・女性の活躍・両立支援総合サイトによる情報提供 ・仕事と介護の両立のための職場環境整備に取組み、介護休業制度等の利用者を生じた事業主への助成金の支給や、両立支援実践マニュアルの作成など、仕事と介護の両立支援を推進	
育児休業中の経済的支援 ・育児休業給付（賃金の67％相当）（180日） ・社会保険料（健康保険、厚生年金保険）の免除　等	**表彰等による事業主の意識醸成** ・仕事と家庭のバランスに配慮した柔軟な働き方ができる企業を表彰 ・男性の育児休業取得促進等男性の仕事と育児の両立支援の促進（イクメンプロジェクト）	●女性の継続就業率 53.1%（2015（平成27）年） →55%（2020年） ●男性の育児休業取得率 3.16%（2016（平成28）年） →13%（2020年）

　仕事と育児・介護等の両立支援に向けた取組みは、少子化対策や子育て支援策だけでなく、女性の活躍促進に資するとともに、日本経済の活力の維持の観点からも重要となっている。

　このため、育児・介護休業法の周知徹底、次世代育成支援対策推進法に基づく事業主の取組促進、助成金の支給を通じた事業主への支援、「育休復帰支援プラン」「介護支援プラン」モデルの普及促進及び育児・介護プランナーによるプラン策定支援、両立支援に関する情報を一元化した「女性の活躍・両立支援総合サイト」の運用、均等・両立推進企業表彰やイクメンプロジェクトの実施など、仕事と育児・介護等の両立を図ることができる雇用環境の整備に取り組んでいる。

（厚生労働省「平成29年版　厚生労働白書」より作成）

■子育て安心プラン

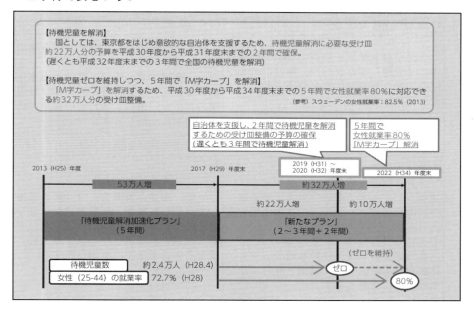

　待機児童の解消を図るため、厚生労働省では、2013（平成25）年4月に「待機児童解消加速化プラン」を策定し、2017（平成29）年度末までに新たに40万人分の保育の受け皿確保を目指すこととした。

　この目標は、2015（平成27）年11月に策定された「一億総活躍社会の実現に向けて緊急に実施すべき対策」に基づき、50万人分に引き上げられた。さらに、2016（平成28）年4月から事業主拠出金制度に基づく企業主導型保育事業による最大5万人の保育の受け皿整備を含めることにより、約53万人分の保育の受け皿の確保を推進することとした。

　2017年6月には、今後も女性の就業率の上昇や、保育の利用希望の増加が見込まれる中、「子育て安心プラン」が公表され、待機児童解消に必要な受け皿約22万人分の予算3年分を2019年度末までの2年間で確保し、遅くとも2020年度末までの3年間で全国の待機児童を解消することとしている。さらに、2022年度末までの5年間で、女性就業率80％にも対応できるよう、約32万人分の保育の受け皿を整備することとしている。

　（厚生労働省「平成29年版　厚生労働白書」より作成）

■仕事と家庭を両立しやすい環境整備の支援

○出生時両立支援コース	○介護離職防止支援コース
男性が育児休業を取得しやすい職場風土作りの取り組みを行い、男性に一定期間の連続した育児休業を取得させた事業主に支給します。	仕事と介護の両立に関する職場環境整備の取組を行い「介護支援プラン」を作成し、介護休業の取得・職場復帰または働きながら介護を行うための勤務制限制度の利用を円滑にするための取組を行った事業主に支給します。
○育児休業等支援コース	○再雇用者評価処遇コース
①育休取得時・職場復帰時 　「育休復帰支援プラン」を作成し、プランに沿って労働者に育児休業を取得、職場復帰させた中小企業事業主に支給します。 ②代替要員確保時 　育児休業取得者の代替要員を確保し、休業取得者を原職等に復帰させた中小企業事業主に支給します。	妊娠、出産、育児または介護を理由として退職した者が、就業が可能になったときに復職でき、適切に評価され、配置・処遇される再雇用制度を導入し、希望する者を事業主に支給します。
○女性活躍加速化コース	○事業所内保育施設コース
女性活躍推進法に基づき、自社の助成の活躍に関する「数値目標」、数値目標の達成に向けた「取組目標」を盛り込んだ「行動計画」を策定して、目標を達成した事業主に支給します。	労働者のための保育施設を事業所内に設置、増築、運営を行う事業主・事業主団体に、その費用の一部を助成します。 ※現在は助成金の対象となる事業所内保育施設の新規計画の認定申請受付を停止しています。

　従業員の職業生活と家庭生活の両立支援や女性の活躍推進に取り組む事業主を応援する制度に、「両立支援等助成金」があり、6つのコースで助成している。
　（厚生労働省パンフレット「平成29年度両立支援等助成金のご案内」より作成）

④ 経済社会の活力向上と地域の活性化に向けた雇用対策の推進

■性別賃金、対前年増減率及び男女間賃金格差の推移

年	男女計 賃金（千円）	男女計 対前年増減率（％）	男 賃金（千円）	男 対前年増減率（％）	女 賃金（千円）	女 対前年増減率（％）	男女間賃金格差（男＝100）
平成 9 年	298.9	1.1	337.0	0.9	212.7	1.5	63.1
10	299.1	0.1	336.4	-0.2	214.9	1.0	63.9
11	300.6	0.5	336.7	0.1	217.5	1.2	64.6
12	302.2	0.5	336.8	0.0	220.6	1.4	65.5
13	305.8	1.2	340.7	1.2	222.4	0.8	65.3
14	302.6	-1.0	336.2	-1.3	223.6	0.5	66.5
15	302.1	-0.2	335.5	-0.2	224.2	0.3	66.8
16	301.6	-0.2	333.9	-0.5	225.6	0.6	67.6
17	302.0	0.1	337.8	1.2	222.5	-1.4	65.9
18	301.8	-0.1	337.7	0.0	222.6	0.0	65.9
19	301.1	-0.2	336.7	-0.3	225.2	1.2	66.9
20	299.1	-0.7	333.7	-0.9	226.1	0.4	67.8
21	294.5	-1.5	326.8	-2.1	228.0	0.8	69.8
22	296.2	0.6	328.3	0.5	227.6	-0.2	69.3
23	296.8	0.2	328.3	0.0	231.9	1.9	70.6
24	297.7	0.3	329.0	0.2	233.1	0.5	70.9
25	295.7	-0.7	326.0	-0.9	232.6	-0.2	71.3
26	299.6	1.3	329.6	1.1	238.0	2.3	72.2
27	304.0	1.5	335.1	1.7	242.0	1.7	72.2
28	304.0	0.0	335.2	0.0	244.6	1.1	73.0
平成28年 年齢（歳）	42.2		43.0		40.7		
勤続年数（年）	11.9		13.3		9.3		

　一般労働者の賃金は、男女計304.0千円（年齢42.2歳、勤続11.9年）、男性335.2千円（年齢43.0歳、勤続13.3年）、女性244.6千円（年齢40.7歳、勤続9.3年）となっている。賃金を前年と比べると、男女計及び男性では0.0％と同水準、女性では1.1％増加となっている。女性の賃金は過去最高となっており、男女間賃金格差（男性＝100）は過去最小の73.0となっている。
　（厚生労働省「平成28年 賃金構造基本統計調査」より作成）

■労働力人口及び労働力人口総数に占める女性割合の推移

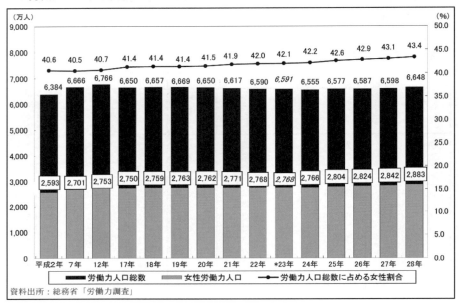

資料出所：総務省「労働力調査」

　総務省「労働力調査」によると、2016（平成28）年の女性の労働力人口は2,883万人と前年に比べ41万人増加（前年比1.4％増）した。男性は3,765万人と9万人増加（同0.2％増）した。この結果、労働力人口総数は前年より50万人増加（同0.8％増）し6,648万人となり、労働力人口総数に占める女性の割合は43.4％（前年差0.3ポイント上昇）となった。
　（厚生労働省「平成28年版　働く女性の実情」より作成）

■女性の年齢階級別労働力率

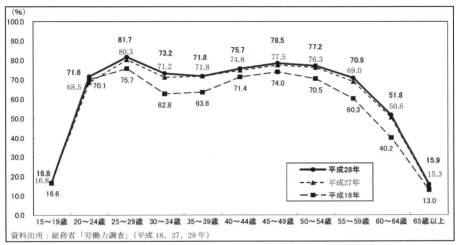

資料出所：総務省「労働力調査」（平成18、27、28年）

　2016（平成28）年の女性の労働力率を年齢階級別にみると、「25～29歳」（81.7%）と「45～49歳」（78.5%）を左右のピークとし、「35～39歳」（71.8%）を底とするＭ字型カーブを描いている。Ｍ字型の底の年齢階級は、2015（平成27）年は「30～34歳」であったが、平成28年は「35～39歳」となった。Ｍ字型の底の値は0.6ポイント上昇し、71.8%となった。

　「25～29歳」、「30～34歳」、「40～44歳」、「45～49歳」、「50～54歳」及び「60～64歳」については、それぞれの年齢階級で比較可能な1968（昭和43）年以降、過去最高の水準となった。

　10年前と比べ多くの年齢階級で労働力率は上昇しているが、上昇幅が最も大きいのは「60～64歳」であった（平成18年から11.6ポイント上昇）。

（厚生労働省「平成28年版　働く女性の実情」より作成）

■女性活躍推進法に基づく認定制度（えるぼし）

女性活躍推進法に基づく認定制度
○行動計画の策定・届出を行った企業のうち、女性の活躍推進に関する状況等が優良な企業は、都道府県労働局への申請により、厚生労働大臣の認定を受けることができる。
○認定を受けた企業は、厚生労働大臣が定める認定マーク「えるぼし」を商品などに付すことができる。

認定の段階※ 法施行前からの実績の推移を含めることが可能

1段階目	○下の□の5つの基準のうち1つ又は2つの基準を満たし、その実績を厚生労働省のウェブサイトに毎年公表していること。 ○満たさない基準については、事業主行動計画策定指針に定められた当該基準に関連する取組みを実施し、その取組みの実施状況について厚生労働省のウェブサイトに公表するとともに、2年以上連続してその実績が改善していること。 ○下段の★印に掲げる基準を全て満たすこと。
2段階目	○5つの基準のうち3つ又は4つの基準を満たし、その実績を厚生労働省のウェブサイトに毎年公表していること。 ○満たさない基準については、事業主行動計画策定指針に定められた当該基準に関連する取組みを実施し、その取組みの実施状況について厚生労働省のウェブサイトに公表するとともに、2年以上連続してその実績が改善していること。 ○下段の★印に掲げる基準を全て満たすこと。
3段階目	○5つの基準の全てを満たし、その実績を厚生労働省のウェブサイトに毎年公表していること。 ○下段の★印に掲げる基準を全て満たすこと。

□の5つの基準とは、採用、継続就業、労働時間等の働き方、管理職比率、多様なキャリアコース。
★□に掲げる基準以外のその他の基準
○事業主行動計画策定指針に照らして適切な一般事業主行動計画を定めたこと。
○定めた一般事業主行動計画について、適切に公表及び労働者の周知をしたこと。
○法及び法に基づく命令その他関係法令に違反する重大な事実がないこと。

働く女性の個性や能力が十分に発揮されるようにすることを目的として、「女性の職業生活における活躍の推進に関する法律」（女性活躍推進法）が2015（平成27）年8月に成立し、2016（平成28）年4月に完全施行された。

同法に基づき、常用雇用する労働者が301人以上の事業主は、女性労働者の採用・登用や労働時間に関する行動計画を策定・公表することが義務づけられた。

さらに、同法に基づき、行動計画を策定した企業のうち女性活躍推進の状況等が優良な企業を厚生労働大臣が認定する制度が創設され、2017（平成29）年3月末現在291社が認定されている。この認定を受けると、認定マーク（えるぼし）を商品や広告に付してアピールできるほか、公共調達において加点評価を受けられるなどのメリットがある。

（厚生労働省「平成29年版　厚生労働白書」より作成）

第1章 働き方マスター試験対策資料集

■若者雇用促進法(「青少年の雇用の促進等に関する法律」)

若者の雇用の促進等を図り、その能力を有効に発揮できる環境を整備するため、若者の適職の選択並びに職業能力の開発及び向上に関する措置等を総合的に講ずる「勤労青少年福祉法等の一部を改正する法律」が、平成27年9月18日に公布され、同年10月1日より順次施行されている。

若者雇用促進法の主な内容

① **職場情報の積極的な提供(平成28年3月1日施行)**
新卒段階でのミスマッチによる早期離職を解消し、若者が充実した職業人生を歩んでいくため、労働条件を的確に伝えることに加えて、若者雇用促進法において、平均勤続年数や研修の有無及び内容といった就労実態等の職場情報も併せて提供する仕組みを創設した。
※職場情報については、新卒者の募集を行う企業に対し、企業規模を問わず、(ⅰ)幅広い情報提供を努力義務化、(ⅱ)応募者等から求めがあった場合は、以下の3類型ごとに1つ以上の情報提供を義務としている。
▶提供する情報:(ア)募集・採用に関する状況、(イ)職業能力の開発・向上に関する状況、(ウ)企業における雇用管理に関する状況

② **ハローワークにおける求人不受理(平成28年3月1日施行)**
ハローワークにおいて、一定の労働関係法令違反があった事業所を新卒者などに紹介することのないよう、こうした事業所の新卒求人を一定期間受け付けない仕組みを創設した。
▶不受理の対象:○労働基準法と最低賃金法に関する規定について、 ○男女雇用機会均等法と育児介護休業法に関する規定について
 (1) 1年間に2回以上同一条項の違反について是正勧告を受けている場合 (1) 法違反の是正を求める勧告に従わず公表された場合
 (2) 違法な長時間労働を繰り返している企業として公表された場合
 (3) 対象条項違反により送検され、公表された場合
※職業紹介事業者においても、ハローワークに準じた取扱いを行うことが望ましいことが若者雇用促進法に基づく事業主等指針によって定められた。

③ **ユースエール認定制度(平成27年10月1日施行)**
若者雇用促進法において、若者の採用・育成に積極的で、若者の雇用管理の状況などが優良な中小企業について、厚生労働大臣が「ユースエール認定企業」として認定する制度を創設した。
▶メリット:ハローワーク等によるマッチング支援、助成金の優遇措置、日本政策金融公庫による低利融資などを受けることができる
▶認定基準:・若者の採用や人材育成に積極的に取り組む企業であること
・直近3事業年度の新卒者などの正社員として就職した人の離職率が20%以下
・前事業年度の月平均の所定外労働時間、有給休暇の平均取得日数、育児休業の取得対象者数・取得者数(男女別)について公表している 等

〈認定マーク〉

若者の雇用の促進等を図り、その能力を有効に発揮できる環境を整備することを目的として、「青少年の雇用の促進等に関する法律」(以下「若者雇用促進法」という。)が2015(平成27)年9月に成立し、2016(平成28)年3月から全面施行された。

当該法律に基づき、新規学卒者の募集を行う事業者に対し、就労実態等の職場情報を応募者に提供することを義務づけたほか、一定の労働関係法令違反があった場合にハローワークで新卒求人を受け付けないこととした。

また、若者の雇用管理の状況などが優良な中小企業について、厚生労働大臣が認定する「ユースエール認定制度」を創設した。2017(平成29)年3月末現在、195社が認定を受けている。

この認定を受けると、一部の雇用関係助成金で加算額を受けられる、公共調達で加点評価を受けられる、日本政策金融公庫の融資を低利で受けられるなどのメリットがあり、企業における若者の雇用管理改善意欲を高める仕組みとなっている。

(厚生労働省「平成29年版 厚生労働白書」より作成)

⑤ 安心して働くことのできる環境整備

■年平均労働時間の国際比較

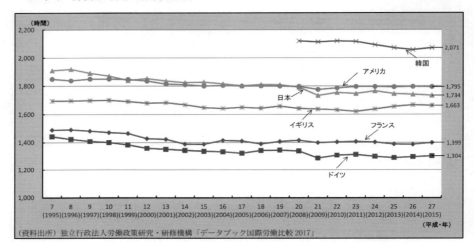

年平均労働時間を国際比較すると、我が国は韓国やアメリカより短いが、欧州諸国より長くなっている。

（注）年平均労働時間は、各国雇用者一人当たりの年間労働時間を示す。

（厚生労働省「平成29年版 過労死等防止対策白書」より作成）

■年間総実労働時間の推移

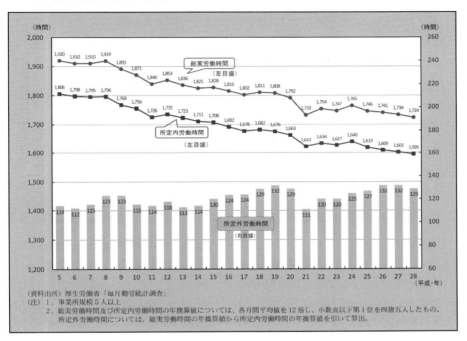

(資料出所) 厚生労働省「毎月勤労統計調査」
(注) 1. 事業所規模5人以上
2. 総実労働時間及び所定内労働時間の年換算値については、各月間平均値を12倍し、小数点以下第1位を四捨五入したもの。所定外労働時間については、総実労働時間の年換算値から所定内労働時間の年換算値を引いて算出。

　我が国の労働者1人当たりの年間総実労働時間は緩やかに減少している。2016（平成28）年は前年比10時間の減少となっており、4年連続で減少している。これはパートタイム労働者の比率が高まったことで、見かけ上全体の総実労働時間が減少したものである。

　総実労働時間を所定内労働時間、所定外労働時間の別にみると、所定内労働時間は長期的に減少傾向が続いている一方、所定外労働時間は、2009（平成21）年以降、増加傾向にあったが、2016年は前年比3時間減少の129時間となっている。

（厚生労働省「平成29年版　過労死等防止対策白書」より作成）

■就業形態別年間総実労働時間及びパートタイム労働者比率の推移

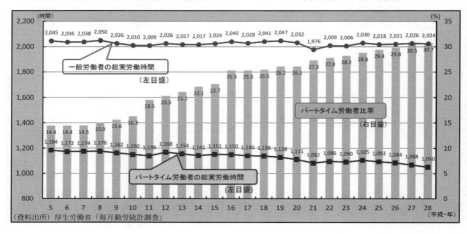

　一般労働者とパートタイム労働者の別にみると、一般労働者の総実労働時間は 2009（平成 21）年を除き、2,000 時間を超えているが、パートタイム労働者の総実労働時間は横ばいから微減で推移している。一方、パートタイム労働者の割合は、近年、増加傾向にあることから、近年の労働者 1 人当たりの年間総実労働時間の減少は、パートタイム労働者の割合の増加によるものと考えられる。
　（厚生労働省「平成 29 年版　過労死等防止対策白書」より作成）

■諸外国のフルタイム労働者とパートタイム労働者の賃金水準

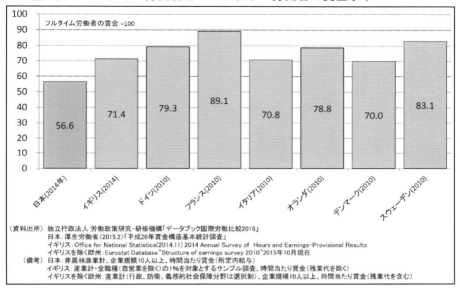

フルタイム労働者に対するパートタイム労働者の賃金水準が、ヨーロッパ諸国では7～8割程度であるのに対して、日本は6割弱となっている。
（働き方改革実現会議「働き方改革実行計画　参考資料」より作成）

■男女別　パートタイム労働者の1時間当たり所定内給与額の年次推移

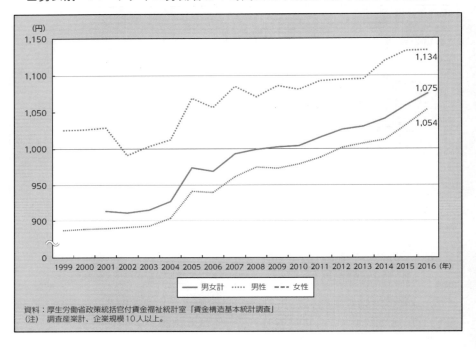

資料：厚生労働省政策統括官付賃金福祉統計室「賃金構造基本統計調査」
(注)　調査産業計、企業規模10人以上。

　パートタイム労働者の時給は男女ともに増加している、パートタイム労働者の1時間当たりの所定内給与額（時給）の年次推移によると、パートタイム労働者の時給は、男女ともに近年は上昇が続いており、2016（平成28）年は男女計1,075円、男性1,134円、女性1,054円となり、いずれも過去最高となっている。
　（厚生労働省「平成29年版　厚生労働白書」より作成）

■男女別　パートタイム労働者の実労働日数・1日当たり所定内実労働時間数の年次推移

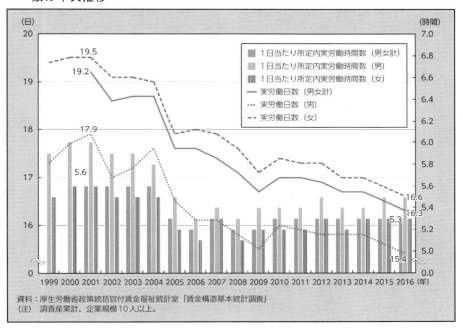

　厚生労働省政策統括官付賃金福祉統計室「賃金構造基本統計調査」によると、パートタイム労働者の実労働日数は男女ともに減少傾向にあり、男女計の実労働日数は2001（平成13）年の19.2日から2016（平成28）年の16.3日まで減少している。

　男女別に見ると、実労働日数は、男性は2001年の17.9日から15.4日に2.5日減少しているのに対し、女性は2001年の19.5日から2016年の16.6日と3日減少しており、女性の減少幅の方が大きいことが特徴としてあげられる。

　また、1日当たりの所定内実労働時間数については、男女ともに2001年から2006（平成18）年にかけて減少した後、おおむね横ばいで推移している。

　（厚生労働省「平成29年版　厚生労働白書」より作成）

■新ジョブ・カード制度

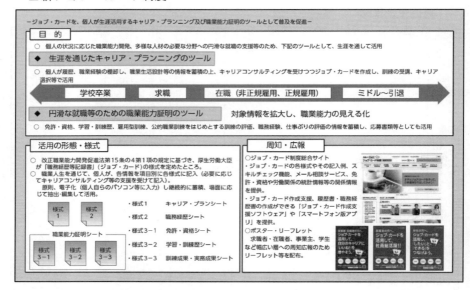

　2008（平成20）年度から職業訓練受講者を中心に活用されてきたジョブ・カードについて、2015（平成27）年10月以降、個人のキャリアアップや、多様な人材の円滑な就職等を促進するために、「生涯を通じたキャリア・プランニング」及び「職業能力証明」の機能を担うツールであることを明確にし、労働市場のインフラとして、キャリアコンサルティング等の個人への相談支援のもと、求職活動、職業能力開発などの各場面において一層活用されるよう、活用方法、様式等の見直しを行ったことを踏まえ、ジョブ・カードの普及促進方策を取りまとめた「新ジョブ・カード制度推進基本計画」に基づき、「ジョブ・カード制度総合サイト」の機能拡充等により、ジョブ・カードの更なる普及促進を行っている。

　また、雇用型訓練、求職者支援訓練及び公共職業訓練（離職者訓練・学卒者訓練）においても、引き続き、ジョブ・カードを活用したキャリアコンサルティングや能力評価を実施している。

　（厚生労働省「平成29年版　厚生労働白書」より作成）

■転職入職者が前職を辞めた理由別割合

区分	計	仕事の内容に興味を持てなかった	会社の将来が不安だった	給料等収入が少なかった	労働時間、休日等の労働条件が悪かった	結婚	出産・育児	介護・看護	定年・契約期間の満了	その他の理由（出向等を含む）
平成28年(%)										
男	100	5.1	8.4	12.2	9.5	0.7	0.1	1.2	16.5	46.3
25～29歳	100	7.9	7.5	19.3	16.5	1.1	0.2	0.3	6.6	40.6
65歳以上	100	0.4	0.9	3.1	4.1	3.6	―	0.3	61.6	26.0
女	100	4.6	4.9	9.9	12.3	2.5	1.5	1.5	13.2	49.6
25～29歳	100	6.0	9.4	12.2	13.7	7.7	1.6	0.5	6.3	42.6
65歳以上	100	2.6	0.3	2.3	3.9	―	―	7.2	38.8	44.9
平成27年(%)										
男	100	7.1	7.3	10.5	10.5	0.5	0.1	0.6	15.0	48.4
女	100	5.7	2.7	10.0	13.8	2.8	2.0	1.1	11.5	50.4

　2016（平成28）年1年間の転職入職者が前職を辞めた理由をみると、男性は「その他の理由（出向等を含む）」を除くと「定年・契約期間の満了」16.5％（前年15.0％）が最も高く、次いで「給料等収入が少なかった」12.2％（同10.5％）となっている。女性は「その他の理由（出向等を含む）」を除くと「定年・契約期間の満了」13.2％（前年11.5％）が最も高く、次いで「労働時間、休日等の労働条件が悪かった」12.3％（同13.8％）となっている。
　（厚生労働省「平成28年　雇用動向調査結果の概況」より作成）

■所定外労働が必要となる理由（正社員）

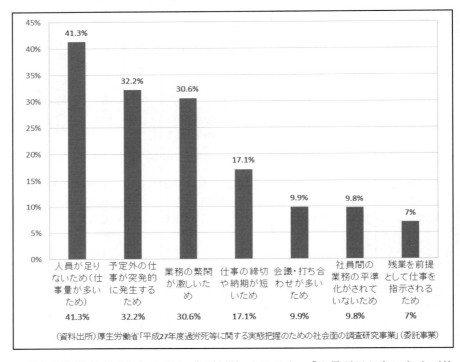

所定外労働が必要となる理由（正社員）をみると、「人員が足りないため（仕事量が多いため）」、「予定外の仕事が突発的に発生するため」、「業務の繁閑が激しいため」を挙げる労働者が多い。

（厚生労働省「平成28年版　過労死等防止対策白書」より作成）

■年次有給休暇の取得率、付与日数・取得日数の推移

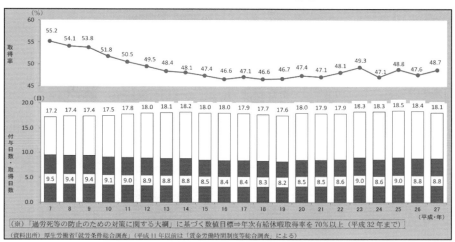

（※）「過労死等の防止のための対策に関する大綱」に基づく数値目標⇒年次有給休暇取得率を70％以上（平成32年まで）
（資料出所）厚生労働省「就労条件総合調査」（平成11年以前は「賃金労働時間制度等総合調査」による）

　厚生労働省「就労条件総合調査」により、年次有給休暇の状況をみると、付与日数が長期的に微増している。取得日数は、1998（平成10）年代後半まで微減傾向が続き、2008（平成20）年代に入って増減しながらも微増している。また、取得率は、2000（平成12）年以降5割を下回る水準で推移している。
　なお、「過労死等の防止のための対策に関する大綱」において、2020（平成32）年までに年次有給休暇取得率を70％以上とすることを目標としている。

（注）
1. 「対象労働者」は「全常用労働者のうち、期間を定めずに雇われている労働者」から「パートタイム労働者」を除いた労働者である。
2. 「付与日数」には、繰越日数を含まない。「取得率」は、全取得日数／全付与日数×100（％）である。
3. 各調査対象年（又は前会計年度）1年間の状況を示している。例えば、平成28年調査は、平成27年1月1日〜12月31日（又は平成26会計年度）の1年間の状況を調査対象としている。
（厚生労働省「平成29年版　過労死等防止対策白書」より作成）

■民事上の個別労働紛争、相談内容別の件数

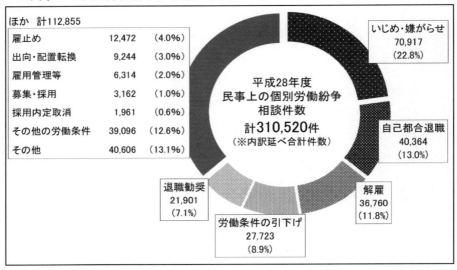

　近年、都道府県労働局や労働基準監督署等に設けた総合労働相談コーナーに寄せられた職場のいじめ・嫌がらせに関する相談が増加を続ける等、職場のパワーハラスメント（以下、「パワハラ」という。）は社会問題として顕在化している。

　パワハラの防止・解決を促進するため厚生労働省では、企業等に対して、パワハラ対策の取組みの周知啓発を行うとともに、上記の総合労働相談コーナーで相談に対応し、情報提供を行うほか、都道府県労働局長による助言・指導や紛争調整委員会によるあっせんを行っている。

　民事上の個別労働紛争の相談件数では、70,917件（同6.5％増）で5年連続「いじめ・嫌がらせ」がトップとなっている。

　　（厚生労働省「平成29年版　厚生労働白書」、「平成28年度個別労働紛争解決制度の施行状況」より作成）

■パワハラの行為類型とその具体例

行為類型	具体例
1. 身体的な攻撃	暴行・傷害
2. 精神的な攻撃	脅迫・名誉棄損・侮辱・ひどい暴言
3. 人間関係からの切り離し	隔離・仲間外し・無視
4. 過大な要求	業務上明らかに不要なことや遂行不可能なことの強制、仕事の妨害
5. 過小な要求	業務上の合理性なく、能力や経験とかけ離れた程度の低い仕事を命じることや仕事を与えないこと
6. 個の侵害	私的なことに過度に立ち入ること

　各職場でのパワハラの判断の助けになるよう、「職場のいじめ・嫌がらせ問題に関する円卓会議」（2011年度）において、「職場のパワーハラスメント」の定義として、「同じ職場で働く者に対して、職務上の地位や人間関係などの職場内の優位性を背景に、業務の適正な範囲を超えて、精神的・身体的苦痛を与える又は職場環境を悪化させる行為」とするよう提案するとともに、パワハラに当たりうる行為類型を整理した。

　パワハラは企業によっても何がパワハラかの判断が異なったり具体的な状況や態様で判断が左右されたりするため、こうした具体例を活用し、各職場で何がパワハラか認識をそろえ、解決することが望ましい。

　（厚生労働省「平成29年版　厚生労働白書」より作成）

■過労死等の労災補償状況

		2012 (平成24)年度	2013 (平成25)年度	2014 (平成26)年度	2015 (平成27)年度	2016 (平成28)年度
脳・心臓疾患	請求件数	842 (94)	784 (81)	763 (92)	795 (83)	825 (91)
	支給決定件数	338 (15)	306 (8)	277 (15)	251 (11)	260 (12)
精神障害	請求件数	1,257 (482)	1,409 (532)	1,456 (551)	1,515 (574)	1,586 (627)
	支給決定件数	475 (127)	436 (147)	497 (150)	472 (146)	498 (168)

資料：厚生労働省労働基準局調べ。
(注) 1. 脳・心臓疾患とは、業務により脳・心臓疾患(負傷に起因するものを除く。)を発症した事案(死亡を含む。)をいう。
   2. 精神障害とは、業務により精神障害を発病した事案(自殺を含む。)をいう。
   3. 請求件数は当該年度に請求されたものの合計であるが、支給決定件数は当該年度に「業務上」と認定した件数であり、当該年度以前に請求されたものも含む。
   4. ( )内は女性の件数で内数である。

　2016（平成 28）年度の過労死等の労災補償状況については、脳・心臓疾患の請求件数は 825 件であり、支給決定件数は 260 件となっており、精神障害の請求件数は 1,586 件であり、支給決定件数は 498 件となっている。脳・心臓疾患、精神障害ともに、前年度と比べ請求件数・支給決定件数ともに増加している。
　労災認定に当たっては、脳・心臓疾患の認定基準及び精神障害の認定基準に基づき、迅速かつ適正な労災補償に努めている。
　（厚生労働省「平成 29 年版　厚生労働白書」より作成）

■最低賃金の年次推移

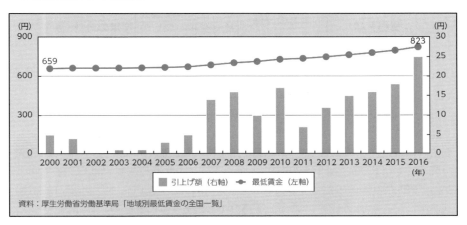

　最低賃金には、都道府県ごとに定められる「地域別最低賃金」と特定産業ごとに定められる「特定最低賃金」がある。地域別最低賃金については、公労使三者構成による中央最低賃金審議会及び地方最低賃金審議会での審議を経て、都道府県労働局長が決定しており、特定最低賃金については、労使の申出に基づき、地域別最低賃金より高い最低賃金が必要とされるものに設定されている。
　2016（平成28）年の最低賃金額（全国加重平均額）は、最低賃金が時給表示となった2002（平成14）年以降過去最大となる25円引上げの823円となった。
　（厚生労働省「平成29年版　厚生労働白書」より作成）

■賃金の改定の決定に当たり最も重視した要素別企業割合

企業の業績	労働力の確保・定着	親会社又は関連会社（グループ）の改定の動向	雇用の維持
51.4%	11.0%	5.9%	4.6%
世間相場	前年度の改定実績	労使関係の安定	その他
4.2%	2.7%	1.6%	18.6%

　2016（平成28）年中に賃金の改定を実施し又は予定していて額も決定している企業について、賃金の改定の決定に当たり最も重視した要素をみると、「企業の業績」が51.4%（前年52.6%）と最も多く、「重視した要素はない」を除くと、「労働力の確保・定着」が11.0%（同6.8%）、次いで、「親会社又は関連（グループ）会社の改定の動向」が5.9%（同5.4%）となっている。
　（厚生労働省「平成28年　賃金引上げ等の実態に関する調査の概況」より作成）

■非正規雇用労働者の推移

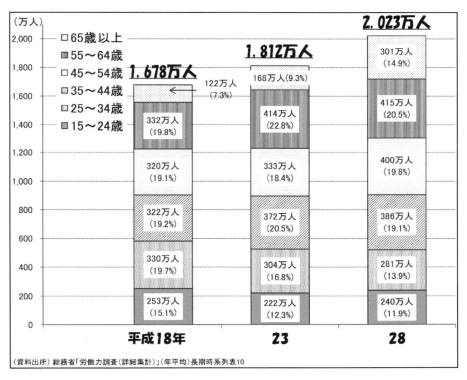

有期契約労働者やパートタイム労働者、派遣労働者といった非正規雇用労働者は全体として増加傾向にあり、2016（平成28）年には2,023万人と、雇用者全体の約4割を占める状況にある。しかし、これらは、高齢者が増える中、高齢層での継続雇用により非正規雇用が増加していることや、景気回復に伴い女性を中心にパートなどで働き始める労働者が増加していることなどの要因が大きい。

また、近年は非正規雇用労働者に占める65歳以上の割合が高まっている。
（「厚生労働省「非正規雇用の現状と課題」および厚生労働省「平成29年版厚生労働白書」より作成）。

■非正規の職員・従業員が現在の雇用形態についた主な理由

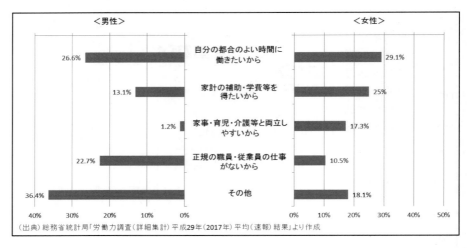
（出典）総務省統計局「労働力調査（詳細集計）平成29年（2017年）平均（速報）結果」より作成

　非正規の職員・従業員について、2017（平成29）年における現職の雇用形態についた主な理由は、男女とも「自分の都合のよい時間に働きたいから」の回答割合が高くなっている。また、女性は「家事・育児・介護等と両立しやすいから」が17.3％と高く、男性は「正規の職員・従業員の仕事がないから」が22.7％と高くなっている。
　（総務省統計局「労働力調査（詳細集計）平成29年（2017年）平均（速報）結果」より作成。

■正社員転換・待遇改善実現プラン

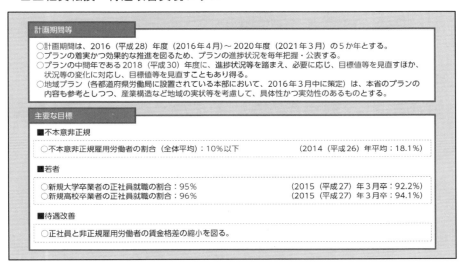

2015（平成27）年9月に厚生労働大臣を本部長とする「正社員転換・待遇改善実現本部」が設置され、同本部にて2016（平成28）年1月に「正社員転換・待遇改善実現プラン」を決定した。

同プランでは、2016年4月から2021年3月までの5カ年を計画期間とし、期間内に不本意非正規雇用労働者の割合を10％以下とする等の目標を掲げた。

目標達成に向けて、ハローワークによる正社員求人の積極的な確保を進めているほか、キャリアアップ助成金の活用促進などにより、企業の正社員転換及び待遇改善を促進している。

（厚生労働省「平成29年版　厚生労働白書」より作成）

■無期労働契約への転換制度の概要

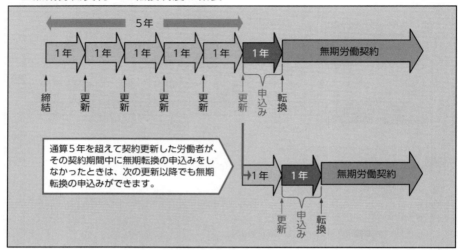

　2013（平成25）年4月1日に全面施行された改正労働契約法では、有期労働契約に関する問題に対処し、働く人が安心して働き続けることができる社会を実現するため、(1) 有期労働契約が繰り返し更新されて通算5年を超えたときは、労働者の申込みにより、期間の定めのない労働契約（無期労働契約）に転換できる制度を導入すること、(2) 最高裁判例として確立した「雇止め法理」を法定化すること、(3) 有期契約労働者と無期契約労働者との間で、期間の定めがあることによる不合理な労働条件の相違を設けてはならないとしている。
（厚生労働省「平成29年版　厚生労働白書」より作成）

■短時間正社員制度の有無別事業所割合

	事業所計	制度あり	制度なし	不明
平成26年度	100.0	14.8	84.7	0.5
平成27年度	100.0	15.0	85.0	0.0
平成28年度	100.0	21.2	78.8	—

　フルタイム正社員より一週間の所定労働時間が短い又は所定労働日数が少ない正社員として勤務することができる「短時間正社員制度（育児・介護のみを理由とする短時間・短日勤務は除く。）」がある事業所の割合は21.2％と前回調査（平成27年度15.0％）に比べ6.2ポイント上昇した。
（厚生労働省「平成28年度　雇用均等基本調査の結果概要」より作成）

■短時間正社員制度の利用状況別事業所割合

	短時間正社員制度の規定がある事業所計	利用者あり	利用状況			利用者なし	不明
			男女とも利用者あり	女性のみ利用者あり	男性のみ利用者あり		
平成27年度	100.0	43.7 (100.0)	4.7 (10.7)	31.2 (71.3)	7.9 (18.0)	56.3	0.0
平成28年度	100.0	33.6 (100.0)	2.9 (8.6)	27.2 (80.8)	3.5 (10.6)	66.0	0.4

　短時間正社員制度の規定がある事業所において、2015（平成27）年10月1日から2016（平成28）年9月30日までの間に、短時間正社員制度の利用者がいた事業所の割合は33.6％（平成27年度43.7％）であった。短時間正社員制度の利用者がいた事業所のうち、男女ともに利用者がいた事業所の割合は8.6％（同10.7％）、女性のみ利用者がいた事業所の割合は80.8％（同71.3％）、男性のみ利用者がいた事業所の割合は10.6％（同18.0％）であった。
（厚生労働省「平成28年度　雇用均等基本調査の結果概要」より作成）

■テレワーク関係の用語の定義

■テレワーク
　ICT（情報通信技術）等を活用し、普段仕事を行う事業所・仕事場とは違う場所で仕事をすること

■テレワーカー
　これまで、ICT等を活用し、普段仕事を行う事業所・仕事場とは違う場所で仕事をしたことがある人
　○在宅型テレワーカー
　　自宅でテレワークを行うテレワーカー
　○サテライト型テレワーカー
　　自社の他事業所、または複数の企業や個人で利用する共同利用型オフィスやコワーキングスペース等でテレワークを行うテレワーカー
　○モバイル型テレワーカー
　　顧客先・訪問先・外回り先、喫茶店・図書館・出張先のホテル等、または　移動中にテレワークを行うテレワーカー

■雇用型
　民間会社、官公庁、その他の法人・団体の正社員・職員、及び派遣社員・職員、契約社員・職員、嘱託、パート、アルバイトを本業としている人

■自営型
　自営業・自由業、及び家庭での内職を本業としている人

（国土交通省「平成28年度　テレワーク人口実態調査　－調査結果の概要－」より作成）

■企業におけるテレワークの導入率

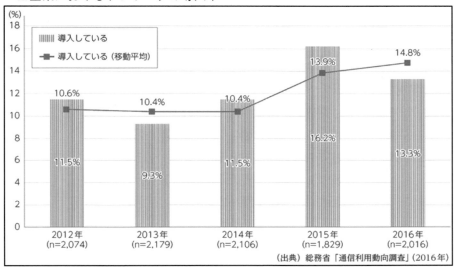

（出典）総務省「通信利用動向調査」(2016年)

　我が国においては、同じ職場に出勤しチームで顔を合わせて働く働き方が中心となっているが、近年の女性活躍等を念頭に置いたダイバーシティ経営の考え方や働き方改革の気運の高まり等の要因により、テレワークに対する注目が集まりつつある。

　通信利用動向調査によると、2016（平成 28）年 9 月末時点でテレワークを導入している企業は全体の 13.3%であった。また、テレワーク導入率の移動平均を見ると、テレワークを実施している企業は近年上昇傾向にある事が分かる。

　2015（平成 27）年「テレワーク人口実態調査」（国土交通省）によると、全労働者数に占める「週 1 日以上終日在宅で就業する雇用型在宅型テレワーカー」の割合は、2.7%となっている。また、政府が定めた「世界最先端 IT 国家創造宣言」では、「2020 年には、テレワーク導入企業を 2012（平成 24）年度（11.5%）比で 3 倍、週 1 日以上終日在宅で就業する雇用型在宅型テレワーカー数を全労働者の 10%以上」としている。

　（総務省「平成 29 年版　情報通信白書」および総務省「テレワークではじめる働き方改革」より作成）

■働き方改革に取り組む目的

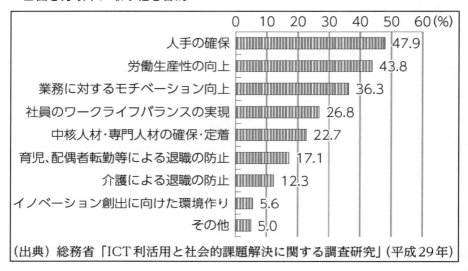

(出典) 総務省「ICT利活用と社会的課題解決に関する調査研究」(平成29年)

　現在我が国においては有効求人倍率の上昇傾向が続くとともに企業における人手不足感が強くなっている。そのため、従業員の確保、さらには労働生産性を高めることを、働き方改革に取り組む目的としてあげる企業が多くなっている。
　我が国では生産年齢人口の減少が進んでいるなか、労働参加率を上げるためには、女性の就業を増やす必要がある。結婚、出産、子育て等を契機に仕事を離れる女性は多いが、女性の就業の妨げとなっている要因を排除する方策として期待されているのがテレワークである。
　(総務省「平成29年版　情報通信白書」より作成)

■テレワークの場所・時間・頻度等

		在宅型	サテライト型	モバイル型
テレワーカーの割合※ （　）内は在宅型との重複を除いた割合		47.1%	51.0% (34.3%)	51.7% (25.8%)
平均仕事時間		2.9時間／日	4.1時間／日	2.2時間／日
週1日以上テレワークを実施している テレワーカーの割合		60.8%	49.3%	50.2%
仕事内容	メール・スケジュール等の簡単な確認、ネット検索	82.7%	84.2%	88.7%
	資料作成	73.9%	69.4%	59.1%
	テレビ会議	11.0%	18.8%	10.5%
	その他	8.2%	4.5%	8.5%

※重複回答を含むため、在宅型、サテライト型、モバイル型の合計値は100%とならない。

　場所については、「在宅型」以外にも、「サテライト型」や「モバイル型」が、在宅型と同程度存在している。

　平均仕事時間については、「サテライト型」が4.1時間／日で、「在宅」の2.9時間／日を上回り最長。「モバイル型」は2.2時間／日で短時間利用が多い。

　実施頻度については、「在宅」、「サテライト型」、「モバイル型」の何れも、約半数は週1日以上で比較的高頻度となっている。

　仕事内容については、何れの場所でも、「メール・スケジュール等の簡単な確認、ネット検索」がもっとも多く、「資料作成」が続く。「モバイル型」は、資料作成が相対的に少ない。テレビ会議等のコミュニケーションを行っているのは1割程度。

　（国土交通省「平成28年度　テレワーク人口実態調査　－調査結果の概要－」より作成）

■勤務先にテレワーク制度等があると回答した割合

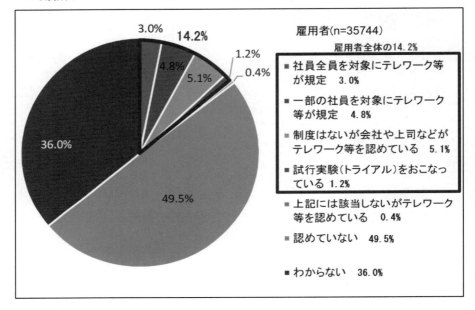

　勤務先にテレワーク制度等がある（「制度等あり」）と回答した割合は、雇用者全体のうち14.2%。
　（国土交通省「平成28年度　テレワーク人口実態調査　－調査結果の概要－」より作成）

■制度等の有無別のテレワーカー割合

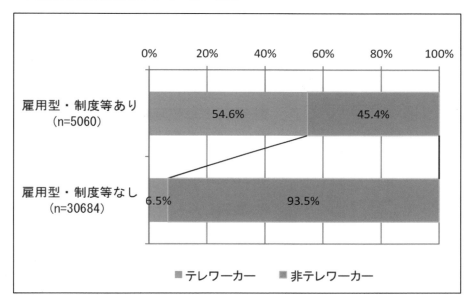

　「制度等あり」と回答した雇用者におけるテレワーカーの割合は54.6%、「制度等なし」と回答した雇用者におけるテレワーカーの割合は6.5%となっており、制度等があると回答した（勤務先に制度等があると認識している）雇用者の過半数がテレワークを行っている。
　（国土交通省「平成28年度　テレワーク人口実態調査　－調査結果の概要－」より作成）

■在宅ワークを始めた理由

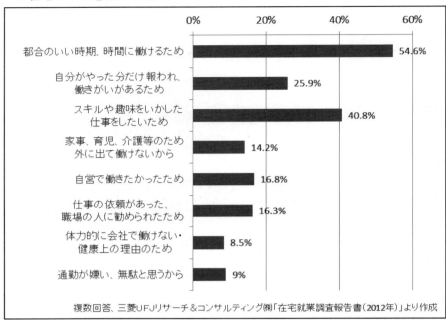

情報通信機器を活用して在宅で請負契約に基づきサービスの提供等を行う在宅ワークについては、育児・介護期にある人を中心に仕事と家庭の両立が可能となる柔軟な就労形態として広がりつつあり、社会的な期待も関心も大きなものとなっています。

在宅ワークを良好な就業形態とするため、ガイドラインの周知・啓発や在宅ワーカーと発注者への支援事業を行っています。

(厚生労働省「平成29年版　厚生労働白書　資料編」より作成)

⑥ 自立した生活の実現と暮らしの安心確保

■世帯類型別生活保護受給世帯数の年次推移

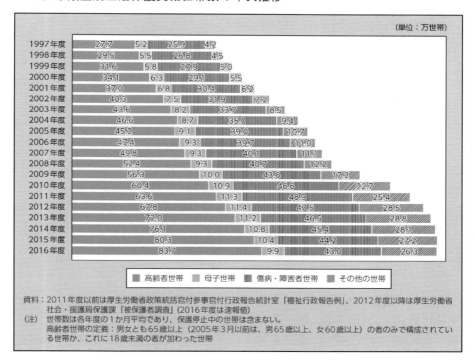

生活保護世帯を世帯類型別に見た場合、2017（平成29）年2月現在で、高齢者世帯が約84万世帯、高齢者世帯を除く世帯が約79万世帯である。高齢者世帯を除く世帯については、2008（平成20）年の世界金融危機後、特に稼働年齢層と考えられる「その他の世帯」が大きく増加したが、2013（平成25）年2月をピークに減少傾向が続いており、2017年2月ではピーク時から約9万世帯減少している。一方、高齢者世帯については、社会全体の高齢化の進展と単身高齢世帯の増加を背景に、単身高齢者世帯を中心に増加が続いている。

（厚生労働省「平成29年版　厚生労働白書」より作成）

■生活困窮者自立支援制度の概要

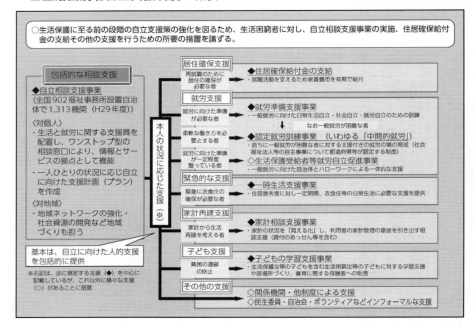

2015（平成27）年4月1日より施行された「生活困窮者自立支援法」（平成25年法律第105号）は、生活保護に至る前の段階での自立支援策の強化を図るため、様々な課題を抱える生活困窮者に対し以下の各種支援を実施するほか、地域のネットワークを構築し、生活困窮者の早期発見や包括的な支援につなげる。

① 生活困窮者からの相談を受け、ニーズに応じた計画的・継続的な支援をコーディネートする「自立相談支援事業」（必須事業）
② 離職により住居を失った者などに対し家賃相当額の給付を行う「住居確保給付金」（必須事業）
③ 生活リズムが崩れているなど就労に向け準備が必要な者に集中的な支援を行う「就労準備支援事業」（任意事業）
④ 緊急的・一時的に衣食住を提供する「一時生活支援事業」（任意事業）
⑤ 家計の再建に向けた支援を行う「家計相談支援事業」（任意事業）
⑥ 生活困窮家庭の子どもに対する「学習支援事業」（任意事業）

（厚生労働省「平成29年版　厚生労働白書」より作成）

⑦ 若者も高齢者も安心できる年金制度の確立

■公的年金・恩給を受給している高齢者世帯における公的年金・恩給の総所得に占める割合別世帯数の構成割合

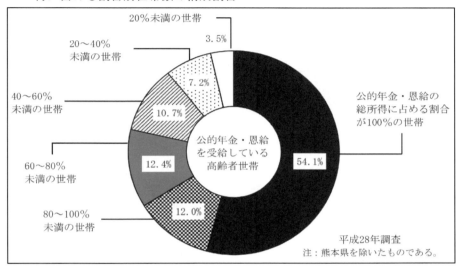

公的年金・恩給を受給している高齢者世帯（熊本県を除く。）のなかで「公的年金・恩給の総所得に占める割合が100％の世帯」は54.1％となっており、次いで「80～100％未満の世帯」が12.0％となっている。

（厚生労働省「平成28年　国民生活基礎調査の概況」より作成）

■短時間労働者への被用者保険の適用拡大の促進

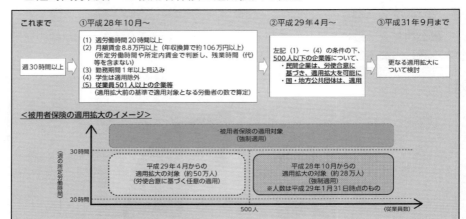

　働きたい人が働きやすい環境を整えるとともに、より多くの働く方の年金などの保障を厚くしていく観点から、被用者保険（厚生年金保険・健康保険）の適用拡大を進めていくことは重要である。

　2016（平成 28）年 10 月から、従業員数が 501 人以上の企業において、週に 20 時間以上働く等の一定の要件を満たす短時間労働者を対象に被用者保険の適用拡大が実施されているが、適用拡大をより一層進める観点から、従業員数が 500 人以下の中小企業等で働く短時間労働者についても、労使間での合意を前提に、企業単位で適用範囲を拡大することとした。

　短時間労働者が被用者保険に加入することにより、将来受け取る年金が増えることに加え、障害がある状態になった場合なども、より多くの年金を受け取ることができるほか、医療保険においても傷病手当金や出産手当金を受け取ることができるといったメリットもあり、これらの内容等について、リーフレット等を活用し、引き続き周知・広報に取り組んでいく。

（厚生労働省「平成 29 年版　厚生労働白書」より作成）

⑧ 国民が安心できる持続可能な医療・介護の実現

■ニッポン一億総活躍プラン（介護部分抜粋）

> 4.「介護離職ゼロ」に向けた取組の方向
> (1) 介護の環境整備
>
> （介護人材確保のための総合的な対策）
> 　「介護離職ゼロ」の実現に向けて、昨年末の緊急対策において、介護の受け皿を38万人分以上から50万人分以上へ拡大することなどを盛り込んだ。
> 　介護人材の処遇については、競合他産業との賃金差がなくなるよう、平成29年度（2017年度）からキャリアアップの仕組みを構築し、月額平均1万円相当の改善を行う。この際、介護保険制度の下で対応することを基本に、予算編成過程で検討する。なお、障害福祉人材の処遇についても、介護人材と同様の考え方に立って予算編成過程で検討する。
> 　多様な介護人材の確保・育成に向けて、介護福祉士を目指す学生に返済を免除する月5万円の修学資金貸付制度や、いったん仕事を離れた人が再び仕事に就く場合の20万円の再就職準備金貸付制度の更なる充実、高齢人材の活用等を図る。また、介護ロボットの活用促進やICT等を活用した生産性向上の推進、行政が求める帳票等の文書量の半減などに取り組む。さらに、改正介護休業制度の着実な実施や、介護休業の取得促進に関する周知・啓発の強化を行うなど、仕事と介護の両立が可能な働き方の普及を促進する。
> 　このように、介護の受け皿整備に加え、介護の仕事の魅力を向上し、介護人材の処遇改善、多様な人材の確保・育成、生産性の向上を通じた労働負担の軽減を柱として25万人の介護人材の確保に総合的に取り組む。

　総務省統計局「就業構造基本調査」（2012年）によると、家族の介護・看護を理由にした離職者は、2011（平成23）年10月から2012（平成24）年9月までの1年間で10.1万人であった。いわゆる団塊の世代が2020年に70歳を超える中で、介護をしながら仕事を続けられるという現役世代の「安心」を確保する必要がある。

　「ニッポン一億総活躍プラン」では、介護サービスが利用できずやむを得ず離職する者をなくすとともに、特別養護老人ホームに入所が必要であるにもかかわらず自宅で待機をしている高齢者を解消することを目指し、「介護離職ゼロ」に向けた取組みの方向が示された。その主な内容は、①必要な介護サービスの確保、②働く環境の改善・家族の支援である。

（厚生労働省「平成29年版　厚生労働白書」より作成）

■今後の介護従事者の処遇改善について

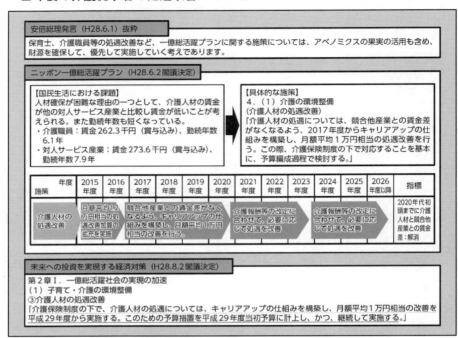

　「未来への投資を実現する経済対策」（平成28年8月2日閣議決定）では、2017（平成29）年度から、介護従業者に対し、①経験、②資格、③評価のいずれかに応じた昇級の仕組みを新たに構築していき、月額10,000円相当の改善を行っていくこととしている。

　（厚生労働省「平成29年版　厚生労働白書」より作成）

第1章 働き方マスター試験対策資料集

■保育士等（民間）のキャリアアップの仕組み・処遇改善のイメージ

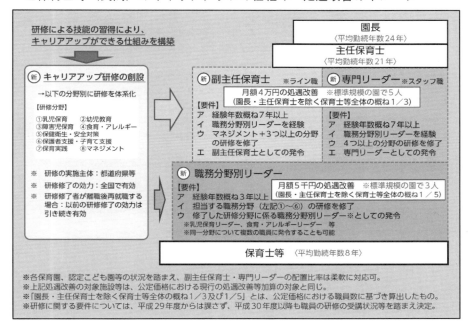

「賃金構造基本調査」によると、保育士の勤続年数は、産業計と比較して短い傾向にあり、「ニッポン一億総活躍プラン」でも、保育士はキャリアパスの展望が見えにくいことが指摘されている。

保育士のキャリアアップの仕組みを構築するため、2017（平成29）年度から、都道府県等でキャリアアップ研修を開始するとともに、保育所内に副主任保育士・専門リーダー及び職務分野別リーダー等の中間役職を設置することとした。

（厚生労働省「平成29年版　厚生労働白書」より作成）

■事業場における治療と職業生活の両立支援のためのガイドライン

本ガイドラインは、がん、脳卒中、心疾患、糖尿病、肝炎などの治療が必要な疾病を抱える労働者に対して、事業場において適切な就業上の措置や治療に対する配慮が行われるよう、事業場における取組みをまとめたもの。

背景・現状
- ○治療技術の進歩等により、「不治の病」から「長く付き合う病気」に変化
  (例：がん5年相対生存率が向上　平成5～8年53.2％→平成15～17年58.6％)
- ○仕事をしながら治療を続けることが可能な状況
  (例：仕事を持ちながら、がんで通院している者が多数　平成22年32.5万人)
- ○仕事上の理由で適切な治療を受けることができないケースがみられる
  (例：糖尿病患者の約8％が通院を中断、その理由は「仕事(学業)のため、忙しいから」が最多の24％)
  ⇒ 疾病に罹患した労働者の治療と職業生活の両立が重要な課題
- ○治療と職業生活の両立に悩む事業場が少なくない
  (例：従業員が私傷病になった際、企業が従業員の適正配置や雇用管理等に苦慮する事業所90％)
  ⇒ 事業場が参考にできるガイドラインの必要性

治療と職業生活の両立支援を行うための環境整備
- ○労働者や管理職に対する研修等による意識啓発
- ○労働者が安心して相談・申出を行える相談窓口の明確化
- ○短時間の治療が定期的に繰り返される場合などに対応するため、時間単位の休暇制度、時差出勤制度などの検討・導入
- ○主治医に対して業務内容等を提供するための様式や、主治医から就業上の措置等に関する意見を求めるための様式の整備
- ○事業場ごとの衛生委員会等における調査審議

治療と職業生活の両立支援の進め方
① 労働者が事業者へ申出
  - 労働者から、主治医に対して、一定の書式を用いて自らの業務内容等を提供
  - それを参考に主治医が、一定の書式を用いて症状、就業の可否、時短等の望ましい就業上の措置、配慮事項を記載した書面を作成
  - 労働者が、主治医に作成してもらった書面を、事業者に提出
② 事業者が産業医等の意見を聴取
  - 事業者は、労働者から提出された主治医からの情報を、産業医等に提供し、就業上の措置、治療に対する職場での配慮に関する意見を聴取
③ 事業者が就業上の措置等を決定・実施
  - 事業者は、主治医、産業医等の意見を勘案し、労働者の意見も聴取した上で、就業の可否、就業上の措置(作業の転換等)、治療に対する配慮(通院時間の確保等)の内容を決定・実施
  ※その際には、上記の具体的な支援内容をまとめた「両立支援プラン」の作成が望ましい

　病気を治療しながら仕事をしている方は、労働人口の3人に1人と多数を占める。病気を理由に仕事を辞めざるを得ない方々や、仕事を続けていても職場の理解が乏しいなど治療と仕事の両立が困難な状況に直面している方々も多い。

　厚生労働省では、2016(平成28)年2月に、事業場が、がんなどの疾病を抱える労働者に対して、適切な就業上の措置や治療に対する配慮を行い、治療と職業生活が両立できるようにするため、事業場における取組みなどをまとめた「事業場における治療と職業生活の両立支援のためのガイドライン」を策定し、企業等に対して普及を図っている。

　(厚生労働省「平成29年版　厚生労働白書」より作成)

■病気の治療と両立に向けたトライアングル型支援のイメージ

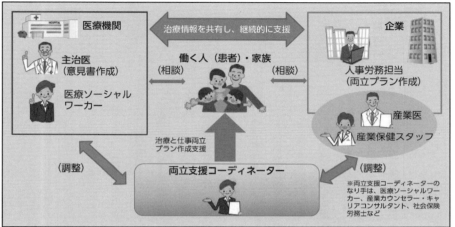

　働き方改革実行計画を踏まえ、病気の治療と仕事の両立を支援するため、主治医と会社の連携の中核となり、患者に寄り添いながら継続的に相談支援を行いつつ、個々の患者ごとの治療・仕事の両立に向けたプランの作成支援などを担う両立支援コーディネーターの育成・配置等を2017（平成29）年度から進め、主治医、会社・産業医と、両立支援コーディネーターのトライアングル型のサポート体制を構築することとしている。
　（厚生労働省「平成29年版　厚生労働白書」より作成）

⑨ 障害者支援の総合的な推進

■障害者雇用の現状

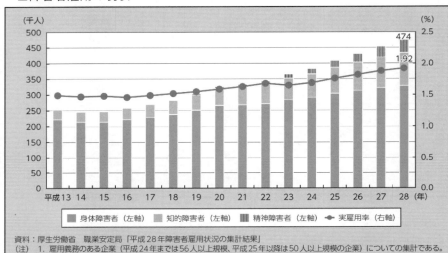

資料：厚生労働省　職業安定局「平成28年障害者雇用状況の集計結果」
(注) 1. 雇用義務のある企業（平成24年までは56人以上規模、平成25年以降は50人以上規模の企業）についての集計である。
2. 「障害者の数」とは、次に掲げる者の合計数である。
「平成17年まで」は身体障害者（重度身体障害者はダブルカウント）、知的障害者（重度知的障害者はダブルカウント）、重度身体障害者である短時間労働者、重度知的障害者である短時間労働者である。
「平成18年以降平成22年まで」は身体障害者（重度身体障害者はダブルカウント）、知的障害者（重度知的障害者はダブルカウント）、重度身体障害者である短時間労働者、重度知的障害者である短時間労働者、精神障害者、精神障害者である短時間労働者（精神障害者である短時間労働者は0.5人でカウント）である。
「平成23年以降」は身体障害者（重度身体障害者はダブルカウント）、知的障害者（重度知的障害者はダブルカウント）、重度身体障害者である短時間労働者、重度知的障害者である短時間労働者、精神障害者、身体障害者である短時間労働者（身体障害者である短時間労働者は0.5人でカウント）、知的障害者である短時間労働者（知的障害者である短時間労働者は0.5人でカウント）、精神障害者である短時間労働者（精神障害者である短時間労働者は0.5人でカウント）である。
3. 法定雇用率は平成24年までは1.8％、平成25年4月以降は2.0％となっている。

　「ニッポン一億総活躍プラン」では、「障害者、難病患者、がん患者等が希望や能力、障害や疾病の特性等に応じて最大限活躍できる環境を整備することが必要である」とされた。
　また、「働き方改革実行計画」及び「未来投資戦略2017」（平成29年6月9日閣議決定）によると、2018（平成30）年の障害者の法定雇用率の引上げ等を通じて、障害者の希望と能力を活かした就労支援の取組みを進めるとしている。近年、障害や疾病に応じた様々な就労支援の取組みが進展しており、障害者や難病患者の就業者数は増加傾向にある。
　（厚生労働省「平成29年版　厚生労働白書」より作成）

■ハローワークにおける難病のある方の職業紹介状況

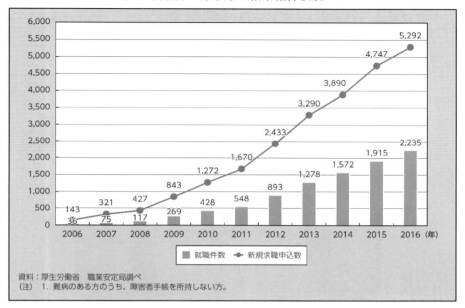

資料：厚生労働省　職業安定局調べ
(注)　1．難病のある方のうち、障害者手帳を所持しない方。

　障害者の就労促進のため、従来から、企業に対する障害者雇用率の達成指導などをしているが、近年の主な取組みとしては、以下のものがあげられる。
　①2013（平成25）年6月に「障害者の雇用の促進等に関する法律」が改正され、2016（平成28）年4月以降、雇用の分野における障害を理由とする差別的取扱いが禁止されるとともに、過重な負担となる場合を除き事業主に障害者が職場で働くに当たっての支障を改善するための措置（合理的配慮の提供）が義務づけられた。
　②障害者の在学中から個々の希望や能力に応じた就労支援を行うため、2017（平成29）年度から、教育委員会・大学、福祉・保健・医療・労働等行政関係機関や企業等が連携する支援体制モデルとなるネットワークづくりを全国で進めることとしている。
　③農業は、障害の特性に応じて作業の役割を担うことができ、障害者と地域とのつながりを生むことができる。障害者が農業へ就労すれば、過疎化や人手不足に悩む農村地域にも利点がある。
　（厚生労働省「平成29年版　厚生労働白書」より作成）

⑩ 国際社会への貢献と外国人労働者などへの適切な対応

■国籍別外国人労働者の割合

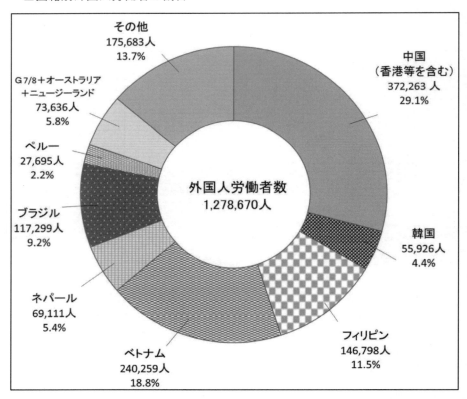

　国籍別にみると中国が最も多く 372,263 人で、外国人労働者全体の 29.1%を占める。次いで、ベトナム 240,259 人（同 18.8%）、フィリピン 146,798 人（同 11.5%）、ブラジル 117,299 人（同 9.2%）の順となっている。

　特に、ベトナムについては対前年同期比で 68,241 人（39.7%）増加、また、ネパールについても、同 16,341 人（31.0%）と大幅な増加となっている。（厚生労働省「外国人雇用状況の届出状況まとめ（平成29年10月末現在）」より作成）

■在留資格別外国人労働者の割合

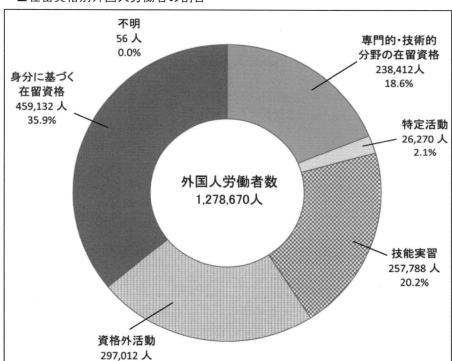

在留資格別にみると、「身分に基づく在留資格」が外国人労働者全体の35.9%を占め、次いで、「資格外活動（留学）」を含む「資格外活動」23.2%、「技能実習」が20.2%、「専門的・技術的分野の在留資格」が18.6%となっている。

「資格外活動（留学）」の外国人労働者は、259,604人と前年同期比で、49,947人（23.8%）増加し、「技能実習」は257,788人と前年同期比で、46,680人（22.1%）増加している。

「専門的・技術的分野の在留資格」は238,412人と前年同期比で37,418人（18.6%）増加している。

（厚生労働省「外国人雇用状況の届出状況まとめ（平成29年10月末現在）」より作成）

第1章 働き方マスター試験対策資料集

2 働き方改革実行計画／概要
（平成29年3月28日　働き方改革実現会議決定）

1．働く人の視点に立った働き方改革の意義　　　　　　　　　　　84
経済社会の現状
日本の労働制度と働き方にある課題
働き方改革実現会議における議論
ロードマップに基づく長期的かつ継続的取組
フォローアップと施策の見直し

2．同一労働同一賃金など非正規雇用の処遇改善　　　　　　　　　87
ガイドライン案の概要
① 基本給の均等・均衡待遇の確保
② 各種手当の均等・均衡待遇の確保
③ 福利厚生や教育訓練の均等・均衡待遇の確保
④ 派遣労働者の取扱
改正事項の概要
① 労働者が司法判断を求める際の根拠となる規定の整備
② 労働者に対する待遇に関する説明の義務化
③ 行政による裁判外紛争解決手続の整備
④ 派遣労働者に関する法整備
法改正の施行に当たって

3．賃金引上げと労働生産性向上　　　　　　　　　　　　　　　　91
最低賃金の引上げ
中小・小規模事業者の取引条件の改善
賃上げに積極的な企業等の後押し
生産性向上に取り組む企業等への支援

4．罰則付き時間外労働の上限規制の導入など長時間労働の是正　　92
法改正の考え方
時間外労働の上限規制
パワーハラスメント対策、メンタルヘルス対策
勤務間インターバル制度

事前に予測できない災害その他事項の取扱
企業本社への監督指導等の強化
意欲と能力ある労働者の自己実現の支援
法施行までの準備期間、見直し

５．柔軟な働き方がしやすい環境整備　　　　　　　　　　　96
雇用型テレワークのガイドライン刷新と導入支援
非雇用型テレワークのガイドライン刷新と働き手への支援
副業・兼業の推進に向けたガイドライン等の策定

６．女性・若者の人材育成など活躍しやすい環境整備　　　　97
個人の学び直し支援の充実
多様な女性活躍の推進
就職氷河期世代や若者の活躍

７．病気の治療と仕事の両立　　　　　　　　　　　　　　　99

８．子育て・介護等と仕事の両立、障害者の就労　　　　　100
保育・介護の処遇改善
男性の育児・介護等への参加促進
障害者等の希望や能力を活かした就労支援

９．雇用吸収力、付加価値の高い産業への転職・再就職支援　101

１０．誰にでもチャンスのある教育環境の整備　　　　　　102

１１．高齢者の就業促進　　　　　　　　　　　　　　　　103

１２．外国人材の受入れ　　　　　　　　　　　　　　　　103

１３．10年先の未来を見据えたロードマップ　　　　　　　104

1．働く人の視点に立った働き方改革の意義（基本的考え方）

日本経済再生に向けて、最大のチャレンジは働き方改革。働く人の視点に立って労働制度の抜本改革を行い、企業文化や風土も含めて変えようとするもの。働く方一人ひとりが、より良い将来の展望を持ち得るようにする。

働き方改革こそが、労働生産性を改善するための最良の手段。生産性向上の成果を、働く人に分配することで、賃金の上昇、需要の拡大を通じた成長を図る「成長と分配の好循環」が構築される。社会問題であるとともに経済問題。

雇用情勢が好転している今こそ、政労使が3本の矢となって一体となって取り組んでいくことが必要。これにより、人々が人生を豊かに生きていく、中間層が厚みを増し、消費を押し上げ、より多くの方が心豊かな家庭を持てるようになる。

経済社会の現状
- 4年間のアベノミクスは、大きな成果を生み出した。
  [名目GDP]47兆円増加、9%成長
  [賃上げ]ベースアップが4年連続で実現しつつある
  [有効求人倍率]25年ぶりの高水準、史上初めて47全ての11都道府県で1倍超
  [正規雇用]26か月連続で前年を上回る勢い
  [相対的貧困率]足元で減少、子供の相対的貧困率は初めて減少に転じた
- 他方、個人消費や設備投資といった民需は、持ち直しつつあるものの、足踏みがみられる。
- 経済成長の隘路（あいろ）の根本は、人口問題という構造的な問題に加え、イノベーションの欠如による生産性向上の低迷、革新的技術への投資不足。
- 日本経済の再生を実現するためには、投資やイノベーションの促進を通じた付加価値生産性の向上と、労働参加率の向上を図ることが必要。
- 一億総活躍の明るい未来を切り拓くことができれば、少子高齢化に伴う様々な課題も克服可能。

日本の労働制度と働き方にある課題

① 正規、非正規の不合理な処遇の差
＝正当な処遇がなされていないという気持ちを「非正規」労働者に起こさせ、頑張ろうという意欲をなくす。
☆世の中から「非正規」という言葉を一掃していく
＝正規と非正規の理由なき格差を埋めていけば、自分の能力を評価されている納得感が醸成。納得感は労働者が働くモチベーションを誘引するインセンティブとして重要、それによって労働生産性が向上していく。

② 長時間労働
＝健康の確保だけでなく、仕事と家庭生活との両立を困難にし、少子化の原因や、女性のキャリア形成を阻む原因、男性の家庭参加を阻む原因。
☆長時間労働を自慢するかのような風潮が蔓延・常識化している現状を変えていく
＝長時間労働を是正すれば、ワーク・ライフ・バランスが改善し、女性や高齢者も仕事に就きやすくなり、労働参加率の向上に結びつく。経営者は、どのように働いてもらうかに関心を高め、単位時間（マンアワー）当たりの労働生産性向上につながる。

③ 単線型の日本のキャリアパス
＝ライフステージに合った仕事の仕方を選択しにくい。
☆単線型の日本のキャリアパスを変えていく
＝転職が不利にならない柔軟な労働市場や企業慣行を確立すれば、自分に合った働き方を選択して自らキャリアを設計可能に。付加価値の高い産業への転職・再就職を通じて国全体の生産性の向上にも寄与。

１．働く人の視点に立った働き方改革の意義（本プランの実行）

働き方改革実現会議は、総理が自ら議長となり、労働界と産業界のトップと有識者が集まって、これまでよりレベルを上げて議論する場として設置された。

本実行計画はその議論の成果であり、働く方の実態を最もよく知っている労働側と使用者側、さらには他の有識者も含め合意形成をしたもの。

> 労働界、産業界等はこれを尊重し、労働政策審議会において本実行計画を前提にスピード感を持って審議を行い、政府は関係法律案等を早期に国会に提出することが求められる。

> スピードと実行が重要。なかでも罰則付きの時間外労働の上限規制は、これまで長年労働政策審議会で議論されてきたものの、結論を得ることができなかった労働基準法70年の歴史の中で歴史的な大改革。今般、労働界と産業界が合意できたことは画期的なことであり、いまこそ政労使が、必ずやり遂げるという強い意志を持って法制化に取り組んでいかなければならない。

働き方改革実現会議における議論
・同一労働同一賃金の実現に向けて、有識者の検討報告を経てガイドライン案を提示し、これを基に法改正の在り方について議論を行った。
・長時間労働の是正については、上限規制等についての労使合意を経て、政労使による提案がなされるに至った。
・さらに全体で9つの分野について、具体的な方向性を示すための議論が行われた。

ロードマップに基づく長期的かつ継続的取組
・働き方改革の実現に向けては、前述の基本的考え方に基づき、改革のモメンタムを絶やすことなく、長期的かつ継続的に実行していくことが必要。
・働き方改革の基本的な考え方と進め方を示し、その改革実現の道筋を確実にするため、法制面も含め、その所期の目的達成のための政策手段について検討。
・また、最も重要な課題をロードマップにおいて示し、重点的に推進する。

フォローアップと施策の見直し
・本実行計画で決定したロードマップの進捗状況については、継続的に実施状況を調査し、施策の見直しを図る。
・このため、本実行計画決定を機に、働き方改革実現会議を改組して同一の構成員からなる働き方改革フォローアップ会合を設置し、フォローアップを行う。

２．同一労働同一賃金など非正規雇用の処遇改善

同一労働同一賃金の導入は、仕事ぶりや能力が適正に評価され、意欲をもって働けるよう、同一企業・団体におけるいわゆる正規雇用労働者（無期雇用フルタイム労働者）と非正規雇用労働者（有期雇用労働者、パートタイム労働者、派遣労働者）の間の不合理な待遇差の解消を目指すもの。

雇用形態に関わらない均等・均衡待遇の確保に向けて、政府のガイドライン案を策定。本ガイドライン案は、正規雇用労働者と非正規雇用労働者との間で、待遇差が存在する場合に、いかなる待遇差が不合理なものであり、いかなる待遇差が不合理なものでないのかを示したもの。

今後、本ガイドライン案を基に、法改正の立案作業を進める。ガイドライン案については、関係者の意見や改正法案についての国会審議を踏まえて、最終的に確定し、改正法の施行日に施行することとする。

・対象は、基本給、昇給、ボーナス、各種手当といった賃金にとどまらず、教育訓練や福利厚生もカバー。
・原則となる考え方を示すとともに、中小企業の方にもわかりやすいよう、典型的な事例として整理できるものについては、問題とならない例、問題となる例として、事例も多く取り入れている。
・ガイドライン案に記載していない待遇を含め、不合理な待遇差の是正を求める労働者が裁判で争えるよう、その根拠となる法律を整備。
・本ガイドライン案は、同一の企業・団体における、正規雇用労働者と非正規雇用労働者の間の不合理な待遇差を是正することを目的としているため、正規雇用労働者と非正規雇用労働者の間に実際に待遇差が存在する場合に参照されることを目的としている。このため、そもそも客観的にみて待遇差が存在しない場合については、本ガイドライン案は対象としていない。

政府のガイドライン案の概要は、以下のとおり。
① 基本給の均等・均衡待遇の確保
・基本給が、職務に応じて支払うもの、職業能力に応じて支払うもの、勤続に応じて支払うものなど、その趣旨・性格が様々である現実を認めた上で、そ

れぞれの趣旨・性格に照らして、実態に違いがなければ同一の、違いがあれば違いに応じた支給を求める。すなわち、均衡だけでなく、均等にも踏み込んだものとしている。
・昇給についても、勤続による職業能力の向上に応じて行おうとする場合には同様の職業能力の向上には同一の、違いがあれば、違いに応じた昇給を求める。

② 各種手当の均等・均衡待遇の確保
・ボーナス（賞与）について、会社の業績等への貢献に応じて支給しようとする場合、同一の貢献には同一の、違いがあれば違いに応じた支給を求める。
・役職手当についても、役職の内容、責任の範囲・程度に対して支給しようとする場合、同一の役職・責任には同一の、違いがあれば違いに応じた支給を求める。
・そのほか、業務の危険度等に応じて支給される特殊作業手当、交代制勤務などに応じて支給される特殊勤務手当、所定労働時間を超えて同一の時間外労働を行った場合に支給される時間外労働手当の割増率、深夜・休日労働を行った場合に支給される深夜・休日労働手当の割増率、通勤手当・出張旅費、勤務時間内に食事時間が挟まれている際の食事手当、同一の支給要件を満たす場合の単身赴任手当、特定の地域で働くことに対する補償として支給する地域手当等については、同一の支給を求める。

③ 福利厚生や教育訓練の均等・均衡待遇の確保
・食堂、休憩室、更衣室といった福利厚生施設の利用、転勤の有無等の要件が同一の場合の転勤者用社宅、慶弔休暇、健康診断に伴う勤務免除・有給保障については、同一の利用・付与を求める。
・病気休職については、無期雇用パートタイム労働者には無期雇用フルタイム労働者と同一の、有期雇用労働者にも労働契約の残存期間については同一の付与を求める。
・法定外年休・休暇については、勤続期間に応じて認めている場合には、同一の勤続期間であれば同一の付与を求め、特に有期労働契約を更新している場合には、当初の契約期間から通算した期間を勤続期間として算定することを要することとする。
・教育訓練については、現在の職務に必要な技能・知識を習得するために実施

しようとする場合、同一の職務内容であれば同一の、違いがあれば違いに応じた実施を行わなければならない。

④ 派遣労働者の取扱
・派遣元事業者は派遣労働者に対し、派遣先の労働者と職務内容、職務内容配置の変更範囲、その他の事情が同一であれば同一の、違いがあれば違いに応じた賃金の支給、福利厚生、教育訓練の実施が求められる。

> なお、基本給や各種手当といった賃金に差がある場合において、その要因として賃金の決定基準・ルールの違いがあるときは「無期雇用フルタイム労働者と有期雇用労働者又はパートタイム労働者は将来の役割期待が異なるため、賃金の決定基準・ルールが異なる」という主観的・抽象的説明に終始しがちであるが、これでは足りず、職務内容、職務内容・配置の変更範囲、その他の事情の客観的・具体的な実態に照らして、不合理なものであってはならない。

ガイドライン案の実効性を担保するため、裁判（司法判断）で救済を受けることができるよう、その根拠を整備する法改正を行う。具体的には、パートタイム労働法、労働契約法、及び労働者派遣法の改正を図ることとし、改正事項の概要は以下のとおり。

① 労働者が司法判断を求める際の根拠となる規定の整備
・現行制度では、均等待遇の規定は、有期雇用労働者については規制がない。また、派遣労働者については、均等待遇だけでなく、均衡待遇についても規制がない。
・この状況を改めるため、有期雇用労働者について、均等待遇を求める法改正を行う。また、派遣労働者について、均等待遇及び均衡待遇を求める法改正を行う。さらに、パートタイム労働者も含めて、均衡待遇の規定について、明確化を図る。

② 労働者に対する待遇に関する説明の義務化
・裁判上の立証責任を労使のどちらが負うかという議論もあるが、訴訟においては、訴える側・訴えられる側がそれぞれの主張を立証していくことになる

- ことは当然。
- 不合理な待遇差の是正を求める労働者が、最終的には、実際に裁判で争えるような実効性ある法制度となっているか否かが重要。
- 現行制度では、パートタイム労働者・有期雇用労働者・派遣労働者のいずれに対しても、比較対象となる正規雇用労働者との待遇差に関する説明義務が事業者に課されていない。また、有期契約労働者については、待遇に関する説明義務自体も事業者に課されていない。
- 今般の法改正においては、事業者は、有期雇用労働者についても、雇入れ時に、労働者に適用される待遇の内容等の本人に対する説明義務を課する。
- また、雇入れ後に、事業者は、パートタイム労働者・有期雇用労働者・派遣労働者の求めに応じ、比較対象となる労働者との待遇差の理由等についての説明義務を課する。

③　行政による裁判外紛争解決手続の整備

- 不合理な待遇差の是正を求める労働者にとって、最終的に裁判で争えることを保障する法制度を整備するが、実際に裁判に訴えるとすると経済的負担を伴う。
- このため、裁判外紛争解決手段（行政ADR）を整備し、均等・均衡待遇を求める当事者が身近に、無料で利用できるようにする。

④　派遣労働者に関する法整備

- 派遣元事業者は、派遣先労働者の賃金水準等の情報が無ければ、派遣労働者の派遣先労働者との均等・均衡待遇の確保義務を履行できない。このため、派遣先との均等・均衡待遇を履行できるよう、派遣先事業者に対し、賃金等の待遇情報を派遣元に提供する義務などを整備。
- 一方、派遣先が変わるごとに賃金水準が変わることで不安定になり、派遣元事業者による段階的・体系的な教育訓練等のキャリアアップ支援と不整合な事態を招くこともありうる。このため、ドイツでは、労働協約を締結することで同一労働同一賃金の適用を除外。しかしながら単に労使の合意のみに委ねると、同一労働同一賃金の実効性を担保できない恐れ。このため、派遣元で労働者が十分に保護されている場合として、以下の3要件を満たす労使協定を締結した場合に、派遣先労働者との均等・均衡待遇を求めないこととす

る。この場合でも、単に要件を満たす労使協定を締結することだけでは足りず、3要件を満たす形で協定が実際に履行されていることが求められる。
＜1＞同種業務の一般の労働者の賃金水準と同等以上であること。
＜2＞派遣労働者のキャリア形成を前提に能力を適切に評価して賃金に反映させていくこと。
＜3＞賃金以外の待遇について派遣元事業者に雇われている正規雇用労働者の待遇と比較して不合理でないこと。

法改正の施行に当たって
・中小企業を含め、本制度改正は企業活動に与える影響が大きいため、周知を徹底し、十分な法施行までの準備期間を確保。
・相談窓口の整備等、中小企業等の実情も踏まえ労使双方に丁寧に対応。

3．賃金引上げと労働生産性向上

アベノミクスの三本の矢の政策によって、デフレではないという状況を作り出す中で、企業収益は過去最高となっている。過去最高の企業収益を継続的に賃上げに確実につなげ、近年低下傾向にある労働分配率を上昇させ、経済の好循環をさらに確実にすることにより総雇用者所得を増加させていく。

最低賃金の引上げ
・最低賃金については、年率3％程度を目途として、名目GDP成長率にも配慮しつつ引き上げていく。これにより、全国加重平均が1000円になることを目指す。
・このような最低賃金の引き上げに向けて、中小企業、小規模事業者の生産性向上等のための支援や取引条件の改善を図る。

中小・小規模事業者の取引条件の改善
・下請け取引に関する制度の通達・運用基準を見直し。今後、厳格に運用し、下請け取引の条件改善を進める。
  - ✔50年ぶりに、下請代金の支払いについて通達を見直し。これまで下請事業者の資金繰りを苦しめてきた手形払いの慣行を断ち切り、現金払いを原則とする

- ✔近年の下請けいじめの実態を踏まえ、下請法の運用基準を 13 年ぶりに抜本改定
- 産業界には、これを踏まえた自主行動計画に基づく取組の着実な実施を求めていく。
- このフォローアップのため、全国に配置する下請け G メン（取引調査員）による年間 2,000 件以上のヒアリング調査などにより、改善状況を把握し、課題が確認されれば、自主行動計画の見直し要請など、必要な対応を検討、実施。

賃上げに積極的な企業等の後押し

- 賃上げに積極的な企業等を後押しするため、税制、予算措置など賃上げの環境整備に取り組む。
  - ✔賃上げに積極的な事業者を、税額控除の拡充により後押し。
  - ✔生産性向上に資する人事評価制度や賃金制度を整備し、生産性向上と賃上げを実現した企業への助成制度を創設

生産性向上に取り組む企業等への支援

- 雇用保険法を改正して雇用安定事業と能力開発事業の理念に生産性向上に資することを追加。
- 雇用関係助成金に生産性要件を設定し、金融機関との連携強化を図るなどの改革を行う。

4．罰則付き時間外労働の上限規制の導入など長時間労働の是正

> 我が国は欧州諸国と比較して労働時間が長くこの 20 年間フルタイム労働者の労働時間はほぼ横ばい。仕事と子育てや介護を無理なく両立させるためには、長時間労働の是正が必要。このためには、いわゆる 36 協定でも超えることができない、罰則付きの時間外労働の限度を具体的に定める法改正が不可欠。

労働基準法の改正の方向性は、日本労働組合総連合会、日本経済団体連合会の両団体が時間外労働の上限規制等に関して労使合意したことを踏まえて、以下のとおり。

法改正の考え方
・今回の法改正は、まさに、現行の限度基準告示を法律に格上げし、罰則による強制力を持たせるとともに、従来、上限無く時間外労働が可能となっていた臨時的な特別の事情がある場合として労使が合意した場合であっても、上回ることのできない上限を設定するもの。

時間外労働の上限規制
・週40時間を超えて労働可能となる時間外労働の限度を、原則として、月45時間、かつ、年360時間とする。
・特例として臨時的な特別の事情がある場合として、労使が合意して労使協定を結ぶ場合においても、上回ることができない時間外労働時間を年720時間とする。
・かつ、年720時間以内において、一時的に事務量が増加する場合について、最低限、上回ることのできない上限として以下のように設定。
一　2か月、3か月、4か月、5か月、6か月の平均で、いずれにおいても、休日労働を含んで、80時間以内
二　単月では、休日労働を含んで100時間未満
三　原則を上回る特例の適用は、年6回を上限
・労使が上限値までの協定締結を回避する努力が求められる点で合意したことに鑑み、さらに可能な限り労働時間の延長を短くするため、新たに労働基準法に指針を定める規定を設け、行政官庁は、当該指針に関し、労使等に対し、必要な助言・指導を行えるようにする。

パワーハラスメント対策、メンタルヘルス対策
・労働者が健康に働くための職場環境の整備に必要なことは、労働時間管理の厳格化だけではない。上司や同僚との良好な人間関係づくりを併せて推進する。
　✔職場のパワーハラスメント防止を強化するため、政府は労使関係者を交えた場で対策の検討を行う。
　✔過労死等防止対策推進法に基づく大綱においてメンタルヘルス対策等の新たな目標を掲げることを検討するなど、政府目標を見直す

勤務間インターバル制度
・労働時間設定改善法を改正し、事業者は、前日の終業時刻と翌日の始業時刻

の間に一定時間の休息の確保に努めなければならない旨の努力義務を課す。
- 普及促進に向けて労使関係者を含む有識者検討会を立ち上げ。
- 制度を導入する中小企業への助成金活用や好事例周知。

事前に予測できない災害その他事項の取扱

- 事前に予測できない災害その他避けることのできない事由については労働基準法第33条による労働時間の延長の対象となっており、この措置は継続。
  ✔ 措置の内容については、サーバーへの攻撃によるシステムダウンへの対応や大規模なリコールへの対応なども含まれていることを解釈上、明確化

企業本社への監督指導等の強化

- 過重労働撲滅のための特別チーム（かとく＝過重労働撲滅特別対策班）による重大案件の捜査、企業本社への立入り調査・指導、企業名公表制度を推進。

意欲と能力ある労働者の自己実現の支援

- 創造性の高い仕事で自律的に働く個人が、意欲と能力を最大限に発揮し、自己実現をすることを支援する労働法制が必要。
- 現在国会に提出中の労働基準法改正法案に盛り込まれている改正事項は、長時間労働を是正し、働く方の健康を確保しつつ、その意欲や能力を発揮できる新しい労働制度の選択を可能とするもの。
  ✔ 具体的には、中小企業における、月60時間超の時間外労働に対する割増賃金の見直しや年次有給休暇の確実な取得などの長時間労働抑制策とともに、高度プロフェッショナル制度の創設や企画業務型裁量労働制の見直しなどの多様で柔軟な働き方の実現に関する法改正
- この法改正について、国会での早期成立を図る。

法施行までの準備期間、見直し

- 中小企業を含め、急激な変化による弊害を避けるため、十分な法施行までの準備時間を確保。
- 政府は、法律の施行後5年を経過した後適当な時期において、改正後の労働基準法等の実施状況について検討を加え、必要があると認めるときは、その結果に応じて所要の見直しを行う。

※現行の適用除外等の取扱

自動車運転	✔ 改正法の一般則の施行期日の5年後に、年960時間（＝月平均80時間）以内の規制を適用することとし、かつ、将来的には一般則の適用を目指す旨の規定を設ける。 ✔ 5年後の施行に向けて、荷主を含めた関係者で構成する協議会で労働時間の短縮策を検討するなど、長時間労働を是正するための環境整備を強力に推進。
建設	✔ 改正法の一般則の施行期日の5年後に、罰則付き上限規制の一般則を適用する（ただし、復旧・復興の場合については、単月で100時間未満、2か月ないし6か月の平均で80時間以内の条件は適用しない）。併せて、将来的には一般則の適用を目指す旨の規定を設ける。 ✔ 5年後の施行に向けて、発注者の理解と協力も得ながら労働時間の段階的な短縮に向けた取組を強力に推進。
医師	✔ 時間外労働規制の対象とするが、医師法に基づく応召義務等の特殊性を踏まえた対応が必要。 ✔ 具体的には、改正法の施行期日の5年後を目途に規制を適用することとし、医療界の参加の下で検討の場を設け、質の高い新たな医療と医療現場の新たな働き方の実現を目指し、2年後を目途に規制の具体的な在り方、労働時間の短縮策等について検討し、結論を得る。
研究開発	✔ 専門的、科学的な知識、技術を有する者が従事する新技術、新商品等の研究開発の業務の特殊性が存在。 ✔ このため、医師による面接指導、代替休暇の付与など実効性のある健康確保措置を課すことを前提に、現行制度で対象となっている範囲を超えた職種に拡大することのないよう、その対象を明確化した上で適用除外とする。

5．柔軟な働き方がしやすい環境整備

テレワークは、時間や空間の制約にとらわれることなく働くことができるため、子育て、介護と仕事の両立の手段となり、多様な人材の能力発揮が可能となる。副業や兼業は、新たな技術の開発、オープンイノベーションや起業の手段、第2の人生の準備として有効。

他方、これらの普及が長時間労働を招いては本末転倒。労働時間管理をどうしていくかも整理することが必要。ガイドラインの制定など実効性のある政策手段を講じて、普及を加速。

雇用型テレワークのガイドライン刷新と導入支援

・自宅での勤務に限定されていた雇用型テレワークのガイドラインを改定し、併せて、長時間労働を招かないよう、労働時間管理の仕方も整理。
  - ✔在宅勤務形態だけでなく、サテライトオフィス勤務やモバイル勤務を追加
  - ✔企業がテレワークの導入に躊躇することがないよう、フレックスタイム制や通常の労働時間制度における中抜け時間や移動時間の取扱、事業場外みなし労働時間制度の活用条件など、活用方法について、働く実態に合わせて明確化
  - ✔長時間労働を防止するため、深夜労働の制限や深夜・休日のメール送付の抑制等の対策例を推奨
・セキュリティ面の対応に関するガイドラインについても改定。

非雇用型テレワークのガイドライン刷新と働き手への支援

・クラウドソーシングが拡大し、雇用契約によらない働き方による仕事の機会が増加。
・雇用類似の働き方の実態を把握し、有識者会議を設置し法的保護の必要性を中長期的課題として検討。
・仲介事業者を想定せず、働き手と発注者の相対契約を前提としている現行の非雇用型テレワークの発注者向けガイドラインを改定。
  - ✔仲介事業者が一旦受注して働き手に再発注する際にも当該ガイドラインを守るべきことを示す
  - ✔契約文書のない軽易な取引や著作物の仮納品の急増などクラウドソーシン

グの普及に伴うトラブルの実態を踏まえ、仲介事業者に求められるルールを明確化
- 働き手へのセーフティネットの整備や教育訓練等の支援策を検討し実施。

副業・兼業の推進に向けたガイドライン等の策定
- 副業・兼業を希望する方は、近年増加している一方で、これを認める企業は少ない。労働者の健康確保に留意しつつ、原則副業・兼業を認める方向で、副業・兼業を普及促進。
- 副業・兼業に関するガイドラインを策定。
    - ✔これまでの裁判例や学説の議論を参考に、就業規則等において本業への労務提供や事業運営、会社の信用・評価に支障が生じる場合等以外は合理的な理由なく副業・兼業を制限できないことをルールとして明確化。
    - ✔長時間労働を招かないよう、労働者が自ら確認するためのツールの雛形や、企業が副業・兼業者の労働時間や健康をどのように管理すべきかを盛り込む。
- 副業・兼業を認める方向でモデル就業規則を改定。

6．女性・若者の人材育成など活躍しやすい環境整備

大学等における職務遂行能力向上に資するリカレント教育を受け、その後再就職支援を受けることで、一人ひとりのライフステージに合った仕事を選択しやすくする。また、人工知能（AI）などによる第4次産業革命が働く人に求められるスキルを急速に変化させているため、技術革新と産業界のニーズに合った能力開発を推進。

さらに、就業を希望しつつも家庭との両立が困難で働けない方や、就業調整を意識して働いている方などのため、今後更に女性の活躍を推進するとともに、就職氷河期世代や若者の活躍に向けた支援・環境整備を図る。

個人の学び直し支援の充実
- 雇用保険法を改正し、専門教育講座の受講費用に対する教育訓練給付を拡充。
    - ✔給付率：最大6割→7割

✔ 上限額：年間 48 万円→56 万円
　　✔ 給付を受けられる期間：子育てによる離職後 4 年まで→10 年まで（離職後 1 か月以内に必要とされていた受給期間の延長手続き制度を廃止。）
・多様なスキルの習得機会を拡大。
　　✔ 子供を保育園に預けながら受けられる教育訓練を拡大。土日・夜間、e－ラーニング、短時間でも受講できる大学等の女性リカレント教育講座を開拓し、全国に展開
　　✔ 高度な IT 分野を中心に、今後需要増加が見込まれるスキルの講座を開拓・見える化、受講を支援
　　✔ IT、保育・介護などの長期離職者訓練を拡充
　　✔ 学校教育段階から実践的な職業能力を有する人材を育成

多様な女性活躍の推進

・女性活躍に関する企業情報の見える化に向けて、労働時間や男性の育児休業の取得状況、女性の管理職比率など、必要な情報が確実に公表されるよう、2018 年度までに女性活躍推進法の情報公表制度の強化策などを検討。
・働きたい人が就業調整を意識せずに働くことができる環境を整備。
　　✔ 配偶者控除等については、配偶者の収入制限を 103 万円から 150 万円に引き上げ。
　　✔ 短時間労働者の被用者保険の更なる適用拡大について必要な検討を行い、必要な措置
　　✔ 企業の配偶者手当について、労使の真摯な話し合いの下、前向きな取組が行われるよう、働きかけていく。
・復職制度をもつ企業の情報公開を推進。
　　✔ ハローワークの求人票に項目を新設。
　　✔ 女性活躍推進法の情報公表の項目に盛り込むことを検討。
　　✔ 復職に積極的な企業を支援。

就職氷河期世代や若者の活躍

・35 歳を超えて離転職を繰り返すフリーター等の正社員化を推進。
　　✔ 同一労働同一賃金制度の施行を通じて均等・均衡な教育機会の提供を図る
　　✔ 個々の対象者の職務経歴、職業能力等に応じた集中的な支援を実施

- 高校中退者等の高卒資格取得に向けた学習相談・支援を実施。
- 若者雇用促進法に基づく指針を改定し、希望する地域等で働ける勤務制度の導入など多様な選考・採用機会を促進。
- 職業安定法を改正し、一定の労働関係法令違反を繰り返す企業の求人票不受理を可能に

7．病気の治療と仕事の両立

病気を治療しながら仕事をしている方は、労働人口の3人に1人と多数を占める。自分の仕事に期待してくれる人々がいることは、職場に自分の存在意義を確認できる、いわば居場所があると感じさせ、病と闘う励みにもなる。病を患った方々が、生きがいを感じながら働ける社会を目指す。

治療と仕事の両立に向けて、会社の意識改革と受入れ体制の整備を図るとともに、主治医、会社・産業医と、患者に寄り添う両立支援コーディネーターのトライアングル型のサポート体制を構築する。

あわせて、労働者の健康確保のための産業医・産業保健機能の強化を図る。

- がん・難病・脳血管疾患・肝炎等の疾患別に、治療方法や倦怠感・慢性の痛み・しびれといった症状の特徴など、両立支援にあたっての留意事項などを示した、会社向けの疾患別サポートマニュアルを新たに作成。
- 両立支援コーディネーターは、主治医と会社の連携の中核。
  - ✔患者に寄り添いながら継続的に相談支援を行いつつ、個々の患者ごとの治療・仕事の両立に向けたプランの作成支援などを担う。
  - ✔医療や心理学、労働関係法令や労務管理に関する知識を身に付け、患者、主治医、会社などのコミュニケーションのハブとして機能。

8．子育て・介護等と仕事の両立、障害者の就労

「待機児童解消加速化プラン」に基づく取組を進めるとともに、2018年度以降についても、本年4月以降の各自治体における今後の改善状況等も踏まえ、新たなプランを策定する。受け皿の拡大にあわせて、処遇改善など総合的な人材確保対策を講じる。また、子供を産んでも仕事を続けられるための支援を強化していく観点から、子育てを理由に仕事を辞めずに済むよう、保育園が見つからない場合などは、育休給付の支給期間を最大2歳まで延長。

介護についても、総合的に取組を進めて行く。介護の受け皿については、2020年代初頭までに、50万人分以上の整備を確実に推進する。また、介護人材を確保するため、処遇改善を行う。

男性の育児・介護等への参加を徹底的に促進するためあらゆる政策を動員する。

障害者等の希望や能力を活かした就労支援を推進し、障害の特性等に応じて活躍できることが普通の社会、障害者と共に働くことが当たり前の社会を目指していく。

保育・介護の処遇改善
・保育士の処遇改善については、技能・経験に応じたキャリアアップの仕組みを構築し、処遇改善に取り組む。2017年度予算では、全ての保育士に2%の処遇改善を実施。これにより、政権交代後、合計で10%の改善が実現する。加えて、保育士の方々には、概ね3年以上で月5千円、7年以上で月4万円の加算を行う。
・介護人材を確保するため、2017年度予算において、介護職員について、経験などに応じて昇給する仕組みを創り、月額平均1万円相当の処遇改善を行う。これにより、自公政権のもと、合計で月4万7千円の改善が実現する。

男性の育児・介護等への参加促進
・育児休業の取得時期・期間や取得しづらい職場の雰囲気の改善など、ニーズ

を踏まえた育児休業制度の在り方について、総合的な見直しの検討に直ちに着手し、実行。
- 育児休業の対象者に対して事業主が個別に取得を勧奨する仕組みや、育児目的休暇の仕組みを育児・介護休業法に導入。
- 次世代育成支援対策推進法に基づく子育てしやすい企業の認定制度（くるみん）について、男性育児休業取得に関する認定基準を直ちに引上げ。2017年度に同法により男性の育休取得状況を見える化することを検討し、2020年度までに更なる男性育休取得促進方策を検討。

障害者等の希望や能力を活かした就労支援
- 2018年4月より法定雇用率を引上げ。
- 障害者の実習での受入れ支援、障害者雇用のノウハウを付与する研修の受講、知見ある企業OB等の派遣を進める。
- 発達障害やその可能性のある方も含め、障害の特性に応じて一貫した修学・就労支援を行えるよう、教育機関、関係行政機関と企業が連携する体制を構築。
- 障害者の在宅就業等を促進。仲介事業のモデル、優良仲介事業見える化を支援。
- 障害者の職業生活の改善を図るための最新技術を活用した補装具を普及。

9．雇用吸収力、付加価値の高い産業への転職・再就職支援

> 単線型の日本のキャリアパスを変え、再チャレンジが可能な社会としていくためには、転職・再就職など新卒以外の多様な採用機会の拡大が課題。

> 官民一体となって、転職・再就職者の採用機会を広げる方策に取り組んでいく。

- 成長企業が転職者を受け入れて行う能力開発や賃金アップへの助成を拡大。年功ではなく能力で評価をする人事システムの導入企業への助成を創設。
- 産業雇用安定センターについて、中小企業団体等と連携し、マッチング機能を強化。
- 転職者の受け入れ促進のための指針を策定し、経済界に要請。
- 転職・再就職向けのインターンシップのガイドブックを作成し、企業と大学の実践的な連携プログラムを支援。

- AI 等の成長分野も含めた様々な仕事の内容、求められる知識・能力・技術、平均年収といった職業情報のあり方について、官民連携で調査・検討し、資格情報等も含めて総合的に提供するサイト（日本版 O-NET）を創設。
- これまでそれぞれ縦割りとなっていた女性が働きやすい企業の職場情報と、若者が働きやすい企業の職場情報を、ワンストップで閲覧できるサイトを創設。
- 技能検定を雇用吸収力の高い職種に拡大、若者の受検料を減免。

１０．誰にでもチャンスのある教育環境の整備

子供たちの誰もが、家庭の経済事情に関わらず、未来に希望を持ち、それぞれの夢に向かって頑張ることができる社会を創る。そのためには、公教育の質の向上とともに、誰もが希望すれば、高校にも、専修学校、大学にも進学できる環境を整えなければならない。

我が国は高等教育の漸進的な無償化を規定した国際人権規約を批准しており、財源を確保しつつ、確実に子供たちの進学を後押しできるような高等教育の経済的負担軽減策を推進する。また、義務教育段階から学力保障のための教育環境の充実を進める．

- 給付型の奨学金制度を創設。本年から、児童養護施設や里親の下で育った子供など経済的に特に厳しい学生を対象に先行的にスタート。
- 無利子の奨学金については、本年春から、低所得世帯の子供に係る成績基準を実質的に撤廃するとともに残存適格者を解消。
- 貸与型の奨学金についても、所得連動返還制度を導入し、大幅に負担を軽減。既に返還開始中の方についても減額返還制度を拡充。
- 幼児教育について、2017 年度予算において、所得の低い世帯では、第 3 子以降に加え、第 2 子も無償とするなど、無償化範囲を拡大。引き続き、財源を確保しながら幼児教育の無償化を段階的に推進。
- 国公私立を通じた義務教育段階の就学支援、高校生等奨学給付金、大学等の授業料減免の充実など教育費負担を軽減。

１１．高齢者の就業促進

65歳以降の継続雇用延長や65歳までの定年延長を行う企業への支援を充実し、将来的に継続雇用年齢等の引上げを進めていくための環境整備を行っていく。

高齢者就労促進のもう一つの中核は、多様な技術・経験を有するシニア層が、一つの企業に留まらず、幅広く社会に貢献できる仕組み。年齢に関わりなくエイジレスに働けるよう、高齢期に限らず、希望する方のキャリアチェンジを促進。

- 2020年度までを集中取組期間と位置づけ、65歳以降の継続雇用延長や65歳までの定年延長を行う企業への助成措置を強化。
- 新たに策定した継続雇用延長や定年延長の手法を紹介するマニュアルや好事例集を通じて、企業への働きかけ、相談・援助を行っていく。
- 集中取組期間の終了時点で、継続雇用年齢等の引上げに係る制度の在り方を再検討。
- ハローワークにおいて高齢者が就業可能な短時間等の求人を開拓、年齢に関わりなく職務に基づく公正な評価により働ける企業を求人票で見える化。
- ハローワークと経済団体等の地域の関係者が連携し、Ｕ・Ｉ・Ｊターンして地方で働くための全国マッチングネットワークを創設。
- 高齢者による起業時の雇用助成措置を強化。
- 健康づくりやフレイル対策を進めつつ、シルバー人材センターやボランティアなど、高齢者のニーズに応じた多様な就労機会を提供。

１２．外国人材の受入れ

グローバル競争においては、高度IT人材のように、高度な技術、知識等を持った外国人材のより積極的な受入れを図り、イノベーションの創出等を通じて我が国経済全体の生産性を向上させることが重要。

他方、専門的・技術的分野とは評価されない分野の外国人材の受入れについては、ニーズの把握や経済的効果の検証だけでなく、日本人の雇用への影響、産業構造への影響、教育、社会保障等の社会的コスト、治安など幅広い観点から、国民的コンセンサスを踏まえつつ検討すべき問題。

経済・社会基盤の持続可能性を確保していくため、真に必要な分野に着目しつつ、外国人材受け入れの在り方について、総合的かつ具体的な検討を進める。このため、移民政策と誤解されないような仕組みや国民的なコンセンサス形成の在り方などを含めた必要な事項の調査・検討を政府横断的に進めていく。

・企業における職務等の明確化と公正な評価・処遇の推進など、高度外国人材を更に積極的に受け入れるための就労環境の整備が重要。政府としてマッチング支援等を推進。高度外国人材が英語等でも活躍できる就労環境の整備とともに、外国人の生活面での環境の整備も推進。
・高度外国人材の永住許可申請に要する在留期間を現行の5年から世界最速級の1年とする日本版高度外国人材グリーンカードを創設。

13．10年先の未来を見据えたロードマップ

①働く人の視点に立った課題、②検討テーマと現状、③対応策からなる「樹形図（ツリー図）」を提示。

合計で19項目からなる対応策について、2026年度までに、どのような施策をいつ実行するかを具体的に定めた。

ロードマップ（工程表）については、
http://www.kantei.go.jp/jp/headline/pdf/20170328/02.pdf を参照。

③ 一億総活躍社会の実現に向けて

『平成28年版厚生労働白書』「第2部 現下の政策課題への対応」より

第1節　一億総活躍社会とは

1 経済社会の現状

　3年間のアベノミクス（大胆な金融政策、機動的な財政政策、民間投資を喚起する成長戦略）は、国民総所得や税収の増加など、大きな成果を生み出した。日本企業の収益は、史上最高の水準に達しており、また、就業者数は100万人以上増え、ベースアップが3年連続、多くの企業で実現見込みとなり、有効求人倍率が24年ぶりの高水準となる等、企業収益は、着実に雇用や賃金に回っている。日本経済はデフレ脱却が見えてきており、実質賃金は昨年下半期からプラスに転じている。その一方で、個人消費や設備投資といった民需に力強さを欠いた状況となっている。

　こういった我が国の経済成長の隘路（あいろ）の根本には、少子高齢化という構造的な問題がある。この30年ほどの間で、出生率は大幅に低下（1984年の1.81から2005年の1.26までに低下し、その後も1.3〜1.4程度で推移）し、一方で高齢化率は着実に上昇している（1984年の9.9％から2014年の26.0％）。さらに、日本の総人口は、2008（平成20）年を境に減少局面に入っている。一旦、人口が減少し始めると、減少スピードは今後加速度的に高まっていき、2020年代初めは毎年60万人程度の減少であるが、それが2040年代頃には毎年100万人程度の減少スピードにまで加速し、このままでは2100年には人口5,000万人を切ることが推計されている。

2 一億総活躍社会の意義

　こうした現状を踏まえ、2015（平成27）年9月、安倍内閣総理大臣は少子高齢化という構造的な問題に真正面から取り組んでいくとの姿勢を表明し、一億総活躍社会の実現を目標に掲げた。一億総活躍社会は、女性も男性も、お年寄りも若者も、一度失敗を経験した方も、障害や難病のある方も、家庭で、職場で、地域で、あらゆる場で、誰もが活躍できる、いわば全員参加型の社会である。

　全ての人が包摂される社会が実現できれば、安心感が醸成され、将来の見通

しが確かになり、消費の底上げ、投資の拡大にもつながる。また、多様な個人の能力の発揮による労働参加率向上やイノベーションの創出が図られることを通じて、経済成長が加速することが期待される。

このように、一億総活躍社会は、アベノミクスによる成長の果実を活用して、子育て支援や社会保障の基盤を強化し、それが更に経済を強くするという新たな経済社会システム創りに挑戦するものであり、究極の成長戦略である。

3 新たな三本の矢

少子高齢化の流れに歯止めをかけ、誰もが活躍できる一億総活躍社会を創っていくため、「戦後最大の名目 GDP600 兆円」、「希望出生率 1.8」、「介護離職ゼロ」という目標を掲げ、この 3 つの的に向かって新しい 3 本の矢を放つ。

新たな第一の矢は、「希望を生み出す強い経済」である。イノベーションと働き方改革による生産性の向上と労働力の確保により、サプライサイドを強化するとともに、経済の好循環を回し続け、潜在的な需要を掘り起こして内需を拡大していく。地方に眠る可能性を更に開花させる。既存の規制・制度の改革を断行する。あらゆる政策を総動員していくことにより、「戦後最大の名目 GDP600 兆円」の実現を目指すものである。

新たな第二の矢は、「夢をつむぐ子育て支援」である。18〜34 歳の独身者の約 9 割は「いずれ結婚するつもり」であり、結婚した場合に欲しい子どもの数は男性 2.04 人・女性 2.12 人となっている。また、既婚者の予定する子どもの数は 2.07 人である。こうした若い世代における結婚・出産に関する希望が叶うとした場合に算出される出生率を「希望出生率」として、一定の仮定に基づく計算を行えば、概ね 1.8 程度となる。2015（平成 27）年の合計特殊出生率（概数）は 1.46 となっている。一億総活躍の最も根源的な課題は、人口減少問題に立ち向かうこと。そのために、一人でも多くの若者たちの、結婚や出産の希望を叶える。これが「希望出生率 1.8」の目標である。安心して子供を産み育てることができる社会を創る。子供たちの誰もが、頑張れば大きな夢をつむいでいくことができる社会を創り上げるものである。

新たな第三の矢は、「安心につながる社会保障」である。介護を機に離職・転職した方は、2011（平成 23）年 10 月から 2012（平成 24）年 9 月までの 1 年間で、約 10 万人となっている。介護を機に離職した理由は、男女ともに、「仕事と介護の両立が難しい職場だったため」との割合が最も高くなっている。東京オリンピック・パラリンピックが開催される 2020（平成 32）年には、いわゆ

る団塊の世代が 70 歳を超える。日本の大黒柱、団塊ジュニア世代が大量離職すれば、経済社会は成り立たない。そのため、介護をしながら仕事を続けることができる、「介護離職ゼロ」という明確な目標を掲げ、現役世代の「安心」を確保する社会保障制度へと改革を進めていくものである。

4　成長と分配の好循環の形成

　強い経済、「成長」の果実なくして、「分配」を続けることはできない。
　新たな第二・第三の矢により、子育てや介護をしながら仕事を続けることができるようにすることで、労働参加を拡大し、潜在成長率の底上げを図る。賃上げを通じた消費や民間投資を更に拡大し、成長戦略を進化させ、多様な方々の参加による多様性がイノベーションを通じた生産性向上を促し、更に経済を強くする。
　他方で、子育て支援や社会保障の充実のためにも、強い経済が必要である。新たな第一の矢による成長の果実なくして、新たな第二の矢と第三の矢を放つことはできない。
　つまり、新・三本の矢は、三つ全てがそろっていないと意味がないのであり、三本あわせて究極の成長戦略となるものである。
　こうした成長と分配の好循環を形作っていくためには、新・三本の矢に加えて、これら三本の矢を貫く横断的課題である働き方改革と生産性向上という重要課題への取組みが必要となる。

第 2 節　ニッポン一億総活躍プランの検討経緯

　我が国の構造的な問題である少子高齢化に真正面から挑み、新たな三本の矢の実現を目的とする一億総活躍社会に向けたプランの策定等を審議するため、2015（平成 27）年 10 月には内閣総理大臣を議長とし、関係閣僚と有識者からなる「一億総活躍国民会議」が設置され、概ね月 1 回のペースで精力的な議論が行われた。また、国民会議の開催と並行して、一億総活躍国民会議有識者委員が様々な立場の方と意見交換を行う「一億総活躍社会に関する意見交換会」や、安倍内閣総理大臣や加藤一億総活躍担当大臣が仙台や福岡など地域の国民と直接意見交換を行う「一億総活躍社会実現対話」を開催するなどして、一億総活躍社会の実現に向けた国民との意見交換が実施された。
　国民会議においては、緊急に実施すべき措置として、2015 年 11 月 26 日の一

億総活躍国民会議（第3回）で、「一億総活躍社会の実現に向けて緊急に実施すべき対策－成長と分配の好循環の形成に向けて－」（以下「緊急対策」という。）が取りまとめられた。

また、2016（平成28）年5月18日の一億総活躍国民会議（第8回）では、「ニッポン一億総活躍プラン」（案）が取りまとめられ、同年6月2日閣議決定された。

第3節　一億総活躍社会の実現に向けて緊急に実施すべき対策

緊急対策では、「希望出生率1.8の実現」「介護離職ゼロ」という二つの目標達成に直結する政策に重点を置いた事業が盛り込まれ、中でも特に緊急対応を要する事業については、平成27年度補正予算に計上されることとなった。

平成27年度補正予算の主な内容は次のとおりであり、「希望出生率1.8」の実現に向けて2017（平成29）年度末までの保育の受け皿整備量を40万人から50万人分に上積みすることや、「介護離職ゼロ」の実現に向けて介護の受け皿を2020年代初頭までに約38万人分以上から約50万人分以上に拡大することなどを柱として、2016（平成28）年1月20日に成立した。

〇平成27年度補正予算の主な内容
【「希望出生率1.8」に直結する緊急対策】
・3年以内の既卒者及び中退者を対象とした助成金制度の創設。
・キャリアアップ助成金について、有期雇用から正規雇用への転換等に係る助成の拡充。
・不妊治療への初回の助成額の増額と、男性不妊治療の助成を拡大。
・小児医療施設及び周産期医療施設の設備整備。
・「待機児童解消加速化プラン」に基づく認可保育所等の整備を前倒し。（2017年度末までの整備拡大量：40万人分→50万人分）
・保育所等が保育補助者の雇上げに要する費用や、潜在保育士再就職時の就職準備金等の貸付事業を創設。保育所のICT化の支援。
・保育士の人件費について、国家公務員の給与改定に準じた内容を公定価格に反映。
・資格の取得を目指すひとり親家庭の親に対し、養成機関の入学準備金・就職準備金を貸付。

・児童養護施設退所者等に対する自立支援資金の貸付。

　　　　　　　　　　　　　　　　　　　　　　　　　　　など

【「介護離職ゼロ」に直結する緊急対策】
・2020年代初頭までに、介護施設・在宅サービスやサービス付き高齢者向け住宅の整備量を約12万人分上乗せし、約50万人分以上に拡大。
・離職した介護人材に対する再就職準備金貸付制度の創設。介護福祉士を目指す学生に対する修学資金等の貸付事業の拡充。
・介護施設等の介護ロボット導入の支援。
・障害福祉サービス事業所等の整備の補助。

　　　　　　　　　　　　　　　　　　　　　　　　　　　など

【「名目GDP600兆円」の強い経済実現に向けた当面の緊急対策】
・アベノミクスの成果の均てんの観点から、賃金引上げの恩恵が及びにくい低所得の高齢者に対する給付金の支給。

　　　　　　　　　　　　　　　　　　　　　　　　　　　など

第4節　ニッポン一億総活躍プラン

1　ニッポン一億総活躍プランの内容

　ニッポン一億総活躍プランは、一億総活躍社会の実現に向けた横断的課題である「働き方改革」の方向を提示したうえで、新たな三本の矢の目標の実現に向けた取組みの方向について、具体的に記載している。また、新たな三本の矢の目標の達成に向けて、どのような施策をいつ実行するのかを「ロードマップ」の形で提示している。ロードマップでは、個別の政策課題ごとに、関連する施策を列挙し、可能な限り定量的な指標も掲げながら、施策の検討・実施時期を具体的に期限を区切って定めている。ロードマップの進捗状況については、今後継続的に調査し、必要に応じて見直しを行っていく。

2　ニッポン一億総活躍プランにおける厚生労働省の取組み

　一億総活躍社会の実現に必要な施策の多くは、厚生労働省が担当する分野であり、以下に主な内容を紹介する。

（1）一億総活躍社会の実現に向けた横断的課題である働き方改革の方向

　一億総活躍社会の実現に向けた最大のチャレンジは働き方改革である。多様で柔軟な働き方が可能となるよう、社会の発想や制度を大きく転換しなければ

ならない。このため、次の内容に取り組んでいく。

（同一労働同一賃金の実現など非正規雇用の待遇改善）

女性や若者などの多様で柔軟な働き方の選択を広げるためには、我が国の労働者の約4割を占める非正規雇用労働者の待遇改善は待ったなしの課題である。このため、正規か、非正規かといった雇用の形態にかかわらない均等・均衡待遇を確保し、同一労働同一賃金の実現に踏み込む。

プロセスとしては、労働契約法、パートタイム労働法、労働者派遣法の的確な運用を図るため、どのような待遇差が合理的であるかまたは不合理であるかを事例等で示すガイドラインを策定し、これを通じ、不合理な待遇差として是正すべきものを明らかにする。そして、その是正が円滑に行われるよう、欧州の制度も参考にしつつ、不合理な待遇差に関する司法判断の根拠規定の整備、非正規雇用労働者と正規労働者との待遇差に関する事業者の説明義務の整備などを含め、労働契約法、パートタイム労働法及び労働者派遣法の一括改正等を検討し、関連法案を国会に提出する。

これらにより、正規労働者と非正規雇用労働者の賃金差について、欧州諸国に遜色のない水準を目指す。

また、最低賃金については、年率3％程度を目途として、名目GDP成長率にも配慮しつつ引き上げていき、全国加重平均が1000円となることを目指す。このような最低賃金の引上げに向けて、中小企業、小規模事業者の生産性向上等のための支援や取引条件の改善を図っていく。

（長時間労働の是正）

長時間労働は、仕事と子育てなどの家庭生活の両立を困難にし、少子化の原因や、女性のキャリア形成を阻む原因等となっている。これを是正し、多様なライフスタイルを可能にし、ひいては生産性の向上につなげる必要がある。そこで、長時間労働の背景として、親事業者の下請代金法・独占禁止法違反が疑われる場合に、中小企業庁や公正取引委員会に通報する制度を構築し、下請などの取引条件にも踏み込んで長時間労働を是正する仕組みを構築する。さらに、労働基準法については、労使で合意すれば上限なく時間外労働が認められる、いわゆる36（サブロク）協定における時間外労働規制の在り方について、再検討を開始する。こうした取組みを通じ、時間外労働時間について、欧州諸国に遜色のない水準を目指す。

(高齢者の就労促進)
　日本には、豊かな経験と知恵を持っているアクティブシニアが多いが、高齢者の7割近くが65歳を超えても働きたいと願っているのに対し、実際に働いている方は2割にとどまっている。このため、65歳以降の継続雇用延長や65歳までの定年延長を行う企業等に対する支援を実施し、企業への働きかけを行う。また、継続雇用延長や定年延長を実現するための優良事例の横展開、高齢者雇用を支える改正雇用保険法の施行、企業における再就職受入支援や高齢者の就労マッチング支援の強化などを進める。

(2)「希望出生率1.8」に向けた取組みの方向

① 子育て・介護の環境整備
　緊急対策では、保育の受け皿整備の拡大（40万人→50万人）を決定したが、ニッポン一億総活躍プランでは更に、求められる保育・介護サービスを提供するための人材の確保に向けて、安定財源を確保しつつ、保育士や介護人材の処遇改善、多様な人材の確保・育成、生産性向上を通じた労働負担の軽減、さらには安心・快適に働ける環境の整備を推進するなどの総合的対策が示されている。このため、次の内容に取り組む。

(保育人材確保のための総合的な対策)
　保育士の処遇については、新たに「経済財政運営と改革の基本方針2015」等に記載されている更なる「質の向上」の一環としての2％相当の処遇改善を行うとともに、予算措置が執行面で適切に賃金に反映されるようにしつつ、キャリアアップの仕組みを構築し、保育士としての技能・経験を積んだ職員について、現在4万円程度ある全産業の女性労働者との賃金差がなくなるよう、追加的な処遇改善を行う。また、児童養護施設等においても、その業務に相応の処遇改善を行う。なお、我が国の男女間の賃金格差について、男性を100とした場合の女性は、2005（平成17）年の65.9が2015（平成27）年には72.2と縮小傾向にあるものの、未だ格差があり、しっかりと取り組んでいかなければならない課題である。女性活躍推進法や同一労働同一賃金に向けた取組みを進める中で、今後、全体として、男女の賃金差を縮めていき、保育士についても、必要に応じて、更なる処遇改善を行う。
　また、多様な保育士の確保・育成に向けて、保育士を目指す学生に返済を免除する月5万円の修学資金貸付制度を拡充し、いったん仕事を離れた人が再び

仕事に就く場合の 20 万円の再就職準備金貸付制度を創設した。さらに、保育所が保育補助者を雇用して保育士の負担を軽減する場合には、約 295 万円の返還免除付きの貸付を行う事業を創設した。このような施策については、更なる充実を図る。さらに、ICT 等を活用した生産性向上による労働負担軽減、保育士の勤務環境の改善などに取り組んでいく。

このように、保育の受け皿整備に加えて、保育士の処遇改善、多様な人材の確保・育成、生産性の向上を通じた労働負担の軽減を柱として 9 万人の保育人材の確保に総合的に取り組み、待機児童解消の実現を目指す。

(放課後児童クラブ・放課後子供教室の整備及び一体実施)
保育の受け皿に加えて、いわゆる小 1 の壁を打破する必要があることから、2019（平成 31）年度末までに放課後児童クラブ 30 万人の追加的な受け皿整備を進め、全小学校区に当たる約 2 万か所で放課後児童クラブと放課後子供教室を連携して事業実施し、その半分に当たる約 1 万か所で一体として事業実施する。さらに、放課後児童クラブについて、経験等に応じた職員の処遇改善や業務負担軽減対策を進めるとともに、追加的な受け皿整備を 2018（平成 30）年度末に前倒して実現するための方策を検討する。

② すべての子供が希望する教育を受けられる環境の整備
すべての子供が夢に向かって頑張ることができる社会をつくるためには、未来を担う子供たちへの投資を拡大し、格差対策などを通じて、誰にもチャンスがある一億総活躍社会を創っていく必要がある。こうした観点から、次の内容に取り組む。

(ひとり親家庭や多子世帯等への支援)
幼児教育の無償化拡大によって、所得の低い世帯では第二子は半額、第三子以降は無償とする。

ひとり親家庭への支援については、児童扶養手当の機能を充実し、第二子は 36 年ぶり、第三子以降は 22 年ぶりに加算額を最大で倍増した。さらに、放課後児童クラブ等が終わった後の地方自治体による子供の居場所づくりを支援する。この際、子供の生活習慣の習得・学習支援、食事の提供等を行う。児童養護施設や里親の下で育った子供の進学支援のため、毎月家賃相当額に加え生活費を貸し付け、就業継続等の条件により返還を免除する制度を本年度から創設

したところ、今後も必要な対応を検討していく。また、いわゆる団塊ジュニア世代の人口構造上の重要性も踏まえつつ、多子世帯への支援を推進する。

児童虐待の問題に社会全体で対応し、児童の最善の利益が優先して考慮されるよう、児童相談所の専門性強化等による発生時の迅速・的確な対応に加え、予防から児童の自立支援（家庭養護の推進等）に至るまでの総合的な対策を進める。これを踏まえ、児童保護手続における裁判所の関与の在り方や、特別養子縁組制度の利用促進の在り方について検討し、必要な措置を講ずる。

③ 女性活躍

我が国にはポテンシャルを秘めた女性が数多くおり、一人ひとりの女性が自らの希望に応じて活躍できる社会づくりを加速する必要がある。女性の活躍が一億総活躍の中核であるとの認識のもと、就職支援、働く環境の整備などに取り組んでいく。具体的には、子育て等で一度退職した正社員が復職する道が一層開かれるよう、企業への働きかけを行う。

また、大学・専修学校等における実践的な学び直し機会の提供を図るとともに、マザーズハローワーク事業について、拠点数の拡充及びニーズを踏まえた機能強化を図る。さらに、2016（平成28）年4月から全面施行された女性活躍推進法に基づき、企業における女性活躍のための行動計画の策定・女性の活躍状況に関する情報公表などを推進する。

さらに、多様な正社員、テレワークの普及など女性が働きやすい環境整備、職場におけるハラスメントの防止に向けた取組み等を推進する。

④ 若者・子育て世帯への支援

子育て中の保護者の約4割が悩みや不安を抱えていることに鑑み、妊娠期から子育て期にわたる切れ目ない支援を実施する子育て世代包括支援センターについて、児童福祉法等改正により市町村での設置の努力義務等を法定化し、2020（平成32）年度末までの全国展開を目指す。

また、不妊に悩む方が増加している現状を踏まえ、不妊専門相談センターを2019年度までに全都道府県・指定都市・中核市に配置して相談機能を強化し、不妊治療支援の充実を継続するとともに、不妊治療をしながら働いている方の実態調査を行い、必要な支援を検討する。

さらに、地域において分娩を扱う施設の確保など、小児・周産期医療体制の充実を図る。子どもの医療制度の在り方等に関する検討会での取りまとめを踏

まえ、国民健康保険の減額調整措置について見直しを含め検討し、年末までに結論を得る。

⑤ **社会生活を円滑に営む上での困難を有する子供・若者等の活躍支援**

　社会生活を円滑に営む上での困難を有する子供・若者（発達障害者など）等に対して、個々人の特性に応じて将来の目指すべき姿を描きながら、医療、福祉、教育、進路選択、中退からの再チャレンジ、就労などについて、専門機関が連携して伴走型の支援に取り組む。さらに、若年無業者等についても、ハローワーク、地域若者サポートステーション、自治体、NPO等の関係機関が連携して、就労・自立に向けた支援に取り組む。

(3)「介護離職ゼロ」に向けた取組みの方向

① **介護の環境整備**
（介護人材確保のための総合的な対策）

　緊急対策では、在宅・施設サービスの整備の拡大（38万人以上→50万人以上）を決定したが、本プランでは更に、介護人材の処遇について、競合他産業との賃金差がなくなるよう、2017（平成29）年度からキャリアアップの仕組みを構築し、月額平均1万円相当の改善を行う。この際、介護保険制度の下で対応することを基本に、予算編成過程で検討する。なお、障害福祉人材の処遇についても、介護人材と同様の考え方に立って予算編成過程で検討する。

　また、多様な介護人材の確保・育成に向けて、介護福祉士を目指す学生に返済を免除する月5万円の修学資金貸付制度や、いったん仕事を離れた人が再び仕事に就く場合の20万円の再就職準備金貸付制度の更なる充実、高齢人材の活用等を図る。また、人材確保のためには、給与のみならず、労働負担の軽減も含めた総合的な取組みが必要である。このため、介護ロボットの活用促進やICT等を活用した生産性向上の推進、行政が求める帳票等の文書量の半減などにも取り組む。さらに、改正介護休業制度の着実な実施や、介護休業の取得促進に関する周知・啓発の強化を行うなど、仕事と介護の両立が可能な働き方の普及を促進する。

　このように、介護の受け皿整備に加え、介護の仕事の魅力を向上し、介護人材の処遇改善、多様な人材の確保・育成、生産性の向上を通じた労働負担の軽減を柱として25万人の介護人材の確保に総合的に取り組む。

② 健康寿命の延伸と介護負担の軽減

　健康寿命が延伸すれば、介護する負担を減らすことができ、高齢者本人も健康に暮らすことができるようになるため、健康寿命の延伸は一億総活躍社会の実現にとって重要である。このため、生涯を通じた予防により、平均寿命を上回る健康寿命の延伸加速を実現し、2025年までに健康寿命を2歳以上延伸するとの目標を掲げた。対策としては、自治体や医療保険者、雇用する事業主等が、意識づけを含め、個人が努力しやすい環境を整える。また、老後になってからの予防・健康増進の取組みだけでなく、現役時代からの取組みも重要であり、必要な対応を行う。

③ 障害者、難病患者、がん患者等の活躍支援

　一億総活躍社会を実現するためには、障害者、難病患者、がん患者等が希望や能力、障害や疾病の特性等に応じて最大限活躍できる環境を整備する必要がある。このため、就職支援及び職場定着支援、治療と職業生活の両立支援、障害者の身体面・精神面にもプラスの効果がある農福連携の推進、ICTの活用、就労のための支援、慢性疼痛対策等に取り組む。
　また、2020年東京オリンピック・パラリンピック競技大会を契機に、ユニバーサルデザインの社会づくり（心のバリアフリー、街づくり）を推進するとともに、障害者のスポーツ、文化芸術活動の振興を図る。

④ 地域共生社会の実現

　子供・高齢者・障害者など全ての人々が地域、暮らし、生きがいを共に創り、高め合うことができる「地域共生社会」を実現する。このため、支え手側と受け手側に分かれるのではなく、地域のあらゆる住民が役割を持ち、支え合いながら、自分らしく活躍できる地域コミュニティを育成し、福祉などの地域の公的サービスと協働して助け合いながら暮らすことのできる仕組みを構築する。

おわりに

　一億総活躍社会の実現に向けては、長期的かつ継続的な取組みが必要である。そのため、「経済・財政再生計画」の枠組みの下、安定した恒久財源を確保しつつ、施策の充実を検討していくことが重要である。
　日本にとって最も重要な課題をロードマップにおいて示し、真に効果的な施策に重点化して推進する。ここに盛り込まれた施策のうち、保育士、介護職員

等の処遇改善など、特に急を要するものについては、速やかに実施していくなど、機動的な政策運営を行うことが求められるものである。

また、一億総活躍社会を実現するためには、政府による環境整備の取組みだけでは限界があり、多様な生活課題について住民参画の下に広く地域の中で受け止める共助の取組みを進めることが期待される。

さらに、民間の各主体が、経済社会の担い手として新たな行動に踏み出すことが不可欠である。多様で柔軟な働き方改革をはじめとして、国民一人ひとりの経済活動・社会生活に強い影響力がある企業には、積極的な取組みが期待される。

4 今後に向けた課題及び当面重点的に取り組むべき事項

『仕事と生活の調和（ワーク・ライフ・バランス）レポート2016』より抜粋

　本章では、国民や労使による自主的な取組と、それを支援する国や地方公共団体における取組の更なる展開を図り、数値目標を達成するため、今後に向けた課題、及び課題を踏まえて当面重点的に取り組むべき事項を整理します。社会全体で仕事と生活の調和の実現に取り組むためには、労使、国、地方公共団体、関係団体、さらには国民一人ひとりが、それぞれの立場で、ここに掲げた事項等を始め、仕事と生活の調和の実現に向けて、取組を進めていくことが重要です。一億総活躍社会の実現に向けた最大のチャレンジとして「働き方改革」が位置付けられており、引き続き、2020年の目標数値に向けた進捗状況に遅れがみられる指標等について、その改善を図るため、労使はもとより、各主体の取組を支援する国や地方公共団体においても、課題への対応について検討し、仕事と生活の調和の実現に向けた取組をさらに加速していきます。

Ⅰ．総論

（1）社会的気運の醸成
①仕事と生活の調和の必要性についての理解促進
＜課題＞

> 　我が国は本格的な少子高齢社会を迎え、人口減少への対応、持続可能な成長の実現など様々な課題に直面しています。こうした課題に対し、ワーク・ライフ・バランスの推進は、国民一人ひとりのやりがい・充実感の高まりや企業における生産性等の向上の観点はもちろん、女性、高齢者等多様な人材が活躍することができ、少子高齢化、人口減少に直面する我が国社会全体の持続可能性を高めていく極めて重要なものです。また、一億総活躍社会の実現に向けた最大のチャレンジとして「働き方改革」が位置付けられている中で、ワーク・ライフ・バランスを推進し、持続可能な社会を実現するために、思い切った政策を行わなければなりません。

＜取組＞
（ニッポン一億総活躍プラン等の実行）

「ニッポン一億総活躍プラン」（2016年6月2日閣議決定）においては、「長時間労働は、仕事と子育てなどの家庭生活の両立を困難にし、少子化の原因や、女性のキャリア形成を阻む原因、男性の家庭参画を阻む原因」とされています。また、一億総活躍社会を実現するために、「多様で柔軟な働き方改革をはじめとして、国民一人ひとりの経済活動・社会生活に強い影響力がある企業には、積極的な取組が期待される」とされています。

「日本再興戦略2016」（2016年6月2日閣議決定）においては、生産性の高い働き方の実現や、多様な働き手の参画に向けた働き過ぎ防止について、取組を強力に推進することとし、働き方改革の実行・実現、労働市場での見える化の促進等に取り組むこととされています。

また、「経済財政運営と改革の基本方針2016 ～600兆円経済への道筋～」（2016年6月2日閣議決定）においては、長時間労働の削減などの働き方改革や男性の家事・育児等への参画促進、テレワーク等による柔軟な働き方の推進、女性活躍のための行動計画の策定・情報公表等による女性の積極的な採用・登用の促進、将来指導的地位に登用される女性の候補者の育成などの取組を推進することとされています。

さらに、「まち・ひと・しごと創生総合戦略（2016改訂版）」（2016年12月22日閣議決定）においては、ワーク・ライフ・バランスの推進、長時間労働の見直し、多様な働き方の推進、地域における女性の活躍推進、若者・非正規雇用対策の推進等を含めた地域の実情に応じた「働き方改革」を実現するために、地方公共団体や労使団体などの地域関係者から成る「地域働き方改革会議」における取組の支援や先駆的・優良な取組の横展開等を進めていくこととされています。

これらを踏まえ、引き続き「憲章」及び「行動指針」に基づき取組を進めます。（関係省庁）

（男性中心型の働き方の見直し）

女性の活躍を推進し、男女が共に暮らしやすい社会の実現を目指すためには、男性の働き方や暮らし方の見直しが欠かせません。

そのため、2015年12月に策定した第4次男女共同参画基本計画において、全体における共通の課題として、長時間勤務や転勤が当然とされている男性中

心の働き方（「男性中心型労働慣行」）等の変革を冒頭に位置づけ、必要な取組を進めることにより、職業生活その他の社会生活と家庭生活との調和が図られた、男女が共に暮らしやすい社会を実現し、女性の活躍を推進していくことを目指していきます。（内閣府）

②企業による取組の実効性の確保
＜課題＞

> 仕事と生活の調和の推進のためには、法の遵守や制度の導入に加えて、経営者のリーダーシップにより管理職を始め従業員一人ひとりの意識を変えていくとともに、労使で目標を定め、計画的に取り組み、点検することなどにより、実際に制度を利用しやすい環境づくりを進めていくことが必要です。

＜取組＞
（経営者のイニシアティブと管理職の理解）
　仕事と生活の調和への取組を制度の導入に終わらせず、実効性を確保していくためには、経営者のイニシアティブと管理職の理解が必要であり、職場全体の意識を変えていかなくてはなりません。労使は、仕事と生活の調和のための取組がもたらすメリットについての理解の浸透を図り、また、国や地方公共団体は、経営者や管理職の意識改革を支援していきます。

（実効性を高めるための取組）
　次世代育成支援対策推進法では、常時雇用する労働者数が101人以上の一般事業主に対し、仕事と家庭の両立を支援するための雇用環境の整備等について記載した一般事業主行動計画を策定し、その旨を厚生労働大臣に届け出ること、当該行動計画を公表し、労働者へ周知することが義務付けられています。また、行動計画に定めた目標を達成するなどの一定の要件を満たした企業は、次世代育成支援対策推進法に基づく認定を受け、認定マーク「くるみん」を取得することができます。また、2015年4月1日から施行された改正法により、より高い水準の両立支援の取組を行い一定の要件を満たした企業は、特例認定を受け、認定マーク「プラチナくるみん」を取得することができるようになりました。厚生労働省では、次世代育成支援対策推進法の着実な履行を進めるとともに、多くの企業が認定を目指して取組を行うようパンフレット等により周知・啓発

を図ります。

また、育児・介護休業法では①苦情処理・紛争解決の援助及び調停の仕組み、②勧告に従わない場合の公表制度及び報告を求めた場合に報告をせず、又は虚偽の報告をした者に対する過料について規定されています。引き続き、育児・介護休業法の周知・徹底を図るとともに、これらの規定により、法の実効性を確保していきます。

なお、パート、派遣、契約社員など雇用期間に定めのある労働者については、2017年1月から、改正育児・介護休業法の施行により、育児休業、介護休業の取得要件が緩和されたことから、パンフレットの配布やホームページなどにより、有期契約労働者や事業主へのさらなる周知・徹底を図っていきます。（厚生労働省）

③自分の働き方や消費者としての行動が周囲の働き方に及ぼす影響についての配慮

＜課題＞

> 一人ひとりの希望する仕事と生活の調和の在り方は多様であり、その実現のためには、周囲の理解を得ていくことが不可欠です。また、お互いに多様性を理解し尊重し合うとともに、自分の働き方が、周囲に長時間労働をもたらすなど、周囲の働き方に及ぼす影響について認識し、配慮することが必要です。
>
> また、国民一人ひとりが、自らの消費者としての行動と、それに対して提供されるサービスの背後にある労働者の働き方との関係について考えることが必要です。

＜取組＞

（自らの行動が周囲の仕事と生活の調和に与える影響について考えること）

自分自身の働き方の効率化を追求する視点だけにとどまらず、自分の働き方や消費者・発注者としての自らの行動が、家族、同僚、取引先の労働者といった周囲の人たちの仕事と生活の調和に与える影響についても議論していきます。

（2） 仕事と生活の調和に取り組む主体への支援
＜課題＞

> 企業において仕事と生活の調和に関する諸施策が広く導入・活用されていく上での阻害要因として、一人ひとりの意識改革の難しさ、要員管理の煩雑さなどが指摘されています。こうした問題解決に役立つ情報が少ない企業における取組を進めていくためには、メリハリのある働き方の実現に向けた時間当たり生産性の向上のための取組事例や、多様で柔軟な働き方を実現する上で必要となる労務管理の仕方など、取組のノウハウ、好事例、データなどの情報が不可欠です。また、仕事と生活の調和に取り組む企業を支援するため、仕事と生活の調和に取り組むインセンティブの付与も必要です。

＜取組＞
（労働時間等設定改善に向けた取組の推進）

長時間労働の抑制や年次有給休暇の取得促進のため、働き方・休み方の見直し等に取り組む事業主に対して、働き方・休み方改善コンサルタント等による、企業の実態に応じた必要な助言を行う等の支援を行っていきます。（厚生労働省）

（3） 働き方改革の実行計画の策定
＜課題＞

> 「ニッポン一億総活躍プラン」（2016年6月2日閣議決定）では、一億総活躍社会の実現に向けた最大のチャレンジとして「働き方改革」が位置付けられ、仕事と子育てなどの家庭生活の両立を困難にし、少子化の原因や、女性のキャリア形成を阻む原因、男性の家庭参画を阻む原因である長時間労働を是正すること等が課題として挙げられています。また、今後の対応の方向性については「働き方改革を、この3年間の最大のチャレンジと位置付け、同一労働同一賃金の実現など非正規雇用労働者の待遇改善、総労働時間抑制等の長時間労働是正、65歳以降の継続雇用・65歳までの定年延長企業の奨励等の高齢者就労促進に取り組み、多様な働き方の選択肢を広げる。」とされています。

＜取組＞
（働き方改革実現会議の設置と実行計画の策定）

強い経済、子育て支援、社会保障という新三本の矢に係る横断的な課題とし

て位置付けられている「働き方改革」の実現を目的とする実行計画の策定等に係る審議に資するため、総理を議長とし、労使のトップなど有識者を参集した「働き方改革実現会議」が 2016 年 9 月に設置されました。

時間外労働の上限規制の在り方など長時間労働の是正、テレワーク、副業・兼業といった柔軟な働き方、働き方に中立的な社会保障制度・税制など女性・若者が活躍しやすい環境整備、病気の治療、子育て・介護と仕事の両立等が総理よりテーマとして指示されており、スピード感をもって実行していきます。
(内閣官房(働き方改革実現推進室)ほか関係省庁)

Ⅱ．就労による経済的自立

(1) 非正規雇用の労働者等の経済的自立支援とセーフティ・ネットの強化

＜課題＞

> パートタイム労働等の非正規雇用は、多様な就業ニーズに応えるという積極的な意義もある一方、やむをえず選択している者(不本意非正規)も一定程度います。
> このため、同一労働同一賃金に向けた均等・均衡待遇の取組や正社員への転換に向けた取組の推進を図る必要があります。また、公正な処遇が図られた多様な働き方の普及・推進を図っていくことが必要です。

＜取組＞
ア　雇用の安定に向けた取組
(改正労働者派遣法の着実な実施)
派遣労働者の一層の雇用の安定、保護等を図るため、全ての労働者派遣事業を許可制とするとともに、派遣労働者の正社員化を含むキャリアアップ、雇用継続を推進し、派遣先の事業所ごとの派遣期間制限を設けること等を内容とする労働者派遣法改正法が 2015 年 9 月 30 日から施行されました。今後も引き続きパンフレットやホームページ等で周知・啓発を行っていきます。(厚生労働省)

(パートタイム労働者の均等・均衡待遇の確保等の推進)
パートタイム労働者と正社員との均等・均衡待遇の確保と正社員転換を推進するため、パートタイム労働法の周知・啓発、同法に基づく助言、指導等による

履行確保、専門家による相談・援助について、引き続き行っていきます。
　さらに、職務分析・職務評価の導入促進等により、パートタイム労働者の雇用管理改善に向けた事業主の自主的かつ積極的な取組の促進を今後も図っていきます。（厚生労働省）

（多様で安心できる働き方の導入促進）
　「ニッポン一億総活躍プラン」（2016年6月2日閣議決定）において「無期転換制度の周知とこれを契機とした多様な正社員制度の導入など人事制度の見直しを促進するための支援を強化する」と盛り込まれ、多様な正社員制度の導入をより強力に支援することとされました。「多様な正社員」の導入を支援するため、シンポジウム・セミナーの開催、モデル就業規則の作成、参考となる取組事例の紹介、中小企業への無料コンサルティング等を実施していきます。（厚生労働省）

イ　雇用対策の実施
（求職者支援制度）
　雇用保険を受給できない求職者に対し、新たな技能や知識を身に付けるための職業訓練を無料で実施し、訓練期間中の生活を支援するための給付金の支給やキャリアコンサルティング等、ハローワークによる一貫した就職支援を行います。（厚生労働省）

（マザーズハローワーク事業）
　マザーズハローワーク事業の拠点（マザーズハローワーク及びマザーズコーナー）において、子育てをしながら就職を希望する女性等に対して、子ども連れで来所しやすい環境を整備するとともに、担当者制によるきめ細かな就職支援、求人情報や地方公共団体等との連携による子育て情報等の提供など、再就職に向けた総合的かつ一貫した就職支援を実施していきます。（厚生労働省）

ウ　職業能力開発支援の充実
（ジョブ・カード制度の推進）
　2008年度から職業訓練受講者を中心に活用されてきたジョブ・カードについて、2015年10月から職業能力開発促進法に位置付けられ、個人のキャリアアッ

プや、多様な人材の円滑な就職等を促進するため、「生涯を通じたキャリア・プランニング」及び「職業能力証明」の機能を担うツールであることを明確にし、労働市場のインフラとして、キャリアコンサルティング等の個人への相談支援のもと、求職活動、職業能力開発などの各場面において一層活用されるよう、活用方法、様式等の見直しを行いました。これらを踏まえ、「ジョブ・カード制度総合サイト」の機能拡充等により、ジョブ・カードのさらなる普及促進を行います。（厚生労働省）

エ 非正規雇用の労働者に関する取組

（非正規雇用の労働者の正社員転換・待遇改善に向けた取組）

正社員を希望する方の正社員化、非正規雇用で働く方の待遇改善等を進めるため、2016年1月に策定した「正社員転換・待遇改善実現プラン」に基づき、各都道府県労働局と連携して、非正規雇用労働者の希望や意欲・能力に応じた正社員転換・待遇改善を強力に推進していきます。（厚生労働省）

（非正規雇用の労働者の正社員転換・ 待遇改善に向けた取組）

正社員を希望する方の正社員化、非正規雇用で働く方の待遇改善等を進めるため、2016年1月に策定した「正社員転換・待遇改善実現プラン」に基づき、各都道府県労働局と連携して、非正規雇用労働者の希望や意欲・能力に応じた正社員転換・待遇改善を強力に推進していきます。（厚生労働省）

（同一労働同一賃金の実現に向けた取組）

昇給の扱いが違う、通勤などの各種手当が支給されない、福利厚生や研修において扱いが異なるなど、正規雇用と非正規雇用で働く方の間の不合理な待遇差を是正するため、第5回働き方改革実現会議（2016年12月20日）で詳細なガイドライン案を公表しました。今後は法改正に向け、躊躇無く準備を進めていきます。（内閣官房（働き方改革実現推進室）、厚生労働省）

（2）若年者の就労・定着支援

＜課題＞

フリーター期間が長くなるほど正社員への転換は難しくなる傾向が指摘されています。若年期に必要な技能及び知識の蓄積がなされないことで、将来の生

活が不安定になり、結婚や子育てに関する希望を持てなくなるおそれもあります。

若年者の雇用・生活の安定を図るためには、就職支援や職場定着支援が必要です。また、一人ひとりが、社会人・職業人として自立できるよう、社会・経済・雇用などの基本的な仕組みや労働者としての権利・義務、仕事と生活の調和の重要性など、キャリアを積み上げる上で必要な知識の修得についても促進を図るとともに、学校段階を通じたキャリア教育・職業教育の体系的な充実が必要です。

＜取組＞
ア　若年者の就職支援や職場定着支援
（未来を創る若者の雇用・育成のための総合的対策の推進）
　若者の適職の選択に必要な職場情報の提供の仕組みを創設すること等を内容とする若者雇用促進法の着実な実施により、次代を担う若者が、安定した雇用の中で経験を積みながら職業能力を向上させ、働きがいを持って仕事に取り組める環境の整備を図っていきます。（厚生労働省）

（新卒者等への就職・定着支援）
　新卒応援ハローワーク等にジョブサポーターを配置し、学校訪問等により大学新卒者等に対する求人情報の提供、個別相談、セミナー、就職面接会の開催、職場定着支援等きめ細かな就職支援を引き続き実施していきます。（厚生労働省）

（ユースエール認定制度及び若者応援宣言事業の実施）
　若者の雇用管理の状況が優良な中小企業と若者のマッチングの向上を図るため、2015年10月に創設した若者雇用促進法に基づく「ユースエール認定制度」を積極的に周知し、認定企業の確保に努めていきます。

　また、若者の採用・育成に積極的な中小企業である「若者応援宣言企業」についても都道府県労働局、ハローワークが積極的にPR等を行っていきます。さらに、これらの企業について「若者雇用促進総合サイト」への情報掲載等により、若者と中小企業のマッチングを支援していきます。（厚生労働省）

（フリーター等支援事業）
　全国のハローワークにおいて、40代前半の不安定就労者を含むフリーター等

を広く対象に、正社員就職に向け、支援対象者一人ひとりの課題に応じ、①初回利用時のプレ相談、②正規雇用に向けた就職プランの作成、③職業相談・職業紹介、④就職支援セミナーなどの担当者制による個別支援等を引き続き実施していきます。

また、特にフリーター等の多い地域には、支援拠点として「わかものハローワーク」、「わかもの支援コーナー」等を設置しています。(厚生労働省)

(3) 働きながら学びやすい社会環境の構築

＜課題＞

> 現在、企業内教育・訓練の縮小や、個々の職業人に求められている知識・技能の高度化、産業構造の変化等の中でキャリア変更を迫られるケースの増加等に伴い、在職者のスキルアップや離職者の学び直しなど、社会人の学習ニーズに積極的に対応していくことが、より一層求められています。働きながら学ぶ社会人は、学習の時間や場所に制約を受けることが多く、そうした学習者の多様なライフスタイルに対応した学習環境の整備が必要です。
>
> また、公民館、図書館、博物館等社会教育施設は、地域住民の学習や交流の場として活用されており、近年、社会的課題や学習者のニーズが多様化・複雑化する中、社会教育施設が有する学習プログラムや学習支援サービスなどの学習資源を活用し、学習者の様々なニーズに対応した学習環境の充実が必要です。

＜取組＞

(労働者の中長期的なキャリア形成の支援)

非正規雇用労働者である若者等を始めとした労働者の中長期的なキャリア形成を支援するため、専門的・実践的な教育訓練として厚生労働大臣が指定する講座を受けた場合に、引き続き教育訓練給付を支給していきます。

また、「地域若者サポートステーション」(サポステ)による支援を受けて就職した者に対し、個々の若者の状況に応じた定着・ステップアップのための相談を行います。(厚生労働省)

（4）治療等を受ける者の就労支援
＜課題＞

職場環境の複雑化や労働者の高齢化などに伴い、作業関連疾患の予防のための労働者の健康管理や、疾病をもつ労働者の治療と職業生活の両立のための支援、治療等を受けながら就職を希望する方の支援が課題となっています。

＜取組＞
（長期療養者就職支援事業）

がん、肝炎、糖尿病等の疾病により、長期にわたる治療等を受けながら就職を希望する方に対して、ハローワークに専門の就職支援ナビゲーターを配置し、医療機関との連携の下、個々の希望や治療状況を踏まえた就労支援を実施しています。2016年度からは、全国で実施しており、今後も引き続き支援を実施していきます。（厚生労働省）

Ⅲ．健康で豊かな生活のための時間の確保

（１）仕事の進め方の効率化の促進

＜課題＞

仕事と生活の調和を推進するためには時間あたり生産性の向上が重要です。そのためには、労使で、仕事の進め方の効率化に向けて、業務の進め方や業務内容の見直しなど仕事管理の改善に取り組み、その成果を仕事と生活の調和に生かしていくことが必要です。

＜取組＞
（取組事例の紹介）

ワーク・ライフ・バランス実現のために職場において具体的な取組を進めようしている経営者・管理者層を支援するため、企業等における先進的な取組やその手法を分析し有識者の意見を踏まえてまとめた好事例集の作成に取り組みます。

（２） 長時間労働の抑制や年次有給休暇の取得促進

＜課題＞

年間総実労働時間は 2013 年以降、就業形態計は前年と比べると減少し、一般労働者は横ばい、パートタイム労働者は減少傾向にあります。また、週労働時間 60 時間以上の雇用者の割合は長期的には減少傾向にあるものの、男性は女性と比べて高く、とりわけ 30 歳代及び 40 歳代における割合が高くなっています。さらに、年次有給休暇の取得率は、5 割を下回る状態で推移しています。

一方、時間外労働の多寡や年次有給休暇の取得状況は、それらに対して上司がどのように評価していると労働者が考えるかに影響されますが、企業の人事評価方針としてはそれらを評価の考慮対象にしていないところが多くなっています。また、労働者が考える長時間労働削減や年次有給休暇取得促進に効果的な取組としては、短時間で質の高い仕事の評価を始め、計画的な残業禁止日の設定や計画的な休暇取得ルールの設定、上司による声かけなどが挙げられています。

長時間労働の抑制は、労働者の健康の確保だけではなく、自己啓発の推進や女性の継続就業、男性の育児参加の観点からも重要です。また、年次有給休暇の取得は、労働者の心身の疲労を回復させるだけでなく、仕事と生活の調和、さらに生産性の向上や内需拡大に資するものです。このため、長時間労働の抑

制や希望する方の年次有給休暇取得促進に向けて、労使において、意識の改革や職場の雰囲気づくりに取り組むことが必要です。また、経営者の主導の下、短時間で質の高い仕事を評価する仕組みの構築や仕事を代替できる体制づくりなどの雇用管理の改善が重要です。長時間労働の状況は業種によって違いが大きいため、業種に応じた重点的な取組とその支援が必要です。さらに、年次有給休暇取得率は、企業規模によって違いが大きいことや、計画的付与制度を有する企業の方が取得率が高い傾向にあることから、企業規模に応じた取組や、年次有給休暇の「計画的付与制度」の一層の普及・促進を図ることが必要です。

＜取組＞
（総実労働時間の縮減に向けた取組）
　「時間外労働限度基準」告示を法律へ格上げするとともに、特別条項付き36協定を適用する場合における上限時間規制の法定化をめざします。また、現在その適用が除外されている事業又は業務についても同法の条文に規定する運動に取り組みます。さらに、すべての労働者を対象に「休息時間（勤務間インターバル）規制」の導入をめざします。（日本労働組合総連合会）

（労働時間法制の見直し）
　年に5日の年次有給休暇を確実に取得できる仕組みの創設等を内容とする「労働基準法等の一部を改正する法律案」（2015年4月3日第189回通常国会提出）の成立後、労働政策審議会において下位法令等の整備を行うとともに、全国の労働基準監督署等において法改正内容の周知に取り組み、的確な監督指導を行うための体制の整備を図ることとしております。
　また、長時間労働の是正に向け、「働き方改革実現会議」において、時間外労働の上限規制の在り方を含め、議論を進めています。（厚生労働省、内閣官房（働き方改革実現推進室））

（労働時間等設定改善に向けた取組等）
　生産性が高く仕事と生活の調和がとれた働き方の推進、フレックスタイム制の活用促進、年次有給休暇の取得促進等のため、働き方・休み方の好事例収集や情報発信を行うとともに、これらに取り組む事業主に対する相談・援助等を行います。
　また、企業や労働者が働き方・休み方の現状や課題を自主的に評価できる「働

き方・休み方改善指標」について、「働き方・休み方改善ポータルサイト」を活用した効果的な周知・普及に加え、労使の取組に対する支援を拡充します。(厚生労働省)

（過労死等防止対策の推進）
　過労死等がなく、健康で充実して働き続けることのできる社会の実現に向けて、「過労死等の防止のための対策に関する大綱」(2015年7月24日閣議決定)に基づき、調査研究、啓発、相談体制の整備、民間団体の活動に対する支援などの各対策に引き続き取り組んでまいります。
　さらに、2016年12月26日、第4回長時間労働削減推進本部で決定された「『過労死等ゼロ』緊急対策」に沿って、
　・新たなガイドラインによる労働時間の適正把握の徹底
　・違法な長時間労働等を複数の事業場で行うなどの企業に対する全社的な是正指導
　・メンタルヘルス対策に係る企業本社に対する特別指導
　などの取組を確実に実施してまいります。(厚生労働省)

（企業経営者・管理職の理解促進）
　企業経営者・管理職を対象としたトップセミナー等を開催し、企業におけるワーク・ライフ・バランスの推進が生産性向上や人材の確保・定着等につながる重要な経営戦略であることについて理解を促進するとともに、企業が自発的にワーク・ライフ・バランスに取り組めるよう、人事評価の在り方、長時間労働の抑制や年次有給休暇の取得促進に関する情報提供を行います。(内閣府)

Ⅳ. 多様な働き方・生き方の選択

（１） 仕事と子育ての両立支援に向けた環境整備
＜課題＞

　男女が共に仕事と子育てを両立できる環境の整備は、非常に大きな課題になっています。
　第1子出産後に就業継続する女性の割合は53.1％となっており（2015年）、前回の2010年度調査の40.4％から約13ポイント上昇したものの、出産を機に退職する女性の割合は依然として高くなっています。
　正社員の女性では育児休業を取得して継続就業をする者が増加していますが、パート・派遣等非正規雇用の労働者については第1子出産を機に退職する女性の割合が非常に高い状況にあります。
　このため、育児・介護休業法の周知・徹底を図ることや、テレワークやフレックスタイムなどの多様で柔軟な働き方を可能とする環境整備が必要です。また、増加傾向にある非正規雇用の労働者についても、多様で柔軟な働き方を可能とする制度の利用促進を図ることが重要です。
　あわせて、男女が共に仕事と子育てを両立し、その責任を担うためには、待機児童解消の実現に向け、子育ての社会基盤の整備が必要です。特に、都市部を中心に保育所の入所が困難な状況が続いており、緊急の対応が求められています。
　このほか、働きながら安心して子どもを産むことのできる社会の実現に向けて、産前産後休業を取得できることの周知、働く女性の母性健康管理の推進も引き続き重要な課題です。また、女性が就業を継続していくためには、女性がキャリアを活かして様々な職域・職階で活躍できる環境整備も必要です。このため、女性活躍推進法に基づき、女性の活躍に関する情報の「見える化」の促進や、行動計画の策定等が努力義務となっている中小企業への支援等により、企業の取組を促進し、女性が活躍できる環境を整備することも重要です。
　夫婦共働き世帯の増加など、家族の形が変化すると同時に、子育てに関わりたいと思う男性の増加など働き方や生き方に対する希望も多様化しています。一方で、男性の育児休業取得率は依然として低く、共働き世帯でも、約7割の男性が全く育児を行っていません。男性が仕事と育児を両立するためには、育児を積極的にする男性「イクメン」の普及など職場や男性を取り巻く人たちを含め、男性の働き方や意識の改革を進めることが必要です。

＜取組＞
ア　母性健康管理対策の推進等
（産前産後休業の取得にかかる周知）
　就業形態等にかかわらず産前 6 週間は申出により、産後 8 週間は強制的に、就業が禁止されることについて、事業主及び労働者に対する周知を図っていきます。（厚生労働省）

イ　女性の活躍推進
（女性活躍推進法の着実な施行）
　女性の活躍を一層推進するため、国・地方公共団体、常時雇用する労働者の数が 301 人以上の大企業に対し、女性の活躍状況の把握・課題分析・行動計画の策定等を求める女性活躍推進法が 2016 年 4 月 1 日から完全施行されたことから、同法の周知や事業主への取組支援を通じて、同法の着実な施行を引き続き図っていきます。同法に基づく状況把握、課題分析の項目には、継続就業や働き方改革に関する項目が含まれており、継続勤務年数の男女差の解消やワーク・ライフ・バランス実現のための長時間労働の是正等に関する目標設定、目標達成に向けた取組等がなされることが期待できます。
　また、あわせて、「女性の活躍推進企業データベース」による女性の活躍状況に関する情報公表の促進、中小企業のための女性活躍推進支援、女性の活躍推進に積極的に取り組む企業への助成金の支給、「均等・両立推進企業表彰」の実施等により、企業における女性の活躍推進を図っていきます。（厚生労働省）

（企業のダイバーシティ経営の促進）
　各社の取組を加速化していくことを狙いとして、東京証券取引所と共同で、「女性活躍推進」に優れた上場企業を、「中長期の企業価値向上」を重視する投資家にとって魅力ある銘柄（「なでしこ銘柄」）として選定します。
　また、女性を含め多様な人材の能力をいかして、イノベーションの創出、生産性向上等の成果を上げている企業を表彰するとともに、先進企業が自社の取組を各地で紹介する等、ダイバーシティ経営の普及啓発を行います。（経済産業省）

ウ　育児休業や短時間勤務、テレワークといった多様な働き方の推進等
（育児・介護休業法の施行）
　育児・介護休業法については、2017年1月より介護休業の分割取得や有期契約労働者の育児・介護休業の取得要件の緩和等を内容とする改正育児・介護休業法が施行されたため、企業において改正育児・介護休業法の内容に沿った措置等の規定が適切に整備され、制度として定着するよう、育児・介護休業法の周知・徹底を図っていきます。（厚生労働省）

（両立支援等助成金を通じた事業主への支援）
　第1子出産前後の女性の継続就業率は53.1%となっており（2015年）、出産を機に退職する女性の割合は依然として高くなっています。こうした現状を踏まえ、働き続けることを希望する女性が育児休業後再び企業で活躍できるよう、育児休業からの復帰を支援する中小企業事業主に対し助成金を支給するなど、両立支援に取り組む事業主を支援します。（厚生労働省）

（雇用における男女平等と女性活躍の推進）
　女性活躍推進法に基づく事業主行動計画の積極的な策定や、計画に基づく実効性のある取組を全ての企業・団体に促すため、とりわけ中小企業に対する支援の拡充に向けた運動を進めます。（日本労働組合総連合会）

（短時間正社員制度の導入促進）
　「短時間正社員制度導入支援ナビ」において制度の概要や具体的事例に基づくノウハウ等の情報発信を行うとともに、導入マニュアルの配布やセミナーの開催等により短時間正社員制度に関する情報提供を行うことにより、その導入・定着の促進を図ります。（厚生労働省）

(テレワークの普及・促進)

　総務省、厚生労働省、経済産業省、国土交通省の副大臣及び内閣官房、内閣府によるテレワーク関係府省連絡会議を開催し（取りまとめ；総務省）、テレワークの普及・促進に向けた関係府省の連携を強化します。また、良質なテレワークの普及に向けて、総務省と厚生労働省等の関係省庁が連携し、ICT を活用した柔軟な働き方が可能となるようテレワークモデルの普及、テレワーク導入に取り組む企業への支援を行います。（総務省、厚生労働省）

　平成 29 年度は、サテライトオフィスを活用した子育てと仕事の両立を実現するためのモデル事業や新たなガイドラインの策定などを行います。（厚生労働省）

(女性の就業継続・再就業の支援)

　出産や育児、介護を契機に退職する女性が、復職してキャリアを続けられるように、出産・育児や介護と仕事を両立させるための環境整備を進めるとともに、地域の実情に合わせた支援を実施し、女性の就業継続・再就業を積極的に支える仕組みづくりに努めます。（全国知事会）

エ　子育て社会基盤の整備

(待機児童の解消)

　2013 年 4 月に「待機児童解消加速化プラン」を策定し、2013 年度から 2017 年度末までの 5 年間で新たに 50 万人分の保育の受け皿を確保し、待機児童の解消を目指していくこととしています。（厚生労働省）

(子ども・子育て支援新制度)

　2015 年 4 月から施行した「子ども・子育て支援新制度」については、市町村が、客観的な基準に基づき「保育の必要性」を認定する仕組みとするほか、主にパートタイムの就労を想定した短時間利用の区分を新たに設けるなど、これまで以上に多様な就労形態に対応できる制度としています。また、認定こども園制度について、二重行政を解消し、財政支援を充実させるなどの改善を行うとともに、後述の子育て援助活動支援事業（ファミリー・サポート・センター事業）を始め、家庭的保育（保育ママ）などの多様な保育や、地域子育て支援拠点、放課後児童クラブなどの充実を行うことにしており、質の高い幼児期の学校教育、保育、地域の子ども・子育て支援の質・量の充実を行っています。本制度の施行を含む幼児教育・保育・地域の子育て支援の質・量の充実を図るためには、1 兆円を超え

る財源が必要です。「経済財政運営と改革の基本方針2016」（2016年6月2日閣議決定）でも「本制度に基づく幼児教育・保育・子育て支援の「量的拡充」及び「質の向上」に消費税増収分を優先的に充てる。また、更なる「質の向上」を図るため、消費税分以外も含め適切に確保していく」こととされており、必要な財源確保に向けて引き続き最大限努力していきます。

　これまでも、保育士の処遇については、国家公務員の給与改定に準じた改善や消費税財源を活用した3％相当の改善に取り組んできたところですが、2017年度から新たに2％相当の処遇改善を行うとともに、キャリアアップの仕組みを構築し、保育士としての技能・経験を積んだ職員について、全産業の女性労働者との賃金差がなくなるよう、追加的な処遇改善に取り組みます。
　（内閣府、文部科学省、厚生労働省）

オ　男性の子育てへの関わり等の促進

（育児・介護休業法の施行）
　父親も子育てができる働き方の実現を目指し、育児・介護休業法では、①父母が共に育児休業を取得する場合、1歳2か月（原則1歳）までの間に、1年間育児休業を取得可能とする制度（パパ・ママ育休プラス）及び②父親等が配偶者の出産後8週間以内に育児休業を取得した場合、再度、育児休業を取得可能とする制度があります。企業において育児・介護休業法の内容に沿った措置等の規定が適切に整備され、制度として定着するよう、引き続き育児・介護休業法の周知・徹底を図っていきます。（厚生労働省）

（男性の仕事と育児の両立支援）
　育児を積極的に行う男性（イクメン）の仕事との両立を応援する「イクメンプロジェクト」により、企業や個人に対し仕事と育児の両立に関する動画・好事例情報等を提供し、男性の仕事と育児の両立の推進を図るとともに、働く男性が、育児をより積極的に楽しみ、育児休業を取得しやすい社会となるよう、社会的気運の醸成を図ります。（厚生労働省）

(2) 仕事と介護等の両立支援

<課題>

現在、年間約 10 万人の労働者が家族の介護や看護を理由として離職し、企業にとっても大きな損失となっており、今後、高齢化が一層進展することが見込まれる中で、仕事と介護の両立は重要な課題となっています。このため、フルタイムで働いていても親等の介護を担えるよう、介護休業等の多様で柔軟な働き方を可能にしていくための環境整備を進めるとともに、社会全体で高齢者介護を支える仕組みが必要です。また、働きながら介護に従事する人が、介護休業等の働き方に関する制度のみならず、介護保険制度等地域における高齢者介護を支える仕組みについての知識・情報を得られるよう国、地方公共団体等が引き続き取り組んでいくことも重要です。

また、職場環境の複雑化や労働者の高齢化などに伴い、労働者の健康管理や、疾病をもつ労働者の治療と職業生活の両立のための支援、治療等を受けながら就職を希望する方の支援が課題となっています。

このため、病気休暇をはじめ、特に配慮を必要とする労働者に対する休暇制度について、引き続き普及を図ることが求められています。

また、長期にわたる治療等を受けながら就職を希望する方の就労について、引き続き支援することが重要です。

<取組>
(介護休業制度等の周知徹底)

介護休業は、育児休業とは異なり、労働者自身が直接介護するためだけではなく、介護サービスの利用など仕事と介護の両立できる環境を整えるためにも利用することができるものであり、育児・介護休業法では、対象家族1人につき通算して 93 日まで、3 回を上限として介護休業を分割して取得することができることとなっているほか、年5日間（対象家族が2名以上の場合は 10 日間）、半日単位での取得もできる介護のための休暇の制度や、介護のための所定外労働の制限（残業の免除）が盛り込まれています。また、①短時間勤務制度、②フレックスタイム制、③始業・終業時刻の繰上げ、繰下げ、④介護費用の助成措置のいずれかについて、介護休業とは別に、3 年以上の期間、2 回以上取得できる措置を講じることが事業主に義務付けられています。引き続き、これらの制度について周知・徹底を図っていきます。（厚生労働省）

（仕事と介護の両立支援）
　企業向けの「介護離職を予防するための両立支援対応モデル」の普及を図り、労働者が介護を理由に離職することなく働き続けられる職場環境の整備を行うとともに、個々の労働者のニーズを踏まえた両立支援に活用できる「介護支援プラン」モデルの普及を図ることにより、企業における仕事と介護の両立支援の取組を促進します。また、2016年度の第2次補正予算において、労働者の仕事と介護の両立に関する職場環境整備に取り組むとともに、介護に直面する労働者の「介護支援プラン」を作成・導入し、介護休業や介護のための勤務制限制度を利用した労働者が生じた事業主に対して一定額を支給する助成金を創設しました。（厚生労働省）

（3）地域活動への参加や自己啓発の促進等
＜課題＞

> 　自己啓発は、仕事が忙しく余裕がない、費用がかかる、どのようなコースが自分の目指すキャリアに適切なのかわからない、家事・育児が忙しくて自己啓発の余裕がないといった問題が活動の妨げとなっている状況が見られますが、地域活動への参加や自己啓発は個人の生活を豊かにするとともに、職業生活だけではなく自らの能力発揮の可能性を高めるものです。一人ひとりが、多様で豊かな生き方を実現するための足がかりとして、地域活動への参加や自己啓発を促進することが必要です。また、高齢期においても、それぞれの意欲や能力に応じて就労や地域活動などへの参加ができるよう、多様な働き方・生き方の選択を支援していくことが必要です。

＜取組＞
ア　自己啓発の促進
（キャリア形成促進助成金）
　事業主が、雇用する労働者の自発的な申出により、職業訓練、職業能力検定若しくはキャリアコンサルティングを受けるために必要な教育訓練休暇を付与する制度を導入し、実施した場合に一定の助成を実施していきます。（厚生労働省）

イ　いくつになっても働ける社会の実現
（企業における高年齢者の就労促進）
　高年齢者の働きやすい環境整備を行う事業主や、65歳以上への定年引上げ等を行う事業主への支援を充実させるほか、主要なハローワークに設置する高年齢者専用の窓口（生涯現役支援窓口）を拡充し、本人の状況に応じた職業相談や職業紹介、個別求人開拓を実施するなど、再就職支援を強化していきます。（厚生労働省）

（高年齢者が地域で働ける場や社会を支える活動ができる場の拡大）
　地方自治体が中心となって構成される「協議会」等からの提案に基づき、地域における高年齢者の就労促進に資する事業の充実を図ります。
　また、シルバー人材センターにおいて、定年退職後などの高年齢者の多様な就業ニーズに応じた就業機会を確保し、多様な働き方を促進していきます。（厚生労働省）

5 同一労働同一賃金ガイドライン案
（平成28年12月20日案）

1．前文

（目的）

○本ガイドライン案は、正規か非正規かという雇用形態にかかわらない均等・均衡待遇を確保し、同一労働同一賃金の実現に向けて策定するものである。同一労働同一賃金は、いわゆる正規雇用労働者（無期雇用フルタイム労働者）と非正規雇用労働者（有期雇用労働者、パートタイム労働者、派遣労働者）の間の不合理な待遇差の解消を目指すものである。

○もとより賃金等の処遇は労使によって決定されることが基本である。しかし、我が国においては正規雇用労働者と非正規雇用労働者の間には欧州と比較して大きな処遇差がある。政府としては、この問題の対処に当たり、同一労働同一賃金の考え方が広く普及しているといわれる欧州制度の実態も参考としながら検証した結果、それぞれの国の労働市場全体の構造に応じた政策とすることが重要との示唆を得た。

○我が国の場合、基本給をはじめ、賃金制度の決まり方が様々な要素が組み合わされている場合も多いため、同一労働同一賃金の実現に向けて、まずは、各企業において、職務や能力等の明確化とその職務や能力等と賃金等の待遇との関係を含めた処遇体系全体を労使の話し合いによって、それぞれ確認し、非正規雇用労働者を含む労使で共有することが肝要である。

○今後、各企業が職務や能力等の内容の明確化と、それに基づく公正な評価を推進し、それに則った賃金制度を、労使の話し合いにより、可能な限り速やかに構築していくことが、同一労働同一賃金の実現には望ましい。

○不合理な待遇差の解消に向けては、賃金のみならず、福利厚生、キャリア形成・能力開発などを含めた取組が必要であり、特に、能力開発機会の拡大は、非正規雇用労働者の能力・スキル開発により、生産性の向上と処遇改善につ

ながるため、重要であることに留意すべきである。

○このような正規雇用労働者と非正規雇用労働者の間の不合理な待遇差の解消の取り組みを通じて、どのような雇用形態を選択しても納得が得られる処遇を受けられ、多様な働き方を自由に選択できるようにし、我が国から「非正規」という言葉を一掃することを目指すものである。

（ガイドライン案の趣旨）

○本ガイドライン案は、いわゆる正規雇用労働者と非正規雇用労働者との間で、待遇差が存在する場合に、いかなる待遇差が不合理なものであり、いかなる待遇差は不合理なものでないのかを示したものである。この際、典型的な事例として整理できるものについては、問題とならない例・問題となる例という形で具体例を付した。なお、具体例として整理されていない事例については、各社の労使で個別具体の事情に応じて議論していくことが望まれる。

○今後、この政府のガイドライン案をもとに、法改正の立案作業を進め、本ガイドライン案については、関係者の意見や改正法案についての国会審議を踏まえて、最終的に確定する。

○また、本ガイドライン案は、同一の企業・団体における、正規雇用労働者と非正規雇用労働者の間の不合理な待遇差を是正することを目的としているため、正規雇用労働者と非正規雇用労働者の間に実際に待遇差が存在する場合に参照されることを目的としている。このため、そもそも客観的に見て待遇差が存在しない場合については、本ガイドライン案は対象としていない。

２．有期雇用労働者及びパートタイム労働者

（１）基本給
①基本給について、労働者の職業経験・能力に応じて支給しようとする場合

> 基本給について、労働者の職業経験・能力に応じて支給しようとする場合、無期雇用フルタイム労働者と同一の職業経験・能力を蓄積している有期雇用労働者又はパートタイム労働者には、職業経験・能力に応じた部分につき、同一の支給をしなければならない。また、蓄積している職業経験・能力に一定の違いがある場合においては、その相違に応じた支給をしなければならない。

＜問題とならない例①＞
・基本給について労働者の職業経験・能力に応じて支給しているＡ社において、ある職業能力の向上のための特殊なキャリアコースを設定している。無期雇用フルタイム労働者であるＸは、このキャリアコースを選択し、その結果としてその職業能力を習得した。これに対し、パートタイム労働者であるＹは、その職業能力を習得していない。Ａ社は、その職業能力に応じた支給をＸには行い、Ｙには行っていない。

＜問題とならない例②＞
・Ｂ社においては、定期的に職務内容や勤務地変更がある無期雇用フルタイム労働者の総合職であるＸは、管理職となるためのキャリアコースの一環として、新卒採用後の数年間、店舗等において、職務内容と配置に変更のないパートタイム労働者であるＹのアドバイスを受けながらＹと同様の定型的な仕事に従事している。Ｂ社はＸに対し、キャリアコースの一環として従事させている定型的な業務における職業経験・能力に応じることなく、Ｙに比べ高額の基本給を支給している。

＜問題とならない例③＞
・Ｃ社においては、同じ職場で同一の業務を担当している有期雇用労働者であるＸとＹのうち、職業経験・能力が一定の水準を満たしたＹを定期的に職務内容や勤務地に変更がある無期雇用フルタイム労働者に登用し、転換後の賃

金を職務内容や勤務地に変更があることを理由に、X に比べ高い賃金水準としている。

＜問題とならない例④＞
・D 社においては、同じ職業経験・能力の無期雇用フルタイム労働者である X とパートタイム労働者である Y がいるが、就業時間について、その時間帯や土日祝日か否かなどの違いにより、X と Y に共通に適用される基準を設定し、時給（基本給）に差を設けている。

＜問題となる例＞
・基本給について労働者の職業経験・能力に応じて支給している E 社において、無期雇用フルタイム労働者である X が有期雇用労働者である Y に比べて多くの職業経験を有することを理由として、X に対して、Y よりも多額の支給をしているが、X のこれまでの職業経験は X の現在の業務に関連性を持たない。

②**基本給について、労働者の業績・成果に応じて支給しようとする場合**

> 基本給について、労働者の業績・成果に応じて支給しようとする場合、無期雇用フルタイム労働者と同一の業績・成果を出している有期雇用労働者又はパートタイム労働者には、業績・成果に応じた部分につき、同一の支給をしなければならない。また、業績・成果に一定の違いがある場合においては、その相違に応じた支給をしなければならない。

＜問題とならない例①＞
・基本給の一部について労働者の業績・成果に応じて支給している A 社において、フルタイム労働者の半分の勤務時間のパートタイム労働者である X に対し、無期雇用フルタイム労働者に設定されている販売目標の半分の数値に達した場合には、無期雇用フルタイム労働者が販売目標を達成した場合の半分を支給している。

＜問題とならない例②＞
・B 社においては、無期雇用フルタイム労働者である X は、パートタイム労働

者であるYと同様の仕事に従事しているが、Xは生産効率や品質の目標値に対する責任を負っており、目標が未達の場合、処遇上のペナルティを課されている。一方、Yは、生産効率や品質の目標値の達成の責任を負っておらず、生産効率が低かったり、品質の目標値が未達の場合にも、処遇上のペナルティを課されていない。B社はXに対しYに比べ、ペナルティを課していることとのバランスに応じた高額の基本給を支給している。

＜問題となる例＞
・基本給の一部について労働者の業績・成果に応じて支給しているC社において、無期雇用フルタイム労働者が販売目標を達成した場合に行っている支給を、パートタイム労働者であるXが無期雇用フルタイム労働者の販売目標に届かない場合には行っていない。

（注）基本給とは別に、「手当」として、労働者の業績・成果に応じた支給を行おうとする場合も同様である。

③基本給について、労働者の勤続年数に応じて支給しようとする場合

基本給について、労働者の勤続年数に応じて支給しようとする場合、無期雇用フルタイム労働者と同一の勤続年数である有期雇用労働者又はパートタイム労働者には、勤続年数に応じた部分につき、同一の支給をしなければならない。また、勤続年数に一定の違いがある場合においては、その相違に応じた支給をしなければならない。

＜問題とならない例＞
・基本給について労働者の勤続年数に応じて支給しているA社において、有期雇用労働者であるXに対し、勤続年数について当初の雇用契約開始時から通算して勤続年数を評価した上で支給している。

＜問題となる例＞
・基本給について労働者の勤続年数に応じて支給しているB社において、有期雇用労働者であるXに対し、勤続年数について当初の雇用契約開始時から通

算せず、その時点の雇用契約の期間のみの評価により支給している。

④昇給について、勤続による職業能力の向上に応じて行おうとする場合

> 昇給について、勤続による職業能力の向上に応じて行おうとする場合、無期雇用フルタイム労働者と同様に勤続により職業能力が向上した有期雇用労働者又はパートタイム労働者に、勤続による職業能力の向上に応じた部分につき、同一の昇給を行わなければならない。また、勤続による職業能力の向上に一定の違いがある場合においては、その相違に応じた昇給を行わなければならない。

（注）無期雇用フルタイム労働者と有期雇用労働者又はパートタイム労働者の間に基本給や各種手当といった賃金に差がある場合において、その要因として無期雇用フルタイム労働者と有期雇用労働者又はパートタイム労働者の賃金の決定基準・ルールの違いがあるときは、「無期雇用フルタイム労働者と有期雇用労働者又はパートタイム労働者は将来の役割期待が異なるため、賃金の決定基準・ルールが異なる」という主観的・抽象的説明では足りず、賃金の決定基準・ルールの違いについて、職務内容、職務内容・配置の変更範囲、その他の事情の客観的・具体的な実態に照らして不合理なものであってはならない。

　また、無期雇用フルタイム労働者と定年後の継続雇用の有期雇用労働者の間の賃金差については、実際に両者の間に職務内容、職務内容・配置の変更範囲、その他の事情の違いがある場合は、その違いに応じた賃金差は許容される。なお、定年後の継続雇用において、退職一時金及び企業年金・公的年金の支給、定年後の継続雇用における給与の減額に対応した公的給付がなされていることを勘案することが許容されるか否かについては、今後の法改正の検討過程を含め、検討を行う。

(2) 手当
①賞与について、会社の業績等への貢献に応じて支給しようとする場合

> 賞与について、会社の業績等への貢献に応じて支給しようとする場合、無期雇用フルタイム労働者と同一の貢献である有期雇用労働者又はパートタイム労働者には、貢献に応じた部分につき、同一の支給をしなければならない。また、貢献に一定の違いがある場合においては、その相違に応じた支給をしなければならない。

＜問題とならない例①＞
- 賞与について、会社の業績等への貢献に応じた支給をしているA社において、無期雇用フルタイム労働者であるXと同一の会社業績への貢献がある有期雇用労働者であるYに対して、Xと同一の支給をしている。

＜問題とならない例②＞
- B社においては、無期雇用フルタイム労働者であるXは、生産効率や品質の目標値に対する責任を負っており、目標が未達の場合、処遇上のペナルティを課されている。一方、無期雇用フルタイム労働者であるYや、有期雇用労働者であるZは、生産効率や品質の目標値の達成の責任を負っておらず、生産効率が低かったり、品質の目標値が未達の場合にも、処遇上のペナルティを課されていない。B社はXに対して賞与を支給しているが、YやZに対しては、ペナルティを課していないこととの見合いの範囲内で、支給していない。

＜問題となる例①＞
- 賞与について、会社の業績等への貢献に応じた支給をしているC社において、無期雇用フルタイム労働者であるXと同一の会社業績への貢献がある有期雇用労働者であるYに対して、Xと同一の支給をしていない。

＜問題となる例②＞
- 賞与について、D社においては、無期雇用フルタイム労働者には職務内容や貢献等にかかわらず全員に支給しているが、有期雇用労働者又はパートタイ

ム労働者には支給していない。

②役職手当について、役職の内容、責任の範囲・程度に対して支給しようとする場合

> 役職手当について、役職の内容、責任の範囲・程度に対して支給しようとする場合、無期雇用フルタイム労働者と同一の役職・責任に就く有期雇用労働者又はパートタイム労働者には、同一の支給をしなければならない。また、役職の内容、責任に一定の違いがある場合においては、その相違に応じた支給をしなければならない。

＜問題とならない例①＞

・役職手当について役職の内容、責任の範囲・程度に対して支給しているA社において、無期雇用フルタイム労働者であるXと同一の役職名（例：店長）で役職の内容・責任も同一である役職に就く有期雇用労働者であるYに、同一の役職手当を支給している。

＜問題とならない例②＞

・役職手当について役職の内容、責任の範囲・程度に対して支給しているB社において、無期雇用フルタイム労働者であるXと同一の役職名（例：店長）で役職の内容・責任も同じ（例：営業時間中の店舗の適切な運営）である役職に就く有期雇用パートタイム労働者であるYに、時間比例の役職手当（例えば、労働時間がフルタイム労働者の半分のパートタイム労働者には、フルタイム労働者の半分の役職手当）を支給している。

＜問題となる例＞

・役職手当について役職の内容、責任の範囲・程度に対して支給しているC社において、無期雇用フルタイム労働者であるXと同一の役職名（例：店長）で役職の内容・責任も同一である役職に就く有期雇用労働者であるYに、Xに比べて低額の役職手当を支給している。

③業務の危険度又は作業環境に応じて支給される特殊作業手当

> 無期雇用フルタイム労働者と同一の危険度又は作業環境の業務に当たる有期雇用労働者又はパートタイム労働者には同一の支給をしなければならない。

④交替制勤務など勤務形態に応じて支給される特殊勤務手当

> 無期雇用フルタイム労働者と同一の勤務形態で業務に当たる有期雇用労働者又はパートタイム労働者には同一の支給をしなければならない。

＜問題とならない例①＞
・A社においては、無期雇用フルタイム労働者・有期雇用労働者・パートタイム労働者の別を問わず、勤務曜日・時間を特定して勤務する労働者については、採用が難しい曜日（土日祝祭日）や時間帯（早朝・深夜）の時給を上乗せして支給するが、それ以外の労働者にはそのような上乗せ支給はしない。

＜問題とならない例②＞
・B社においては、無期雇用フルタイム労働者であるXは、入社に当たり、交替制勤務に従事することは必ずしも確定しておらず、生産の都合等に応じて通常勤務に従事することもあれば、交替制勤務に従事することもあり、交替制勤務に従事した場合に限り特殊勤務手当が支給されている。パートタイム労働者であるYは、採用に当たり、交替制勤務に従事することが明確にされた上で入社し、無期雇用フルタイム労働者に支給される特殊勤務手当と同一の交替制勤務の負荷分が基本給に盛り込まれており、実際に通常勤務のみに従事するパートタイム労働者に比べ高い基本給が支給されている。Xには特殊勤務手当が支給されているが、Yには支給されていない。

⑤精皆勤手当

> 無期雇用フルタイム労働者と業務内容が同一の有期雇用労働者又はパートタイム労働者には同一の支給をしなければならない。

＜問題とならない例＞
・A 社においては、考課上、欠勤についてマイナス査定を行い、かつ、処遇反映を行っている無期雇用フルタイム労働者である X には、一定の日数以上出勤した場合に精皆勤手当を支給するが、考課上、欠勤についてマイナス査定を行っていない有期雇用労働者である Y には、マイナス査定を行っていないこととの見合いの範囲内で、精皆勤手当を支給していない。

⑥時間外労働手当

無期雇用フルタイム労働者の所定労働時間を超えて同一の時間外労働を行った有期雇用労働者又はパートタイム労働者には、無期雇用フルタイム労働者の所定労働時間を超えた時間につき、同一の割増率等で支給をしなければならない。

⑦深夜・休日労働手当

無期雇用フルタイム労働者と同一の深夜・休日労働を行った有期雇用労働者又はパートタイム労働者には、同一の割増率等で支給をしなければならない。

＜問題とならない例＞
・A 社においては、無期雇用フルタイム労働者である X と同じ時間、深夜・休日労働を行ったパートタイム労働者である Y に、同一の深夜・休日労働手当を支給している。

＜問題となる例＞
・B 社においては、無期雇用フルタイム労働者である X と同じ時間、深夜・休日労働を行ったパートタイム労働者である Y に、勤務時間が短いことから、深夜・休日労働手当の単価もフルタイム労働者より低くしている。

⑧通勤手当・出張旅費

有期雇用労働者又はパートタイム労働者にも、無期雇用フルタイム労働者と同一の支給をしなければならない。

＜問題とならない例①＞
・A社においては、採用圏を限定していない無期雇用フルタイム労働者については、通勤手当は交通費実費の全額を支給している。他方、採用圏を近隣に限定しているパートタイム労働者であるXが、その後、本人の都合で圏外へ転居した場合には、圏内の公共交通機関の費用の限りにおいて、通勤手当の支給を行っている。

＜問題とならない例②＞
・B社においては、所定労働日数が多い（週4日以上）無期雇用フルタイム労働者、有期雇用労働者又はパートタイム労働者には、月額の定期代を支給するが、所定労働日数が少ない（週3日以下）又は出勤日数が変動する有期雇用労働者又はパートタイム労働者には日額の交通費を支給している。

⑨勤務時間内に食事時間が挟まれている労働者に対する食費の負担補助として支給する食事手当

> 有期雇用労働者又はパートタイム労働者にも、無期雇用フルタイム労働者と同一の支給をしなければならない。

＜問題とならない例＞
・A社においては、昼食時間帯を挟んで勤務している無期雇用フルタイム労働者であるXに支給している食事手当を、午後2時から5時までの勤務時間のパートタイム労働者であるYには支給していない。

＜問題となる例＞
・B社においては、無期雇用フルタイム労働者であるXには、高額の食事手当を支給し、有期雇用労働者であるYには低額の食事手当を支給している。

⑩単身赴任手当

> 無期雇用フルタイム労働者と同一の支給要件を満たす有期雇用労働者又はパートタイム労働者には、同一の支給をしなければならない。

⑪特定の地域で働く労働者に対する補償として支給する地域手当

無期雇用フルタイム労働者と同一の地域で働く有期雇用労働者又はパートタイム労働者には、同一の支給をしなければならない。

＜問題とならない例＞
・A社においては、無期雇用フルタイム労働者であるXには全国一律の基本給体系である一方、転勤があることから、地域の物価等を勘案した地域手当を支給しているが、有期雇用労働者であるYとパートタイム労働者であるZには、それぞれの地域で採用、それぞれの地域で基本給を設定しており、その中で地域の物価が基本給に盛り込まれているため、地域手当は支給していない。

＜問題となる例＞
・B社においては、無期雇用フルタイム労働者であるXと有期雇用労働者であるYはいずれも全国一律の基本給体系であり、かつ、いずれも転勤があるにもかかわらず、Yには地域手当を支給していない。

（3）福利厚生
①福利厚生施設（食堂、休憩室、更衣室）

無期雇用フルタイム労働者と同一の事業場で働く有期雇用労働者又はパートタイム労働者には、同一の利用を認めなければならない。

②転勤者用社宅

無期雇用フルタイム労働者と同一の支給要件（転勤の有無、扶養家族の有無、住宅の賃貸、収入の額など）を満たす有期雇用労働者又はパートタイム労働者には、同一の利用を認めなければならない。

③慶弔休暇、健康診断に伴う勤務免除・有給保障

有期雇用労働者又はパートタイム労働者にも、無期雇用フルタイム労働者と同一の付与をしなければならない。

＜問題とならない例＞
- A社においては、慶弔休暇について、無期雇用フルタイム労働者であるXと同様の出勤日が設定されているパートタイム労働者であるYに対しては、無期雇用フルタイム労働者と同様に付与しているが、週2日の短日勤務のパートタイム労働者であるZに対しては、勤務日の振替での対応を基本としつつ、振替が困難な場合のみ慶弔休暇を付与している。

④病気休職

無期雇用パートタイム労働者には、無期雇用フルタイム労働者と同一の付与をしなければならない。また、有期雇用労働者にも、労働契約の残存期間を踏まえて、付与をしなければならない。

＜問題とならない例＞
- A社においては、契約期間が1年である有期雇用労働者であるXに対し、病気休職の期間は契約期間の終了日までとしている。

⑤法定外年休・休暇（慶弔休暇を除く）について、勤続期間に応じて認めている場合

法定外年休・休暇（慶弔休暇を除く）について、勤続期間に応じて認めている場合、無期雇用フルタイム労働者と同一の勤続期間である有期雇用労働者又はパートタイム労働者には、同一の付与をしなければならない。なお、有期労働契約を更新している場合には、当初の契約期間から通算した期間を勤続期間として算定することを要する。

＜問題とならない例＞
- A社においては、長期勤続者を対象とするリフレッシュ休暇について、業務に従事した時間全体を通じた貢献に対する報償の趣旨で付与していることから、無期雇用フルタイム労働者であるXに対し勤続10年で3日、20年で5日、30年で7日という休暇を付与しており、無期雇用パートタイム労働者で

あるYに対して、労働時間に比例した日数を付与している。

(4) その他
①**教育訓練について、現在の職務に必要な技能・知識を習得するために実施しようとする場合**

教育訓練について、現在の職務に必要な技能・知識を習得するために実施しようとする場合、無期雇用フルタイム労働者と同一の職務内容である有期雇用労働者又はパートタイム労働者には、同一の実施をしなければならない。また、職務の内容、責任に一定の違いがある場合においては、その相違に応じた実施をしなければならない。

②**安全管理に関する措置・給付**

無期雇用フルタイム労働者と同一の業務環境に置かれている有期雇用労働者又はパートタイム労働者には、同一の支給をしなければならない。

3．派遣労働者

　派遣元事業者は、派遣先の労働者と職務内容、職務内容・配置の変更範囲、その他の事情が同一である派遣労働者に対し、その派遣先の労働者と同一の賃金の支給、福利厚生、教育訓練の実施をしなければならない。また、職務内容、職務内容・配置の変更範囲、その他の事情に一定の違いがある場合において、その相違に応じた賃金の支給、福利厚生、教育訓練の実施をしなければならない。

＜留意事項＞
ここでいう「無期雇用フルタイム労働者」とは、いわゆる「正社員」を含む無期雇用フルタイム労働者全体を念頭においている。

6 平成二十九年度雇用施策実施方針の策定に関する指針

（平成 29 年 3 月 31 日制定）

第一　趣旨

　この指針は、都道府県労働局長が、雇用対策法施行規則（昭和四十一年労働省令第二十三号）第十三条第一項の規定に基づき、毎年度、都道府県労働局及び公共職業安定所における職業指導及び職業紹介の事業その他の雇用に関する施策を講ずるに際しての方針（以下「雇用施策実施方針」という。）を策定するための指針である。

　国と地方公共団体との連携強化の方向性は、それぞれの強みを発揮し、一体となって雇用対策を進めることで、住民サービスの更なる強化を目指すことであり、地域の自主性及び自立性を高めるための改革の推進を図るための関係法律の整備に関する法律（平成二十八年法律第四十七号）において、公共職業安定所利用者の利便性を高めることを第一義として、国と地方公共団体の連携を抜本的に拡充した新たな制度が構築された。

　具体的な取組としては、国と地方公共団体が一体となって総合的に雇用対策に取り組むため、都道府県労働局長と地方公共団体の長による雇用対策協定の締結や、公共職業安定所の求人情報・求職情報を地方公共団体等にオンラインで提供する取組、国が行う無料職業紹介等と地方公共団体が行う福祉等の業務を一体的に実施する取組、国と市町村が連携して設置するふるさとハローワークでの就職支援、各種の共同事業等がある。

　これらの取組については、都道府県労働局と地方公共団体が日頃から意思疎通を図り、利用者の様々なニーズにきめ細かく応え、着実に成果を上げていくことが重要である。

　このため、雇用対策協定に基づく運営協議会又は雇用対策連絡調整会議の開催、都道府県労働局職業安定部長を連絡責任者とする地方公共団体との連絡窓口の活用、また、各都道府県の労働力需給推計等の政策立案に資する情報の共有等を通じて、地方公共団体と一層緊密な連携・協力関係を構築する必要がある。

　都道府県労働局長は、この指針を踏まえ、都道府県知事の意見を聞いて雇用施策実施方針を定め、国の講ずる雇用に関する施策と都道府県の講ずる雇用に関する施策とが密接な関連の下に円滑かつ効果的に実施されるよう努めるものとする。

第二　平成二十九年度の重点施策
一　非正規雇用労働者の待遇改善、長時間労働の是正等
（一）　非正規雇用労働者の正社員転換・同一労働同一賃金の実現に向けた待遇改善等
ア　非正規雇用労働者の正社員転換・同一労働同一賃金の実現に向けた待遇改善の取組等

　都道府県労働局においては、「都道府県正社員転換・待遇改善実現本部」を設置し、平成二十八年度から五年間の非正規雇用労働者の正社員転換・待遇改善の実現に向け、地域の実情に応じた具体的な施策や数値目標を盛り込んだ「地域プラン」を策定している。これらの施策の推進及び目標の達成に当たり、地方公共団体の協力が非常に重要であることから、引き続き都道府県労働局は地方公共団体との積極的な連携を図りながら、非正規雇用労働者の正社員転換・待遇改善の取組を推進する。また、同一労働同一賃金の実現に向けて、地方公共団体と連携し、「非正規雇用労働者待遇改善支援センター」を活用した非正規雇用労働者の待遇改善を推進する。

イ　パートタイム労働対策の推進

　パートタイム労働者と通常の労働者との均等・均衡待遇の確保、正社員転換を推進するため、地方公共団体と連携し、短時間労働者の雇用管理の改善等に関する法律（平成五年法律第七十六号）の周知徹底、職務分析・職務評価の導入支援等により、雇用管理改善の取組を促進する。

（二）　長時間労働の是正
ア　働き方・休み方の見直しに向けた取組の促進

　労働者の健康確保、仕事と生活の調和、女性の活躍推進等の観点から、所定外労働時間の削減、年次有給休暇の取得促進等の「働き方改革」を進めていくことが求められている。

　このため、「働き方改革」の実現に向けて、都道府県との連携の下、都道府県労働局は地域の企業トップ等に対し働き方改革に取り組むよう働きかけるとともに、地方公共団体等との協働による地域における年次有給休暇の取得促進に向けた取組や、働き方・休み方の見直しに向けた周知・広報等の取組を実施する。

イ　過労死等の防止

　過労死等がなく、仕事と生活を調和させ、健康で充実して働き続けることの

できる社会を実現するため、過労死等の防止のための対策に関する大綱（平成二十七年七月二十四日閣議決定）に基づく対策を着実に推進し、都道府県をはじめ地方公共団体の労働主管部局との積極的な連携・協力を図りながら、啓発等を実施する。
（三）　ワーク・ライフ・バランスの実現
ア　仕事と家庭の両立支援の推進
（ア）　育児・介護休業法の確実な履行確保
　希望出生率一.八の実現、介護離職ゼロに向け、育児休業や介護休業等を取得しやすい環境を整備するため、地方公共団体と連携し、平成二十九年一月一日に施行された雇用保険法等の一部を改正する法律（平成二十八年法律第十七号）に基づく育児休業、介護休業等育児又は家族介護を行う労働者の福祉に関する法律（平成三年法律第七十六号）の周知徹底・同法に基づく行政指導等を通じて確実な履行確保を図る。
（イ）　仕事と家庭の両立支援に取り組む事業主への支援
　働きながら安心して育児や介護を行える職場環境を整備するため、地方公共団体と連携し、仕事と家庭の両立支援に取り組む事業主への各種助成金の支給等を通じて、事業主の取組を促進する。
イ　在宅就業の推進
　在宅就業について地方公共団体と連携し、適正な契約条件で、安心して在宅就業に従事することができるよう「在宅ワークの適正な実施のためのガイドライン」や在宅就業に関する総合支援サイト「ホームワーカーズウェブ」等により周知・啓発を図る。

二　人材確保対策の推進や労働生産性の向上等による労働環境の整備
（一）　全産業の労働生産性の向上
ア　適職を得るための労働市場の整備
（ア）　公共職業安定所等におけるマッチング機能の強化
　外部労働市場全体としてのマッチング機能の最大化に向けて、公共職業安定所、地方公共団体等様々なマッチング機関が密接に連携し、それぞれの得意分野・手法によりその役割を果たすことが必要である。
　このため、公共職業安定所は、保有する求人情報・求職情報を地方公共団体等にオンラインで提供する取組を実施する。求人情報の提供については、求人

者の意向確認等を徹底し、オンラインでの提供割合を向上させることに努める。
　また、都道府県労働局及び公共職業安定所は、職業安定法（昭和二十二年法律第百四十一号）第二十九条第一項に基づき無料の職業紹介事業を行う特定地方公共団体からの要望に応じ、職業紹介に係る研修等を実施する。
　さらに、都道府県労働局長と地方公共団体の長による雇用対策協定の締結を推進するとともに、希望する地方公共団体において、国が行う無料職業紹介等と地方公共団体が行う業務をワンストップで一体的に実施する。
（イ）　人材の最適配置のための職業能力評価制度の普及促進
　ものづくり分野などにおける人材の確保・育成を強化し、生産性の向上を図るためには、技能検定制度の更なる普及・拡充及び若者を重点とした積極的活用の促進が必要である。
　このため、技能検定の職種・作業の新設・統廃合などを推進するとともに、若者の受検料減免措置等により、若者が受検しやすい環境の整備に取り組む。都道府県労働局は、都道府県や都道府県職業能力開発協会と連携して、技能検定制度・受検料減免措置の周知・広報に取り組む。
イ　労働関係助成金を活用した生産性向上に取り組む企業への支援
　労働力人口の減少が見込まれる中で、経済成長を図っていくためには、企業の生産性向上の実現を後押しする仕組みを構築していく必要があることから、労働関係助成金について、企業が労働生産性を向上させた場合には割増しを行って支給する仕組みを、一部の助成金を除き、導入する。
　あわせて、都道府県労働局及び公共職業安定所は、利用者である事業主等にとってわかりやすく、使いやすいものとなるよう労働関係助成金の整理統合をすることについても、事業主団体や地方公共団体等とも連携して積極的に周知を行い、助成金制度の円滑な活用を促進する。

（二）　人材不足分野等における人材確保対策の総合的な推進
ア　雇用管理改善による「魅力ある職場づくり」の促進
　雇用管理制度の導入・実施を通じて従業員の職場定着に取り組む事業主等を支援する職場定着支援助成金の活用や、人材不足分野における人材確保のための雇用管理改善促進事業等の実施による建設・介護分野等の雇用管理改善の推進等について、地方公共団体と連携して周知・啓発を行い、あらゆる機会を活用して「魅力ある職場づくり」を推進する。
　また、介護分野においては、公益財団法人介護労働安定センターが設置する

「介護労働懇談会」を通じた雇用管理改善等の取組を実施する。
イ　公共職業安定所における人材確保支援の充実
　人材不足分野である福祉分野（介護、看護、保育職種）における人材確保に向けて、関係機関や地方公共団体と雇用情勢等の情報共有を行うための協議会を開催し、潜在有資格者等の掘り起こしや就職支援等を連携しながら実施する。また、建設分野における人材確保に向けて、建設業団体や地方公共団体と雇用情勢等の情報共有を行うとともに、就職面接会等を連携して開催する等、求人充足支援を実施する。
ウ　人材不足分野における公的職業訓練の推進
　介護・保育・建設等の人材不足分野における再就職支援を強化するため、離職者を対象とした公的職業訓練を引き続き実施する。このため、都道府県労働局は、都道府県、独立行政法人高齢・障害・求職者雇用支援機構等と連携し、地域の訓練ニーズの把握・共有、適切な受講あっせん、訓練終了前からの積極的な就職支援に取り組む。

三　地方創生の推進

（一）　都道府県における地方公共団体及び労使等の関係者から構成される会議の開催
　「働き方改革」については、地方創生やワーク・ライフ・バランスの視点も踏まえながら、各地域において、地域の実情に応じた取組を進めることが重要である。
　このため、都道府県労働局は、若者や非正規雇用労働者をはじめとする労働者の労働環境や処遇の改善等に向けた気運が高まるよう、各都道府県における地方公共団体及び労使等の地域の関係者から構成される会議の継続的な開催に向けた取組を引き続き実施する。その際、当該会議の各構成員が取り組むべき事項等が決定された場合には、これを文書等に取りまとめ、広く社会に発信するよう努める。
　当該会議の開催にあたり、平成二十八年七月一日に中小企業の新たな事業活動の促進に関する法律の一部を改正する法律（平成二十八年法律第五十八号）に基づき中小企業等経営強化法（平成十一年法律第十八号）が施行され、経済産業施策として、経営力向上のための取組支援が強化されたことも踏まえ、地方経済産業局の参画を呼びかけるなど、労働施策と経済産業施策の連携に努める。また、融資等を通じて地域の中小企業等と密接に関わっている金融機関に

ついても、経営者との対話を通じて生産性の向上に向けた取組を働きかけるなどの役割が期待されるため、金融機関の参画を呼びかけるなど、金融機関との連携を図る。

また、都道府県労働局は、都道府県における地方公共団体及び労使等の関係者から構成される地域働き方改革会議を活用して、積極的な連携を図るとともに、都道府県に対し、働き方改革分野での地方創生推進交付金の活用について勧奨に努める。

（二）　地方創生に向けた地域雇用対策の推進

地方公共団体においては、まち・ひと・しごと創生法（平成二十六年法律第百三十六号）に基づき策定した地方版総合戦略を踏まえた取組が進められている。厚生労働省においても、地方公共団体による雇用創出や人材育成・確保等の自主的な取組を支援するため、地域活性化雇用創造プロジェクト、実践型地域雇用創造事業、地域雇用開発助成金及び地方就職希望者活性化事業等を実施するとともに、都道府県労働局においても各地域の取組がより効果的なものとなるようその知見を積極的に地方公共団体等へ提供する。

（三）　地域のニーズを捉えた能力開発の推進

人手不足分野を抱える地域において、安定的な人材の確保を図るため、地域の創意工夫を活かした、公的職業訓練の枠組みでは対応できない人材育成の取組である地域創生人材育成事業をより多くの地域で実施する。

（四）　地方拠点強化税制の活用促進

企業の本社の六割が首都圏へ集中し、地方から若年層が流出し続けた結果、地方の高齢化や経済基盤の弱体化が進み、相対的に高かった地方の出生率が低下するという悪循環が生じている。東京一極集中の是正等を図るとともに、地域における質の高い雇用を促進するため、地方拠点強化税制を拡充し、無期雇用かつフルタイムの新規雇用者に対する税額控除を上乗せする等の支援措置を講じることとした。都道府県労働局は、都道府県と連携し、当該制度の周知・広報に努め、活用を促進する。

四　女性の活躍推進・ひとり親に対する就業対策の強化

（一）　女性活躍推進の実効性確保

企業における女性活躍推進の取組の実効性を高めるため、女性の職業生活に

おける活躍の推進に関する法律（平成二十七年法律第六十四号）に基づく一般事業主行動計画策定等について、常時雇用する労働者が三百人以下の中小企業も含め取組促進を進める必要がある。このため、両立支援等助成金（女性活躍加速化コース）の支給や「女性の活躍推進企業データベース」の積極的な利用促進、行動計画の策定支援等に関して地方公共団体と連携した広報活動やセミナーでの情報提供等により企業の取組促進を図る。

　（二）　女性の再就職支援の一層の推進
　子育て等により離職した女性の再就職を支援するため、マザーズハローワーク事業において、地方公共団体との連携による保育サービス関連情報提供等を実施する。
　また、公的職業訓練において、育児等による時間的制約のある方向けの短時間訓練コースの設定や、託児サービス支援の提供を推進する。
さらに、マザーズハローワークにおいて、職業訓練受講給付金の支給業務の実施を含めたワンストップ化を推進するとともに、都道府県等と連携した職業訓練受講者への支援の充実を図る。

　（三）　ひとり親に対する就業対策の強化
　マザーズハローワーク事業において、ひとり親に対する就職支援をNPO法人等の関係機関や地方公共団体と連携して実施する。また、八月の児童扶養手当の現況届提出時に地方公共団体の窓口に近接して公共職業安定所の臨時相談窓口の設置等を行う「出張ハローワーク！ひとり親全力サポートキャンペーン」を実施する。
　また、雇用保険法（昭和四十九年法律第百十六号）に基づく教育訓練給付金に加え、平成二十九年四月一日より新たに母子及び父子並びに寡婦福祉法（昭和三十九年法律第百二十九号）に基づく自立支援教育訓練給付金も支給を受けることができるようになったので、その対象となるひとり親家庭の親に対して、公共職業安定所において都道府県等の窓口を案内するなど、都道府県等の就業支援と連携を図りながら支援を実施する。

五　若者の活躍推進

　（一）　新卒者等の正社員就職の支援
　青少年の雇用の促進等に関する法律（昭和四十五年法律第九十八号）に基づき、若者の適職選択に資する職場情報の提供、公共職業安定所において一定の

労働関係法令違反を繰り返す事業所等の新卒求人を受け付けない求人不受理、若者の雇用管理が優良な中小企業を認定するユースエール認定制度等の取組を促進する。

新卒者等については、学校等との連携を強化し、新卒応援ハローワークに関する周知・広報を図るとともに、未就職卒業者や学校中退者等の学校を離れた者についても、都道府県や学校等と連携を図りながら、地方公共団体が参加する新卒者等就職・採用応援本部等を活用し、地域の実情に応じた就職支援を実施する。

また、地域の人材不足産業に関して、業界団体等から直接話を聞く機会を設けることにより、高校生や学校の進路指導担当者の理解促進を図り、地域における人材不足産業への就職を促進する。

（二）　フリーター等の正社員就職の支援

フリーター等については、わかものハローワーク等において、担当者制によるきめ細かな職業相談、職業紹介を行うとともに、都道府県が設置するジョブカフェとの連携、トライアル雇用等の活用を通じてフリーター等のニーズに応じた正社員就職の支援を実施する。

また、いわゆる「就職氷河期」に就職時期を迎えた不安定就労者等に対し、短期集中的なセミナー、企業に対する雇入れ支援等を新たに実施することにより、正社員就職に向けた集中的な支援を実施する。また、わかものハローワークにおいて、職業訓練受講給付金の支給業務の実施を含めたワンストップ化を推進するとともに、都道府県等と連携した職業訓練受講者への支援の充実を図る。

（三）　ニート等に対する就労支援の推進

高校中退者等をはじめとするニート等に対する就労支援の一層の推進のため、地域若者サポートステーションにおいて、地方公共団体と連携した個々の若者の状況に応じた相談機会の提供、職場体験等各種プログラムを実施するとともに、高校等の関係機関との連携を強化し、アウトリーチ（訪問）型等による切れ目のない就労支援等を実施する。

六　高年齢者の活躍推進

（一）　企業における高年齢者の定年延長・継続雇用の促進等

高年齢者が意欲と能力のある限り働き続けることができる生涯現役社会を実

現するため、継続雇用の延長や定年引上げに向けた環境を整える必要がある。このため、地方公共団体等と連携しながら、生涯現役社会の実現の必要性等について周知を行い、地域全体で高年齢者雇用に関する機運の醸成を図るとともに、六十五歳以上への定年引上げや六十六歳以上の継続雇用制度の導入を行う企業を支援する「六十五歳超雇用推進助成金」の利用の促進を図る。

（二）　高年齢者の再就職支援の強化

　高年齢者等の雇用の安定等に関する法律（昭和四十六年法律第六十八号）に基づく高年齢者雇用確保措置の実施が着実に図られるなか、今後は六十五歳を超えても働きたい高年齢求職者に対する再就職支援が重要となっている。このため、全国の主要な公共職業安定所に設置された「生涯現役支援窓口」を増設し、地方公共団体との連携を図りながら、特に六十五歳以上の高年齢求職者に対する再就職支援を強化する。

また、公共職業安定所は、公益財団法人産業雇用安定センターが構築する「高年齢退職予定者キャリア人材バンク」に登録された情報を活用し、地方公共団体等と連携を図りながら、高年齢者の就業を促進する。

（三）　地域における就業機会の確保に向けた取組の充実

　企業を退職した高年齢者の活動の中心となる地域社会において、多様な就業機会が確保されるようにしていくことが重要となっている。このため、地方公共団体をはじめとする高年齢者の就業等に係る地域の関係者から構成される協議会の設置を推進し、地域の高年齢者の就業促進に向けて連携強化等を図る。また、地域の高年齢者に就業機会を提供するシルバー人材センターの活動を推進するため、地方公共団体と連携を図りながら、シルバー人材センターの業務拡大の活用等を進める。

七　障害者、難病・がん患者等の活躍促進

（一）　障害者及び企業への職場定着支援の強化

　障害者の雇用者数が過去最高を更新し、また、職場定着に課題の多い精神障害者等の就職件数が増加している中で、今後は雇入れ支援のみならず、雇用された障害者の職場定着支援を強化していく必要がある。

　このため、都道府県労働局及び公共職業安定所は、障害者就業・生活支援センター等との連携を図りながら、雇用された障害者の職場における定着を促進する。

(二)　多様な障害特性に応じた就労支援の推進
　身体障害、知的障害、精神障害、発達障害、難病といった多様な障害特性や本人の希望、能力等に応じて就労することができる環境を実現する必要がある。
　このため、公共職業安定所は、地域の関係機関と連携したチーム支援や、特別支援学校等を対象にする就職ガイダンスの積極的な実施により、そのマッチング機能を強化する。
また、多様な障害特性に対応するため、地域の就労支援機関に加え、医療機関や発達障害者支援センター、難病相談支援センター、大学等との連携を強化する。

(三)　がん等の疾病による長期療養が必要な求職者に対する就労支援の強化等
　都道府県労働局及び公共職業安定所は、地方公共団体やがん診療連携拠点病院等関係機関と連携し、がん等の疾病による長期療養が必要な求職者に対する就職支援や事業主の理解を促進するための取組を実施する。

(四)　生活困窮者に対する就労支援の強化等
　生活保護受給者数が高止まりの状況にあること等から、公共職業安定所と地方公共団体が一体となった就労支援の充実を図る必要がある。
　このため、福祉事務所に設置する公共職業安定所の常設窓口を増設すること等の他、就労準備の整った者を積極的に公共職業安定所の就労支援に誘導することにより、ワンストップの相談体制の充実を図る。さらに、生活保護受給者等を雇い入れる事業主に対して助成金を支給するとともに就職後の定着を支援すること等により、生活保護受給者等の生活困窮者の就労による自立を推進する。

(五)　障害者の職業能力開発の推進
　都道府県労働局及び公共職業安定所は、都道府県や地域の関係機関等と連携し、的確な職業訓練の受講あっせんや就職支援に努める。また、法定雇用率の達成指導等の機会を捉えて、精神障害者等の新規求職申込件数が大幅に増加していることを踏まえた職業訓練ニーズを把握し、都道府県への情報提供を行う等、都道府県が適切な訓練コースを設定できるよう支援する。

八　外国人材の活用・国際協力

（一）　留学生・定住外国人の就職支援の更なる展開と支援体制の強化

「日本再興戦略二〇一六」（平成二十八年六月二日閣議決定）を踏まえ、留学生の日本国内での就職率を平成三十二年度までに五割以上とするため、外国人雇用サービスセンター等において留学生向け面接会の地方開催、在学早期段階からの就職意識啓発セミナー、インターンシップの充実を図るとともに、企業からの雇用管理に関する相談体制を強化する。

また、定住外国人を対象に、外国人就労・定着支援研修の充実等を通じて、安定就労を更に推進する。

（二）　技能実習制度の適正かつ円滑な推進

技能実習制度においては、外国人の技能実習の適正な実施及び技能実習生の保護に関する法律（平成二十八年法律第八十九号）に基づき新設された外国人技能実習機構と適切な連携を行う。

また、当該法律に基づき、都道府県労働局、外国人技能実習機構、地方入国管理局、業所管省庁の出先機関、地方公共団体等で構成される地域協議会において、中央の協議会で策定する取組方針を踏まえ、都道府県労働局は、問題事案等の情報共有を行う等、関係機関との積極的な連携を行う。

九　重層的なセーフティネットの構築

（一）　求職者支援制度によるセーフティネットの確保

求職者支援制度が雇用保険を受給できない者のセーフティネットとして機能するよう、都道府県労働局及び公共職業安定所は、地方公共団体等関係機関と更なる連携を図り、公共職業安定所を利用していない潜在的な対象者に積極的に働きかける等、引き続き効果的な周知に取り組むとともに、地域ごとの人材ニーズや対象者の特性に応じた訓練コースの設定に努める。

第2章
試験対策問題集

Work Style Reform Master

① 我が国の経済社会の現状

問題1：次の文章および図中の（　）に入る最も適切な語句の組合せを、以下のアからエまでのうち1つ選びなさい。

　　（　a　）は1970年代から減少が始まり、2005年以降は（　b　）が（　a　）を上回り推移するようになった。これらは日本の（　c　）の要因の1つとされており、ニッポン一億総活躍プランでも解決を図っていくとしている。

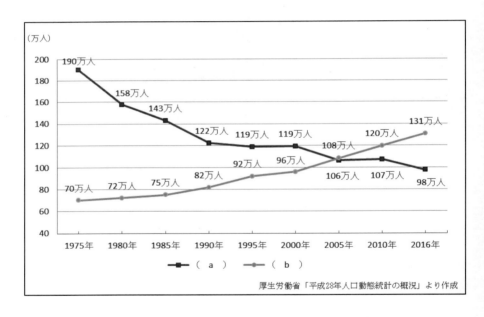

厚生労働省「平成28年人口動態統計の概況」より作成

ア．a．死亡数　　b．出生数　　c．労働人口の減少
イ．a．死亡数　　b．出生数　　c．介護・育児人材の不足
ウ．a．出生数　　b．死亡数　　c．健康寿命の低下
エ．a．出生数　　b．死亡数　　c．少子高齢化

解説

本問は、日本の少子高齢化についての理解を問うものである。
少子高齢化に関する記述は、次のとおりである。

<u>出生数</u>は 1970 年代から減少が始まり、2005 年以降は<u>死亡数</u>が<u>出生数</u>を上回り推移するようになった。これらは日本の<u>少子高齢化</u>の要因の1つとされており、ニッポン一億総活躍プランでも解決を図っていくとしている。

出生数は合計特殊出生率の低下に伴い減少を続けているが、一方で、死亡数は 65 歳以上の高齢者の増加に伴い増加を続けている。ニッポン一億総活躍プランでは、「少子高齢化」という構造的な問題に向けて、安心して子供を産んで育てることができる社会の実現、高齢者の就労促進などを通じて、立ち向かうとしている。

解答　エ

問題2：次の図は日本の労働力に関する人口の調査結果を表したものである。（　）に入る最も適切な語句の組合せを、以下のアからエまでのうち1つ選びなさい。

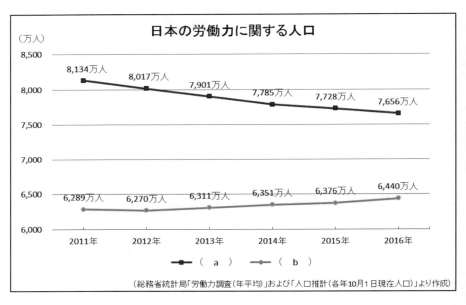

ア．a．就業者数　　　b．非労働力人口
イ．a．就業者数　　　b．生産年齢人口
ウ．a．生産年齢人口　b．就業者数
エ．a．生産年齢人口　b．非労働力人口

解説
本問は、日本の労働力に関する人口についての理解を問うものである。

生産年齢人口は、15歳〜64歳の人口のことで、仕事をしない者を含め、生産活動に従事しうる年齢の人口ということができる。我が国の生産年齢人口は、1997年にピークを迎え（約8,699万人）、その後減

少が続いている（2016年10月に約7,656万人）（総務省統計局『人口推計』）。
就業者数は従業者（収入を伴う仕事をしている者）と休業者（仕事を持っていながら休んでいる者）を合わせた者を指し、働く高齢者の増加などにより、2012年から右肩上がりとなっている。

解答　ウ

問題3：次の図は、現在の出生率・死亡率の傾向が続いた場合における日本の将来推計人口を示したものである。図中の（　）に入る最も適切な語句の組合せを、以下のアからエまでのうち1つ選びなさい。

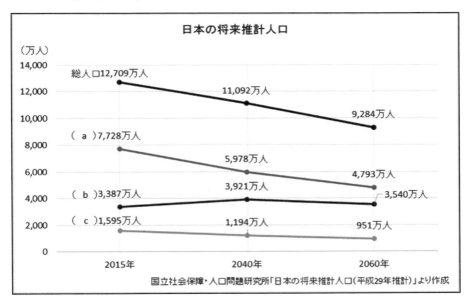

ア．a．生産年齢人口　　b．老年人口　　　　c．年少人口
イ．a．生産年齢人口　　b．年少人口　　　　c．老年人口
ウ．a．老年人口　　　　b．生産年齢人口　　c．年少人口
エ．a．老年人口　　　　b．年少人口　　　　c．生産年齢人口

解説

本問は、少子社会の現状および現在の出生率・死亡率の傾向が続いた場合における日本の将来推計人口についての理解を問うものである。

日本は長期的な少子化傾向にあり、国立社会保障・人口問題研究所によると、現在の出生率・死亡率の傾向が続いた場合（中位仮定）、2060年の総人口は9,284万人になるとしている。人口の構成比では、生産年齢人口のウェイトが大きく下がる一方、老年人口のウェイトは高まる傾向にあり、総人口に占める老年人口の割合は同年に約38％に達するという厳しい見方を示している。
政府では、50年後に1億人の人口の維持を目指す「一億総活躍社会」という目標を掲げ、少子高齢化という構造的問題に立ち向かおうとしている。
なお、「年少人口＝0～14歳」「生産年齢人口＝15～64歳」「老年人口＝65歳以上」を指す。

解答　ア

② ワーク・ライフ・バランスの実現

問題4：ダイバーシティ経営に関する以下のアからエまでの記述のうち、誤っているものを1つ選びなさい。

ア．ダイバーシティ経営は、多様な属性の違いを活かし、個々の人材の能力を最大限引き出すことにより、付加価値を生み出し続ける企業を目指して、全社的かつ継続的に進めていく経営上の取組みである。

イ．ダイバーシティは「人材戦略の変革の柱」として位置付けられているのに対し、「働き方改革」は、働き手の労働条件の改善に繋がる取組みだけであることから、両者は根本的に異なる考え方に端を発している。

ウ．米国では、「女性人材の確保・活用」と「人種平等」という思想から端を発して企業の自主的な動きを中心に進み、1990年代からは、ダイバーシティがもたらす生産性や収益性への効果が認識されるようになった。

エ．我が国でも、ダイバーシティ経営への取組みが推進されており、2017年3月に「ダイバーシティ 2.0検討会報告書〜競争戦略としてのダイバーシティの実践に向けて〜」が公表された。

解説
本問は、ダイバーシティ経営についての理解を問うものである。

ア　正しい。ダイバーシティ経営は、多様な属性の違いを活かし、個々の人材の能力を最大限引き出すことにより、付加価値を生み出し続ける企業を目指して、全社的かつ継続的に進めていく経営上の取組みである。

イ　誤り。「両者は根本的に異なる考え方」が誤りである。「ダイバーシティ2.0検討会報告書」では、「働き方改革」は、働き手の労働条件の改善に繋がる取組みであるだけでなく、従来型の

「日本型雇用システム」にメスを入れ、人材戦略を変革する「経営改革」という側面があり、ダイバーシティと根幹を同じくするとしている。従って、本記述は誤っている。
ウ　正しい。米国では、「女性人材の確保・活用」と「人種平等」という思想から端を発して企業の自主的な動きを中心に進み、1990年代からは、第3次産業化に伴い、企業においてダイバーシティがもたらす生産性や収益性への効果が認識され始め、競争優位性や差別化の源泉として、経営戦略上位置付けられるようになった。
エ　正しい。我が国でも、ダイバーシティ経営への取組みが推進されており、経済産業省の「競争戦略としてのダイバーシティ経営（ダイバーシティ 2.0）の在り方に関する検討会」が立ち上げられ、2017年3月に「ダイバーシティ2.0 検討会報告書～競争戦略としてのダイバーシティの実践に向けて～」が公表された。

解答　イ

③ 厚生労働白書等で見る日本

問題5：平成28年版厚生労働白書における一億総活躍社会に関する【問題文A】から【問題文C】の内容として正しいものを、以下のアからエまでのうち1つ選びなさい。

【問題文A】政府は、一億総活躍社会の実現に向けた最大のチャレンジを「働き方改革」であるとしている。

【問題文B】一億総活躍社会とは、年齢や性別、障害や難病の有無に関わらず、家庭や職場など、あらゆる場で誰もが活躍できる、全員参加型の社会である。

【問題文C】一億総活躍社会を創っていくため、政府は「戦後最大の名目GDP500兆円」、「希望出生率2.0」、「介護離職ゼロ」という目標を掲げている。

ア．Aのみ誤っている。
イ．Bのみ誤っている。
ウ．Cのみ誤っている。
エ．すべて正しい。

解説

本問は、厚生労働白書における一億総活躍社会についての理解を問うものである。

A　正しい。「一億総活躍社会の実現に向けた最大のチャレンジは働き方改革である。多様で柔軟な働き方が可能となるよう、社会の発想や制度を大きく転換しなければならない」（厚生労働省『平成28年版厚生労働白書』P.234）。

B　正しい。「一億総活躍社会は、女性も男性も、お年寄りも若者も、一度失敗を経験した方も、障害や難病のある方も、家庭で、職場で、地域で、あらゆる場で、誰もが活躍できる、いわ

ば全員参加型の社会である」(厚生労働省『平成28年版厚生労働白書』P.230)。

C 誤 り。「戦後最大の名目GDP500兆円」、「希望出生率2.0」が誤りである。少子高齢化の流れに歯止めをかけ、誰もが活躍できる一億総活躍社会を創っていくため、「戦後最大の名目GDP600兆円」、「希望出生率1.8」、「介護離職ゼロ」という目標を掲げている(厚生労働省『平成28年版厚生労働白書』P.230)。従って、本記述は誤っている。

以上により、問題文ABは正しいが、Cは誤っている。従って、正解は肢ウとなる。

解答 ウ

問題6：平成28年版労働経済白書で述べられている労働経済社会の現状に関する以下のアからエまでの記述のうち、誤っているものを1つ選びなさい。

ア．緩やかな景気回復基調を背景として、完全失業率は2015年度平均で3.3％と19年ぶりの低い水準となった。

イ．有効求人倍率は2015年度平均で1.23倍と24年ぶりの高い水準となった。

ウ．雇用情勢の改善を受けて、非自発的失業者や長期失業者が減少した他、不本意非正規雇用労働者の減少といった動きもみられた。

エ．2015年について、総実労働時間は減少したが、雇用形態別でみると、一般労働者の総実労働時間は減少し、パートタイム労働者の総実労働時間は増加した。

解説
本問は、平成28年版労働経済白書で述べられている雇用情勢や総実労働時間についての理解を問うものである。

ア　正しい。緩やかな景気回復基調を背景に、完全失業率は2015年度平均で3.3％と19年ぶりに低い水準となった（厚生労働省『平成28年版労働経済白書』P.185）。

イ　正しい。有効求人倍率は、2015年度平均で1.23倍と24年ぶりに高い水準となった（厚生労働省『平成28年版労働経済白書』P.185）。

ウ　正しい。雇用情勢の改善により、非自発的失業者や長期失業者が減少するとともに、不本意非正規雇用労働者も減少している（厚生労働省『平成28年版労働経済白書』P.185）。

エ　誤り。「一般労働者の総実労働時間は減少し、パートタイム労働者の総実労働時間は増加」が誤りである。一般労働者の総実労働時間は増加し、パートタイム労働者の総実労働時間は減少している。より短時間で働く労働者が増加したことも影響している（厚生労働省『平成28年版労働経済白書』P.185）。従って、本記述は誤っている。

解答　エ

問題7 : 次の図は、40歳以上の男女を対象とした高齢期の就労に関する認識についての調査結果を表している。（　　）に入る最も適切な語句の組合せを、以下のアからエまでのうち1つ選びなさい。

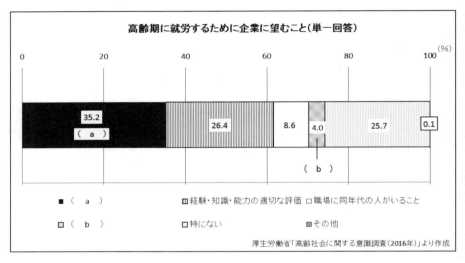

ア． a． 就職準備金の支給
　　 b． 健康や体力に配慮した配置、社内での健康づくりの取組などの健康管理
イ． a． 異なる世代の人々と交流を持つ機会の提供
　　 b． 教育訓練
ウ． a． 健康や体力に配慮した配置、社内での健康づくりの取組などの健康管理
　　 b． 教育訓練
エ． a． 就職準備金の支給
　　 b． 異なる世代の人々と交流を持つ機会の提供

解説
本問は、平成28年版厚生労働白書における高齢期の就労に関する意識についての理解を問うものである。

意欲ある高齢者が企業にどのようなことを望んでいるか、国の取り組むべき施策はどのようなものと考えているのかを知ることは年齢にかかわらず働くことができる社会を実現するうえで有用なことである。
高齢期の就労にあたり、企業に望むこととして、aに該当する「健康や体力に配慮した配置、社内での健康づくりの取組などの健康管理（35.2％）」が最も多く、次いで「経験・知識・能力の適切な評価（26.4％）」、「職場に同年代の人がいること（8.6％）」、bに該当する「教育訓練（4.0％）」と続く（厚生労働省『平成28年版厚生労働白書』P.77）。

解答　ウ

問題8：少子社会の現状に関する次の文章中の（　）に入る最も適切な語句の組合せを、以下のアからエまでのうち1つ選びなさい。

我が国の合計特殊出生率は、2005年には（　a　）と過去最低を更新した。2006年以降の合計特殊出生率は、横ばいもしくは微増傾向だが、2015年も（　b　）と依然として低い水準にあり、長期的な少子化の傾向が継続している。

ア．a．1.26　　b．1.65
イ．a．1.36　　b．1.45
ウ．a．1.26　　b．1.45
エ．a．1.36　　b．1.65

解説
本問は、少子社会の現状についての理解を問うものである。
少子社会に関する記述は、次のとおりである。

我が国の合計特殊出生率は、2005年には **1.26** と過去最低を更新した。2006年以降の合計特殊出生率は、横ばいもしくは微増傾向だが、

2015年も **1.45** と依然として低い水準にあり、長期的な少子化の傾向が継続している。

合計特殊出生率とは、1人の女性が産む子供の数を示す指標であり、2015年の数字は1.45で、前年の1.42から微増となった（厚生労働省『平成27年人口動態統計（確定数）の概況』）。

解答　ウ

問題9：平成28年版厚生労働白書で述べられている「人口高齢化を乗り越える視点」に関する以下のアからエまでの記述のうち、下線部の内容が誤っているものを1つ選びなさい。

ア．働く意欲のある高齢者が長年培ってきた知識や経験を生かし、年齢に関わりなく活躍し続ける社会を「健康長寿社会」という。

イ．2012年に高年齢者等の雇用の安定等に関する法律の改正が行われ、「定年制の廃止」、「定年の引上げ」又は「継続雇用制度の導入」のいずれか（高年齢者雇用確保措置）を実施することが、企業の義務に定められた。

ウ．退職予定者のキャリア・能力・就業希望等の情報を登録し、その能力の活用を希望する事業者に対して人材を紹介する「高年齢退職予定者キャリア人材バンク」を公益財団法人産業雇用安定センターが構築している。

エ．高齢者が活躍するためにはその前提として、心身が健康であることが重要であり、国や医療機関で健康づくりや疾病等の予防などについてサポートしていく。

解説
本問は、平成28年版厚生労働白書で述べられている「人口高齢化を乗り越える視点」についての理解を問うものである。

ア　誤り。「健康長寿社会」が誤りで、正しくは「生涯現役社会」であ

る。「将来に必要な労働力人口が減少することが懸念されており、働く意欲のある高齢者が、長年培ってきた知識や経験を生かし、年齢に関わりなく活躍し続けることができる『生涯現役社会』を実現することがますます重要になっている」（厚生労働省『平成28年版厚生労働白書』P.106）。従って、本記述は誤っている。

イ　正しい。「高齢者の雇用を巡っては、2012（平成24）年の高年齢者等の雇用の安定等に関する法律の改正により、『定年制の廃止』、『定年の引上げ』又は『継続雇用制度の導入』のいずれか（高年齢者雇用確保措置）を実施することが企業の義務とされるなど、企業における希望者全員の65歳までの雇用確保の仕組みが整備された」（厚生労働省『平成28年版厚生労働白書』P.107）。

ウ　正しい。公益財団法人産業雇用安定センターが退職予定者のキャリア・能力・就業希望等の情報の登録を受け、『高年齢退職予定者キャリア人材バンク』を構築してマッチングを行っている（厚生労働省『平成28年版厚生労働白書』P.118）。

エ　正しい。高齢者が活躍するためにはその前提として、心身が健康であることが重要であり、健康づくりや疾病等の予防などについて、国や医療機関でサポートしていく（厚生労働省『平成28年版厚生労働白書』P.124,125）。

解答　ア

問題10：次の図は、独立行政法人労働政策研究・研修機構による高年齢者（55～69歳の男女）の雇用・就業の実態に関する調査結果を表している。（　）に入る最も適切な語句の組合せを、以下のアからエまでのうち1つ選びなさい。

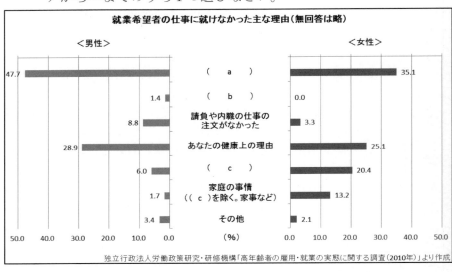

ア．a．適当な仕事がみつからなかった
　　b．家族の健康上の理由（介護等）
　　c．起業・開業の準備中であった
イ．a．適当な仕事がみつからなかった
　　b．起業・開業の準備中であった
　　c．家族の健康上の理由（介護等）
ウ．a．起業・開業の準備中であった
　　b．適当な仕事がみつからなかった
　　c．家族の健康上の理由（介護等）
エ．a．家族の健康上の理由（介護等）
　　b．起業・開業の準備中であった
　　c．適当な仕事がみつからなかった

解説

本問は、我が国の高齢者を取り巻く状況に関する高年齢者の雇用・就業の実態についての理解を問うものである。

本問の図において、男女ともaに該当する「適当な仕事がみつからなかった」が最も多い。bに該当する「起業・開業の準備中であった」に関しては女性が0.0%という結果になっている。女性では、cに該当する「家族の健康上の理由（介護等）」や「家庭の事情（家族の健康上の理由を除く。家事など）」が男性に比べて高くなっている（厚生労働省『平成28年版厚生労働白書』P.33,34）。

解答　イ

問題11：待機児童の解消に向けた取組みに関する以下のアからエまでの記述のうち、下線部の内容が<u>誤っている</u>ものを1つ選びなさい。

ア．待機児童とは、保育園等に入所の申込が提出されており、入所要件に該当しているが、入所できない児童である。

イ．2016年の待機児童は0歳児が約16%、1～2歳児が約71%、3歳児以上が約13%となっている。

ウ．政府の「子育て安心プラン」では、2020年度末までに全国の待機児童をゼロにするとしている。

エ．政府の「子育て安心プラン」では、25～44歳の女性就業率が70%まで上昇しても対応できる体制を、2022年度末までに実現するとしている。

解説

本問は、待機児童とその解消に向けた取り組みや目標についての理解を問うものである。

ア　正しい。待機児童とは、入所申込が提出されており、入所要件に該当しているが、入所していないものである（厚生労働省『保育所関連状況取りまとめ』）。

イ　正しい。2016年の待機児童は0歳児が15.7％、1〜2歳児が71.1％、3歳児以上が13.2％となっている（『子育て安心プラン』）。

ウ　正しい。2017年に発表された政府の「子育て安心プラン」では、待機児童解消に必要な受け皿約22万人分の予算を2018年度から2019年度末までの2年間で確保し、遅くとも2020年度末までの3年間で全国の待機児童を解消するとしている。

エ　誤り。「70％」が誤りで、正しくは「80％」である。「M字カーブ」を解消するため、平成30年度から平成34年度末までの5年間で女性就業率80％に対応できる約32万人分の保育の受け皿整備を進めるとしている（『子育て安心プラン』）。従って、本記述は誤っている。

解答　エ

問題12： 次の図は、在宅ワークに関する調査結果の一部を表している。（　　）に入る最も適切な語句の組合せを、以下のアからエまでのうち1つ選びなさい。

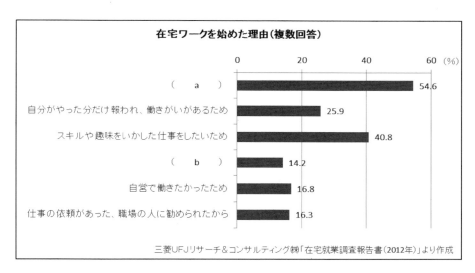

ア．a．都合のいい時期、時間に働けるため
　　b．会社勤めでは能力を発揮できないと思うから
イ．a．家事、育児、介護等のため外に出て働けないから
　　b．都合のいい時期、時間に働けるため
ウ．a．都合のいい時期、時間に働けるため
　　b．家事、育児、介護等のため外に出て働けないから
エ．a．家事、育児、介護等のため外に出て働けないから
　　b．会社勤めでは能力を発揮できないと思うから

解説
本問は、在宅ワークの就業実現についての理解を問うものである。

情報通信機器を活用して在宅で請負契約に基づきサービスの提供等を行う在宅ワークについては、育児・介護期にある人を中心に仕事と家庭の両立が可能となる柔軟な就労形態として広がりつつあり、社会的な期待や関心も大

きなものとなっている。
本問の図においては、aに該当する「都合のいい時期、時間に働けるため（54.6％）」が最も多く、次いで「スキルや趣味をいかした仕事をしたいため（40.8％）」となっている。bには「家事、育児、介護等のため外に出て働けないから（14.2％）」が入る。

解答　ウ

問題13：次の表はパワーハラスメントの行為類型と具体例の一部を示したものである。（　）に入る最も適切な語句の組合せを、以下のアからエまでのうち１つ選びなさい。

行為類型	具体例
（　a　）	いること自体が会社に対して損害だと、大声で言われた。
（　b　）	故意に簡単な仕事をずっとするように言われた。
（　c　）	出身校や家庭の事情等をしつこく聞かれ、答えないと総務に聞くと言われた。

（厚生労働省「パワーハラスメント対策導入マニュアル」より作成）

ア．a．精神的な攻撃　　　b．人間関係からの切り離し
　　c．過大な要求
イ．a．精神的な攻撃　　　b．過小な要求
　　c．個の侵害
ウ．a．身体的な攻撃　　　b．過小な要求
　　c．過大な要求
エ．a．身体的な攻撃　　　b．人間関係からの切り離し
　　c．個の侵害

解説

本問は、パワーハラスメントの行為類型とその具体例についての理解を問うものである。

パワーハラスメントの行為類型として、①身体的な攻撃、②精神的な攻撃、③人間関係からの切り離し、④過大な要求、⑤過小な要求、⑥個の侵害の6つに整理されている。
表の内容については、次のとおりである。

行為類型	具体例
<u>精神的な攻撃</u>	いること自体が会社に対して損害だと、大声で言われた
<u>過小な要求</u>	故意に簡単な仕事をずっとするように言われた
<u>個の侵害</u>	出身校や家庭の事情等をしつこく聞かれ、答えないと総務に聞くと言われた

解答　イ

問題14：次の図は、我が国における民事上の個別労働紛争の主な相談内容の件数の推移を示している。（　　）に入る最も適切な語句の組合せを、以下のアからエまでのうち1つ選びなさい。

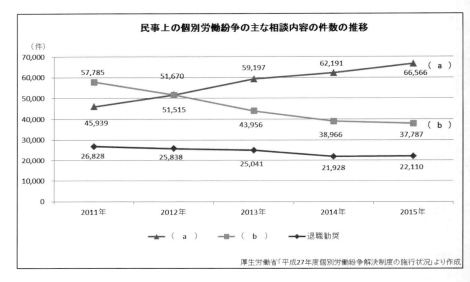

ア．a．労働条件の引き下げ　　b．解雇
イ．a．解雇　　　　　　　　　b．いじめ・嫌がらせ
ウ．a．労働条件の引き下げ　　b．いじめ・嫌がらせ
エ．a．いじめ・嫌がらせ　　　b．解雇

解説
本問は、平成28年版厚生労働白書における良質な労働環境の確保等についての理解を問うものである。

「個別労働紛争解決制度」は、個々の労働者と事業主との間の労働条件や職場環境などをめぐるトラブルの未然防止や早期解決を支援するもので、「総合労働相談」、労働局長による「助言・指導」、紛争調整委員会による「あっせん」の3つの方法がある。
総合労働相談のうち、民事上の個別労働紛争の相談内容では「いじめ・

嫌がらせ」が66,566件と、4年連続で最多となり、次いで「解雇（37,787件）」となっている。
本問の図において、aに該当するのは「いじめ・嫌がらせ」であり、bに該当するのは「解雇」である。（厚生労働省『平成28年版厚生労働白書』P.324,325）

解答　エ

④　働き方改革

問題15：働き方改革実行計画における働き方改革の意義や目的に関する【問題文A】から【問題文C】の内容として正しいものを、以下のアからエまでのうち1つ選びなさい。

【問題文A】日本経済の再生を実現するためには、投資やイノベーションの促進を通じた付加価値生産性の向上と、労働参加率の向上を図る必要があり、そのためには、誰もが生きがいを持って、その能力を最大限発揮できる社会を創ることが必要であると考えられている。

【問題文B】働き方改革は、日本の企業文化、日本人のライフスタイル、日本の働くということに対する考え方そのものに手を付けていく改革である。

【問題文C】働き方改革の目指すところは、働く方一人ひとりが、より良い将来の展望を持ち得るようにすることであり、多様な働き方が可能な中において、自分の未来を自ら創っていくことができる社会を創り、意欲ある人々に多様なチャンスを生み出すことである。

ア．Aのみ誤っている。
イ．Bのみ誤っている。
ウ．Cのみ誤っている。
エ．すべて正しい。

解説
本問は、働き方改革実行計画における働き方改革の意義や目的についての理解を問うものである。

A 正しい。「日本経済の再生を実現するためには、投資やイノベーションの促進を通じた付加価値生産性の向上と、労働参加率の向上を図る必要がある。そのためには、誰もが生きがいを持って、その能力を最大限発揮できる社会を創ることが必要である」とされている(『働き方改革実行計画』本文P.1)。

B 正しい。「働き方改革は、日本の企業文化、日本人のライフスタイル、日本の働くということに対する考え方そのものに手を付けていく改革である」とされている(『働き方改革実行計画』本文P.1)。

C 正しい。「改革の目指すところは、働く方一人ひとりが、より良い将来の展望を持ち得るようにすることである。多様な働き方が可能な中において、自分の未来を自ら創っていくことができる社会を創る。意欲ある方々に多様なチャンスを生み出す」とされている(『働き方改革実行計画』本文P.2)。

以上により、問題文ABCはすべて正しい。従って、正解は肢エとなる。

解答 エ

問題16：働き方改革の意義に関する次の文章中の（　　）に入る最も適切な語句の組合せを、以下のアからエまでのうち1つ選びなさい。

　わが国では、（　a　）が進み、人手不足が継続することが見込まれている。経済の持続的成長を図るためには、（　b　）を高め、かつ（　c　）を向上させていく取組みが求められる。こうした観点からは、政府が取組んでいる「働き方改革」を推し進めていくことは、我が国経済全体の活性化に資するものと考えられる。

ア．a．少子高齢化・人口減少　　　b．労働意欲　　　c．生活水準
イ．a．人口集中と過疎の二極化　　b．労働参加率　　c．生活水準
ウ．a．人口集中と過疎の二極化　　b．労働意欲　　　c．生産性
エ．a．少子高齢化・人口減少　　　b．労働参加率　　c．生産性

解説

本問は、働き方改革の意義についての理解を問うものである。
働き方改革の意義に関する記述は、次のとおりである。

わが国では、**少子高齢化・人口減少**が進み、人手不足が継続することが見込まれている。経済の持続的成長を図るためには、**労働参加率**を高め、かつ**生産性**を向上させていく取組みが求められる。こうした観点からは、政府が取組んでいる「働き方改革」を推し進めていくことは、我が国経済全体の活性化に資するものと考えられる。

　内閣府『平成29年度年次経済財政報告』では、少子高齢化・人口減少が進む中、経済の持続的成長を図るためには、労働参加率を高め、生産性向上を図る取組みが求められるとし、政府が推進する「働き方改革」が我が国経済全体の活性化に資するものであるという趣旨が述べられている。

解答　エ

問題17：働き方改革に関する次の文章中の（　）に入る最も適切な語句の組合せを、以下のアからエまでのうち1つ選びなさい。

　働き方改革の実現を目的とする実行計画の策定等に係る審議に資するため、2016年9月に（　a　）により「働き方改革実現会議」が設置され、長時間労働の是正や、非正規の処遇改善などを検討し、具体的な方向性を示すための議論が行われた。（　b　）は働き方改革実現会議の成果であり、働く人の実態を最もよく知っている（　c　）、さらには他の有識者も含め合意形成をしたものである。

ア．a．厚生労働大臣　　　　　b．働き方改革実行計画
　　c．労働者側と使用者側

イ．a．内閣総理大臣　　　　　b．ニッポン一億総活躍プラン
　　c．労働者側

ウ．a．厚生労働大臣　　　　　b．ニッポン一億総活躍プラン
　　c．使用者側

エ．a．内閣総理大臣　　　　　b．働き方改革実行計画
　　c．労働者側と使用者側

解説
本問は、働き方改革についての理解を問うものである。

働き方改革に関する記述は、次のとおりである。

働き方改革の実現を目的とする実行計画の策定等に係る審議に資するため、2016年9月に**内閣総理大臣**により「働き方改革実現会議」が設置され、長時間労働の是正や、非正規の処遇改善などを検討し、具体的な方向性を示すための議論が行われた。**働き方改革実行計画**は働き方改革実現会議の成果であり、働く人の実態を最もよく知っている**労働者側と使用者側**、さらには他の有識者も含め合意形成をしたものである。

解答　エ

⑤ 非正規雇用の処遇改善

問題18：非正規雇用に関する以下のアからエまでの記述のうち、<u>誤っているもの</u>を1つ選びなさい。

ア．2016年平均の非正規の職員・従業員は2016万人で7年連続の増加となり、全雇用者の約4割を占めている。

イ．フルタイム労働者に対するパートタイム労働者の賃金水準が、ヨーロッパ諸国では7～8割程度であるのに対して、日本は4～5割程度となっている。

ウ．非正規雇用労働者は、配置、賃金、賞与、退職金において正規雇用労働者に比して低い取扱いを受けたり、また、雇用調整の安全弁として雇止めの対象にされやすい。

エ．現行法では、正規と非正規の待遇差の内容やその理由等についての説明義務は、パートタイム労働法、労働契約法、労働者派遣法のいずれにも規定がない。

解説
本問は、非正規雇用についての理解を問うものである。

ア　正しい。非正規の職員・従業員は、2016万人と前年に比べ36万人増加し、7年連続の増加となった。全雇用者のうち非正規の職員・従業員の割合は35％を超えている（総務省『労働力調査』）。

イ　誤り。「日本は4～5割程度となっている」が誤りである。日本はフルタイム労働者に対するパートタイム労働者の賃金水準が6割弱となっている（『働き方改革実行計画』参考資料P.3）。従って、本記述は誤っている。

ウ　正しい。非正規雇用労働者は、正規雇用労働者とは区別されて、長期的なキャリアパスには乗せられず、配置、賃金、賞与、退職金において正規雇用労働者に比して低い取扱いを受

け、雇用調整の安全弁として雇止めの対象にされやすい。
エ　正しい。現行法では、正規と非正規の待遇差の内容やその理由等についての説明義務は、パートタイム労働法、労働契約法、労働者派遣法のいずれにも規定がない（『働き方改革実行計画』本文P.8）。

※本問でいう、「現行（法）」とは、2017年12月時点のものを指します。

解答　イ

問題19：同一労働同一賃金に関する次の文章中の（　　）に入る最も適切な語句の組合せを、以下のアからエまでのうち1つ選びなさい。

　同一労働同一賃金とは、一般に、同じ労働に対して同じ賃金を支払うべきという考え方である。具体的には、同一企業・団体における正規雇用労働者と非正規雇用労働者との間で、（　a　）と（　b　）を求める考え方である。（　a　）とは、①職務内容と、②（　c　）が、正規雇用労働者と非正規雇用労働者の間で同一である場合には、非正規雇用労働者の待遇に対して差別的取扱いをしてはならないとすることである。一方、（　b　）とは、正規雇用労働者と非正規雇用労働者との間の待遇に相違がある場合に、待遇の相違は、①職務内容、②（　c　）、③運用その他の事情の3要素を考慮して、不合理があってはならないとすることである。

ア．a．「均等待遇」　　　b．「均衡待遇」　　　c．人材活用の仕組み
イ．a．「均衡待遇」　　　b．「均等待遇」　　　c．業務経験の内容
ウ．a．「均等待遇」　　　b．「均衡待遇」　　　c．業務経験の内容
エ．a．「均衡待遇」　　　b．「均等待遇」　　　c．人材活用の仕組み

解説
本問は、同一労働同一賃金についての理解を問うものである。
同一労働同一賃金に関する記述は、次のとおりである。

同一労働同一賃金とは、一般に、同じ労働に対して同じ賃金を支払うべきという考え方である。具体的には、同一企業・団体における正規雇用労働者と非正規雇用労働者との間で、**「均等待遇」**と**「均衡待遇」**を求める考え方である。**「均等待遇」**とは、①職務内容と、②**人材活用の仕組み**が、正規雇用労働者と非正規雇用労働者の間で同一である場合には、非正規雇用労働者の待遇に対して差別的取扱いをしてはならないとすることである。一方、**「均衡待遇」**とは、正規雇用労働者と非正規雇用労働者との間の待遇に相違がある場合に、待遇の相違は、①職務内容、②**人材活用の仕組み**、③運用その他の事情の3要素を考慮して、不合理があってはならないとすることである。

「均等待遇」とは、正規雇用労働者と非正規雇用労働者の間で、職務内容等が同一であれば、同一の待遇をし、「均衡待遇」とは、非正規雇用労働者に対し、正規雇用労働者と異なる待遇をするならば、その待遇の差異に不合理があってはならないという考え方である。
具体的には、①職務内容と②人材活用の仕組み（人事異動の有無及び範囲）の2つの要素について、正規雇用労働者と非正規雇用労働者とが同一であれば、正規、非正規を問わず同一の待遇、すなわち「均等待遇」をしなければならない。正規雇用労働者の待遇に相違がある場合は、①職務内容、②人材活用の仕組み、③運用その他の事情の3要素を考慮して、不合理であってはならないとするのが「均衡待遇」である。

解答　ア

問題20：同一労働同一賃金ガイドライン案で述べられている内容について、【問題文A】および【問題文B】に示された、問題となる例と問題とならない例の組合せとして適切なものを1つ選びなさい。

【問題文A】基本給について労働者の職業経験・能力に応じて支給しているA社において、無期雇用フルタイム労働者であるXが有期雇用労働者であるYに比べて多くの職業経験を有することを理由として、Xに対して、Yよりも多額の支給をしているが、Xのこれまでの職業経験はXの現在の業務に関連性を持たない。

【問題文B】B社においては、同じ職業経験・能力の無期雇用フルタイム労働者であるXとパートタイム労働者であるYがいるが、就業時間について、その時間帯や土日祝日か否かなどの違いにより、XとYに共通に適用される基準を設定し、時給（基本給）に差を設けている。

ア．A＝問題となる例　　　　B＝問題とならない例
イ．A＝問題となる例　　　　B＝問題となる例
ウ．A＝問題とならない例　　B＝問題とならない例
エ．A＝問題とならない例　　B＝問題となる例

解説
本問は、同一労働同一賃金ガイドライン案についての理解を問うものである。

Aは「問題となる例」であり、Bは「問題とならない例」である。
Aの場合、これまでの職業経験が現在の業務に関連性を持たないにも関わらず「多くの職業経験を有する」ことを理由として、無期雇用フルタイム労働者を優遇しているという点が問題となる。

「基本給について、労働者の職業経験・能力に応じて支給しようとする

場合、無期雇用フルタイム労働者と同一の職業経験・能力を蓄積している有期雇用労働者又はパートタイム労働者には、職業経験・能力に応じた部分につき、同一の支給をしなければならない。また、蓄積している職業経験・能力に一定の違いがある場合においては、その相違に応じた支給をしなければならない」(『同一労働同一賃金ガイドライン案』)。

解答　ア

問題21：現行の労働契約法における無期転換ルールに関する以下のアからエまでの記述のうち、<u>誤っている</u>ものを1つ選びなさい。

ア．無期転換ルールとは、有期労働契約が反復更新されて通算5年を超えた時に、労働者の申込みにより、期間の定めのない労働契約（無期労働契約）に転換されるルールのことである。

イ．有期労働契約の労働者の契約期間が1年の場合、5回目の更新後の1年間に、契約期間が3年の場合、1回目の更新後の3年間に無期転換の申込権が発生する。

ウ．無期転換ルールにより、無期労働契約に転換された者に対しては、賃金や労働時間などその他の労働条件も正社員と同等にしなければならない。

エ．有期契約の満了前に使用者が更新年限や更新回数の上限などを一方的に設けたとしても、雇止めをすることは許されない場合もあるので、使用者には慎重な対応が求められる。

解説
本問は、無期転換ルールについての理解を問うものである。

ア　正しい。厚生労働省『有期契約労働者の無期転換ポータルサイト』では、「無期転換ルールとは、同一の使用者（企業）との間で、有期労働契約が反復更新されて通算5年を超えたときに、労働者の申込みによって無期労働契約に転換される

イ　正しい。「無期転換ルールとは、（中略）契約期間が1年の場合、5回目の更新後の1年間に、契約期間が3年の場合、1回目の更新後の3年間に無期転換の申込権が発生します」（厚生労働省『有期契約労働者の無期転換ポータルサイト』）。

ウ　誤り。「正社員と同等にしなければならない」が誤りである。無期転換ルールの適用が、そのまま「正社員化」を意味するわけではない。契約期間のみを有期契約から無期契約へ変更し、賃金や労働時間など、その他の労働条件は変更されない形態の「無期契約社員」もあり得る。企業には下記の3タイプのいずれがふさわしいのかを、社員本人の意向等を踏まえつつ決定し、中長期的な視点を持った登用のあり方をあらかじめ想定することが求められる。「無期への転換方法には、主に次の3タイプがあります。①雇用期間の変更　②多様な正社員への転換　③正社員への転換」（厚生労働省『有期契約労働者の無期転換ポータルサイト』）。従って、本記述は誤っている。

エ　正しい。「無期転換ルールを避けることを目的として、無期転換申込権が発生する前に雇止めをすることは、労働契約法の趣旨に照らして望ましいものではありません。また、有期契約の満了前に使用者が更新年限や更新回数の上限などを一方的に設けたとしても、雇止めをすることは許されない場合もありますので、慎重な対応が必要です」（厚生労働省『有期契約労働者の無期転換ポータルサイト』）。

解答　ウ

問題22：働き方改革実行計画における同一労働同一賃金ガイドライン案に関する以下のアからエまでの記述のうち、<u>誤っているもの</u>を1つ選びなさい。

ア．同一労働同一賃金ガイドライン案は、同一の企業・団体における、正規雇用労働者と非正規雇用労働者の間の不合理な待遇差を是正することを目的としている。
イ．昇給について、勤続による職業能力の向上に応じて行おうとする場合には、同様の職業能力の向上には同一の、違いがあれば違いに応じた昇給を行わなければならない。
ウ．業務の危険度等に応じて支給される特殊作業手当は、その業務の危険度等が異なった場合でも、無期雇用フルタイム労働者と有期雇用フルタイム労働者の間で区別することなく、同一でなければならない。
エ．同一労働同一賃金ガイドライン案の実効性を担保するため、パートタイム労働法、労働契約法及び労働者派遣法の改正を図ろうとしている。

解説

本問は、働き方改革実行計画の同一労働同一賃金ガイドライン案についての理解を問うものである。

ア　正しい。「本ガイドライン案は、同一の企業・団体における、正規雇用労働者と非正規雇用労働者の間の不合理な待遇差を是正することを目的としている」（『同一労働同一賃金ガイドライン案』）。
イ　正しい。「昇給について、勤続による職業能力の向上に応じて行おうとする場合、無期雇用フルタイム労働者と同様に勤続により職業能力が向上した有期雇用労働者又はパートタイム労働者に、勤続による職業能力の向上に応じた部分につき、同一の昇給を行わなければならない。また、勤続による職業能力の向上に一定の違いがある場合においては、そ

の相違に応じた昇給を行わなければならない」(『同一労働同一賃金ガイドライン案』)。

ウ　誤　り。業務の危険度等に応じて支給される特殊作業手当は、無期雇用フルタイム労働者、有期雇用フルタイム労働者又はパートタイム労働者という雇用形態とは関係なく、業務の危険度等によって、その特殊手当の内容が異なるとしている。
　「業務の危険度又は作業環境に応じて支給される特殊作業手当について、無期雇用フルタイム労働者と同一の危険度又は作業環境の業務に当たる有期雇用労働者又はパートタイム労働者には同一の支給をしなければならない」(『同一労働同一賃金ガイドライン案』)。従って、本記述は誤っている。

エ　正しい。「ガイドライン案の実効性を担保するため、裁判（司法判断）で救済を受けることができるよう、その根拠を整備する法改正を行う。具体的には、パートタイム労働法、労働契約法、及び労働者派遣法の改正を図る」(『働き方改革実行計画』概要P.10)。

解答　ウ

問題23：次の図は、総務省の労働力調査（2016年）における非正規の職員・従業員が現在の雇用形態についた主な理由（男女別割合）を示している。（　）に入る最も適切な語句の組合せを、以下のアからエまでのうち1つ選びなさい。

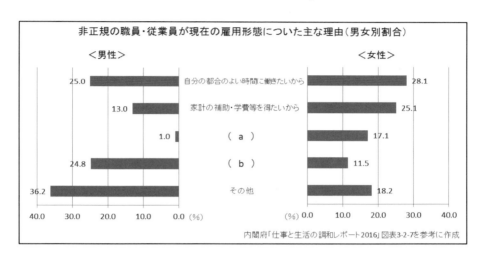

ア．a．正規の職員・従業員の仕事がないから
　　b．専門的な技能等をいかせるから
イ．a．家事・育児・介護等と両立しやすいから
　　b．専門的な技能等をいかせるから
ウ．a．家事・育児・介護等と両立しやすいから
　　b．正規の職員・従業員の仕事がないから
エ．a．通勤時間が短いから
　　b．正規の職員・従業員の仕事がないから

解説
本問は、非正規雇用者が非正規の職に就いた理由についての理解を問うものである。

aには「家事・育児・介護等と両立しやすいから」、bには「正規の職員・

従業員の仕事がないから」が該当する。

非正規の職員・従業員について、男女別に現職の雇用形態についた主な理由をみると、男女共に「自分の都合のよい時間に働きたいから」が最も多く、男性は前年に比べ10万人増加し、女性は12万人増加した。
男女共に「正規の職員・従業員の仕事がないから」は前年と比べ減少しているが、男性における割合は依然として高くなっている。

解答　ウ

問題24：平成28年版厚生労働白書における非正規雇用の現状と対策に関する以下のアからエまでの記述のうち、誤っているものを1つ選びなさい。

ア．近年、パートタイム労働者、派遣労働者といった非正規雇用労働者は全体として減少傾向にあり、2015年には役員を除く雇用者全体の4分の1程度を占めている。
イ．正規雇用を希望しながらそれがかなわず、非正規雇用で働く者（不本意非正規）も存在し、特に25～34歳の若年層で26.5％（2015年）と高くなっている。
ウ．厚生労働大臣を本部長として「正社員転換・待遇改善実現本部」を2015年9月に設置し、今後5年間の正社員転換・待遇改善に係る目標や取組みをまとめた「正社員転換・待遇改善実現プラン」を2016年1月に策定した。
エ．ニート、フリーターなどの正規雇用化等の早期実現を図るため、これらの者を公共職業安定所等の紹介を通じて一定期間試行雇用する事業主に対して助成措置（トライアル雇用奨励金）を講じている。

解説

本問は、平成28年版厚生労働白書における非正規雇用の現状と対策についての理解を問うものである。

ア 誤り。「減少傾向」、「4分の1程度」が誤りである。非正規雇用労働者はむしろ増加する傾向にある。「近年、有期契約労働者やパートタイム労働者、派遣労働者といった非正規雇用労働者は全体として増加傾向にあり、2015年には約1,980万人と、役員を除く雇用者全体の3分の1超を占める状況にある」(厚生労働省『平成28年版厚生労働白書』P.302)。従って、本記述は誤っている。

イ 正しい。「高齢者や学生アルバイトなど、非正規雇用の全てが問題というわけではないが、正規雇用を希望しながらそれがかなわず、非正規雇用で働く者(不本意非正規)も16.9%(2015年)存在し、特に25～34歳の若年層で26.5%(2015年)と高くなっている」(厚生労働省『平成28年版厚生労働白書』P.302)。

ウ 正しい。「厚生労働大臣を本部長として「正社員転換・待遇改善実現本部」を2015年9月に設置し、今後5年間の正社員転換・待遇改善に係る目標や取組みをまとめた「正社員転換・待遇改善実現プラン」を2016年1月に策定した」(厚生労働省『平成28年版厚生労働白書』P.302)。

エ 正しい。「ニート、フリーターなどの職業経験、技能、知識の不足等から安定的な就職が困難な求職者について、正規雇用化等の早期実現を図るため、これらの者を公共職業安定所等の紹介を通じて一定期間試行雇用する事業主に対して助成措置(トライアル雇用奨励金)を講じているところである」(厚生労働省『平成28年版厚生労働白書』P.302,303)。

解答　ア

問題25：働き方改革実行計画における同一労働同一賃金ガイドライン案に関する以下のアからエまでの記述のうち、誤っているものを１つ選びなさい。

ア．基本給について、労働者の職業経験・能力に応じて支給する場合、無期雇用フルタイム労働者とパートタイム労働者で職業経験・能力の相違に応じた支給をしなければならない。
イ．病気休職について、無期雇用パートタイム労働者には無期雇用フルタイム労働者と同一の付与をしなければならず、有期雇用労働者にも労働契約の残存期間を踏まえて、付与しなければならない。
ウ．会社の業績等への貢献に応じて支給される賞与などの手当について、無期雇用フルタイム労働者と有期雇用労働者で貢献の度合いが異なる場合でも、両者に同一の支給をしなければならない。
エ．リフレッシュ休暇などの会社が独自に与える法定外年休・休暇（慶弔休暇を除く）について、勤続期間に応じて認めている場合、有期雇用労働者が有期労働契約を更新している場合には、当初の契約期間から通算した期間を勤続期間として算定することを要する。

解説
本問は、同一労働同一賃金ガイドライン案における有期雇用労働者等への均等・均衡待遇についての理解を問うものである。

ア　正しい。「基本給について、労働者の職業経験・能力に応じて支給しようとする場合、無期雇用フルタイム労働者と同一の職業経験・能力を蓄積している有期雇用労働者又はパートタイム労働者には、職業経験・能力に応じた部分につき、同一の支給をしなければならない。また、蓄積している職業経験・能力に一定の違いがある場合においては、その相違に応じた支給をしなければならない」（『同一労働同一賃金ガイドライン案』）。
イ　正しい。病気休職については、「無期雇用パートタイム労働者には、

無期雇用フルタイム労働者と同一の付与をしなければならない。また、有期雇用労働者にも、労働契約の残存期間を踏まえて、付与をしなければならない」(『同一労働同一賃金ガイドライン案』)。

ウ　誤　り。「両者に同一の支給をしなければならない」が誤りである。「賞与について、会社の業績等への貢献に応じて支給しようとする場合、無期雇用フルタイム労働者と同一の貢献である有期雇用労働者又はパートタイム労働者には、貢献に応じた部分につき、同一の支給をしなければならない。また、貢献に一定の違いがある場合においては、その相違に応じた支給をしなければならない」(『同一労働同一賃金ガイドライン案』)。従って、本記述は誤っている。

エ　正しい。「法定外年休・休暇（慶弔休暇を除く）について、勤続期間に応じて認めている場合、無期雇用フルタイム労働者と同一の勤続期間である有期雇用労働者又はパートタイム労働者には、同一の付与をしなければならない。なお、有期労働契約を更新している場合には、当初の契約期間から通算した期間を勤続期間として算定することを要する」(『同一労働同一賃金ガイドライン案』)。

解答　ウ

問題26：同一労働同一賃金ガイドライン案で述べられている内容について、【問題文A】および【問題文B】に示された、問題となる例と問題とならない例の組合せとして適切なものを、以下のアからエまでのうち1つ選びなさい。

【問題文A】深夜・休日労働手当について、A社においては、無期雇用フルタイム労働者であるXと同じ時間、深夜・休日労働を行ったパートタイム労働者であるYに、勤務時間が短いことから、深夜・休日労働手当の単価もフルタイム労働者より低くしている。

【問題文B】賞与について、会社の業績等への貢献に応じた支給をしているB社において、無期雇用フルタイム労働者であるWと同一の会社業績への貢献がある有期雇用労働者であるZに対して、Wと同一の支給をしている。

ア．A＝問題となる例　　　B＝問題とならない例
イ．A＝問題となる例　　　B＝問題となる例
ウ．A＝問題とならない例　B＝問題とならない例
エ．A＝問題とならない例　B＝問題となる例

解説

本問は、同一労働同一賃金ガイドライン案で述べられている内容についての理解を問うものである。

Aは「問題となる例」であり、Bは「問題とならない例」である。
同一労働同一賃金ガイドライン案では、「無期雇用フルタイム労働者と同一の深夜・休日労働を行った有期雇用労働者又はパートタイム労働者には、同一の割増率等で支給をしなければならない。」とされている。Aの場合、無期雇用フルタイム労働者であるXと同じ時間、深夜・休日労働を行ったパートタイム労働者であるYに、勤務時間が短いという理由で深夜・休日労働手当の単価を低くしているのが問題となる（『同一労働同一賃金ガイドライン案』）。

解答　ア

⑥ 賃金引上げと労働生産性向上

問題27：働き方改革実行計画における賃金引上げに関する次の文章中の（　）に入る最も適切な語句を、以下のアからエまでのうち1つ選びなさい。

　最低賃金については、年率3％程度を目途として、名目GDP成長率にも配慮しつつ引き上げていく。これにより、全国加重平均が（　　）円になることを目指す。このような最低賃金の引き上げに向けて、中小企業、小規模事業者の生産性向上等のための支援や取引条件の改善を図る。

ア．800　　　　イ．1,000　　　　ウ．1,200　　　　エ．1,500

解説

本問は、働き方改革実行計画における賃金引上げについての理解を問うものである。

働き方改革実行計画における賃金引上げに関する記述は、次のとおりである。

最低賃金については、年率3％程度を目途として、名目GDP成長率にも配慮しつつ、引き上げていく。これにより、全国加重平均が**1,000**円になることを目指す。このような最低賃金の引上げに向けて、中小企業、小規模事業者の生産性向上等のための支援や取引条件の改善を図る。

「過去最高の企業収益を継続的に賃上げに確実につなげ、近年低下傾向にある労働分配率を上昇させ、経済の好循環をさらに確実にすることにより総雇用者所得を増加させていく。このため、最低賃金については、年率3％程度を目途として、名目GDP成長率にも配慮しつつ引き上げていく。これにより、全国加重平均が1,000円になることを目指す。このような最低賃金の引き上げに向けて、中小企業、小規模事業者の生産性向上等のための支援や取引条件の改善を図る」（『働き方改革実行計画』本文P.10）。

解答　イ

問題28：次の表は、厚生労働省による民間企業における賃金引上げ等の実態に関する調査結果の一部を示している。（　）に入る最も適切な語句の組合せを、以下のアからエまでのうち１つ選びなさい。

賃金の改定の決定に当たり最も重視した要素

（ a ）	世間相場	雇用の維持	（ b ）	（ c ）	労使関係の安定	親会社又は関連会社の改定	前年度の改定実績
51.4%	4.2%	4.6%	11.0%	0.2%	1.6%	5.9%	2.7%

厚生労働省「平成28年賃金引上げ等の実態に関する調査」より作成

ア．a．企業の業績　　　　　　b．物価の動向
　　c．労働力の確保・定着

イ．a．企業の業績　　　　　　b．労働力の確保・定着
　　c．物価の動向

ウ．a．労働力の確保・定着　　b．企業の業績
　　c．物価の動向

エ．a．労働力の確保・定着　　b．物価の動向
　　c．企業の業績

解説

本問は、賃金の改定に当たり最も重視した要素についての理解を問うものである。

平成28年中に賃金の改定を実施し又は予定していて額も決定している企業について、賃金の改定に当たり最も重視した要素を見ると、「企業の実績」が51.4％と最も多く、「労働力の確保・定着」が11.0％となっている。

賃金の改定の決定に当たり最も重視した要素

企業の実績	世間相場	雇用の維持	**労働力の確保・定着**	**物価の動向**	労使関係の安定	親会社又は関連会社の改定	前年度の改定実績
51.4%	4.2%	4.6%	11.0%	0.2%	1.6%	5.9%	2.7%

厚生労働省「平成28年賃金引上げ等の実態に関する調査」より作成

解答　イ

問題29：OECD加盟諸国の時間当たり労働生産性に関する次の図中の（　）に入る最も適切な語句の組合せを、以下のアからエまでのうち1つ選びなさい。

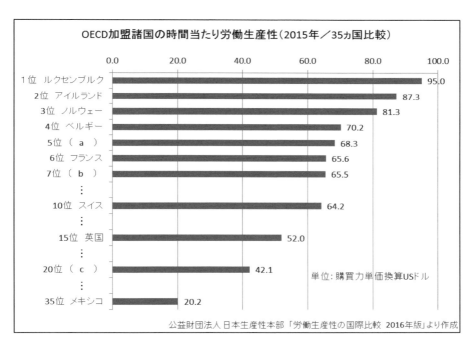

ア．a．日本　　　b．イタリア　　c．ドイツ
イ．a．米国　　　b．ドイツ　　　c．日本
ウ．a．ドイツ　　b．日本　　　　c．デンマーク
エ．a．米国　　　b．日本　　　　c．オーストリア

解説
本問は、OECD加盟諸国の時間当たりの労働生産性についての理解を問うものである。
我が国の労働生産性は、フランス（65.6）、ドイツ（65.5）、米国（68.3）、英国（52.0）といったOECD主要国の中では低い水準にあり、特に、時間あたりの労働生産性が低く、主要国との差は拡大傾向にある。2015年

の日本の時間当たりの労働生産性は、42.1ドルとなっており、OECD加盟35カ国中20位になっている。

解答　イ

問題30：働き方改革実行計画における賃金引上げと労働生産性向上に関する以下のアからエまでの記述のうち、下線部の内容が誤っているものを1つ選びなさい。

ア．平均賃金の引上げを支援するため、中小企業・小規模事業者の生産性向上を目的とした設備投資などにかかった費用の一部を助成する「業務改善助成金」の制度が拡充された。

イ．事業所における生産性向上の取組みを支援するため、生産性を向上させた事業所が対象となる労働関係助成金を利用する場合、一定の条件により、その助成額又は助成率の割増等を行う仕組みを導入した。

ウ．生産性の向上、従業員の賃金アップ、離職率低下を実現した企業を助成する「人事評価改善等助成金」を創設した。

エ．「下請代金の支払い手段についての通達」など、強化された下請関係法令の周知徹底を図り、大企業の収益が下請の中小企業の収益として波及するよう、取引条件の改善に取組む。

解説
本問は、働き方改革実行計画における賃金引き上げと労働生産性向上の環境整備についての理解を問うものである。

ア　誤り。「平均賃金の引上げ」が誤りで、正しくは「最低賃金の引上げ」である。
「最低賃金の引上げに向け、生産性向上のために設備投資などを行い、事業場内で最も低い賃金を一定額以上引き上げた中小企業・小規模事業者に対し、設備投資などにかかっ

た費用の一部を助成する制度を拡充する」(『働き方改革実行計画』工程表P.34)。「業務改善助成金」の拡充は平成28年度第二次補正予算等に基づき、措置が取られた。従って、本記述は誤っている。

イ　正しい。「雇用保険法を改正し、雇用関係助成金の理念に「生産性向上の実現の後押し」を追加し、生産性向上要件を満たす場合に、優遇助成する仕組みを導入する」(『働き方改革実行計画』工程表P.35)。厚生労働省パンフレット『労働生産性を向上させた事業所は労働関係助成金が割増されます』では、生産性を向上させた事業所が労働関係助成金（一部）を利用する場合、その助成額または助成率の割増し等を行う旨を述べている。

ウ　正しい。「生産性向上に資する人事評価制度及び賃金制度を整備し、生産性の向上、従業員の賃金アップ、離職率低下を実現した企業を助成する制度を創設する」(『働き方改革実行計画』工程表P.35)。「人事評価改善等助成金」は2017年4月1日から開始している。

エ　正しい。「一層拡大した大企業の収益が全国津々浦々の下請の中小企業の収益として波及するよう取引条件の改善に取り組む。このため、強化された関係法令（下請法の運用基準を13年ぶりに抜本改定、下請代金の支払いについて通達を50年ぶりに見直し）の周知徹底、浸透を図る」(『働き方改革実行計画』工程表P.35)。

解答　ア

⑦ 長時間労働の是正

問題31：働き方改革実行計画における長時間労働の是正に関する以下のアからエまでの記述のうち、<u>誤っている</u>ものを1つ選びなさい。

ア．現行法における時間外労働の規制では、いわゆる36協定で定める時間外労働の限度を厚生労働大臣の限度基準告示で定めている。

イ．36協定では、締結できる時間外労働の上限を、原則、月60時間以内、かつ年360時間以内と定めているが、罰則等による強制力がない。

ウ．働き方改革実行計画によれば、罰則付き時間外労働の上限規制の導入に関して、週40時間を超えて労働可能となる時間外労働の限度を、原則として、月45時間、かつ、年360時間とし、違反には特例の場合を除いて罰則を課すとしている。

エ．働き方改革実行計画によれば、罰則付き時間外労働の上限規制の特例として、臨時的な特別の事情がある場合として、労使が合意して労使協定を結ぶ場合においても、上回ることができない時間外労働時間を年720時間としている。

解説
本問は、働き方改革実行計画における時間外労働の上限規制についての理解を問うものである。

ア　正しい。「現行の時間外労働の規制では、いわゆる36協定で定める時間外労働の限度を厚生労働大臣の限度基準告示で定めている」(『働き方改革実行計画』本文P.11)。

イ　誤り。「月60時間以内」が誤りで、正しくは「月45時間以内」である。「36協定で締結できる時間外労働の上限を、原則、月45時間以内、かつ年360時間以内と定めているが、罰則等

　　　　　　による強制力がない」(『働き方改革実行計画』本文P.11)。
　　　　　　従って、本記述は誤っている。
ウ　正しい。「週40時間を超えて労働可能となる時間外労働の限度を、
　　　　　　原則として、月45時間、かつ、年360時間とし、違反には
　　　　　　特例の場合を除いて罰則を課す」(『働き方改革実行計画』
　　　　　　本文P.11)。
エ　正しい。「特例として、臨時的な特別の事情がある場合として、労使
　　　　　　が合意して労使協定を結ぶ場合においても、上回ることが
　　　　　　できない時間外労働時間を年720時間（＝月平均60時間）
　　　　　　とする」(『働き方改革実行計画』本文P.11,12)。
※本問でいう、「現行（法）」とは、2017年12月時点のものを指します。

解答　イ

問題32：働き方改革実行計画で述べられている法改正による時間外労働の上限規制に関する以下のアからエまでの記述のうち、<u>誤っているもの</u>を１つ選びなさい。

ア．週40時間を超えて労働可能となる時間外労働の限度を、原則として、月45時間、かつ、年360時間とし、違反には特例の場合を除いて罰則を課す。

イ．上回ることのできない時間外労働の上限を、特例として臨時的な特別の事情があり、労使が合意して労使協定を結ぶ場合においても、年720時間とする。

ウ．一時的に事務量が増加する場合の時間外労働の上限については、休日労働を含む時間外労働が単月であれば120時間未満、２ヶ月～６ヶ月間であれば月平均で、いずれにおいても、80時間以内とする。

エ．臨時的な特別の事情がある場合でも、原則を上回る特例の適用は年６回を上限とする。

解説
本問は、時間外労働の上限規制についての理解を問うものである。

ア　正しい。週40時間を超えて労働可能となる時間外労働の限度を、原則として、月45時間、かつ、年360時間とし、違反には特例の場合を除いて罰則を課すとしている（『働き方改革実行計画』本文P.11）。

イ　正しい。特例として、臨時的な特別の事情がある場合として、労使が合意して労使協定を結ぶ場合においても、上回ることができない時間外労働時間を年720時間（＝月平均60時間）とする（『働き方改革実行計画』本文P.11,12）。

ウ　誤り。「120時間未満」が誤りで、正しくは「100時間未満」である。一時的に事務量が増加する場合の時間外労働の上限については、休日労働を含む時間外労働が単月であれば100時間未満、2ヶ月～6ヶ月間であれば月平均で、いずれにおいても、80時間以内としている（『働き方改革実行計画』本文P.12）。従って、本記述は誤っている。

エ　正しい。時間外労働の限度の原則は、月45時間、かつ、年360時間であることに鑑み、これを上回る特例の適用は、年半分を上回らないよう、年6回を上限とする（『働き方改革実行計画』本文P.12）。

解答　ウ

問題33: 次の図は時間外・休日労働時間と健康障害のリスクにおける関係性を示したものである。図中の（　）に入る最も適切な語句の組合せを、以下のアからエまでのうち１つ選びなさい。

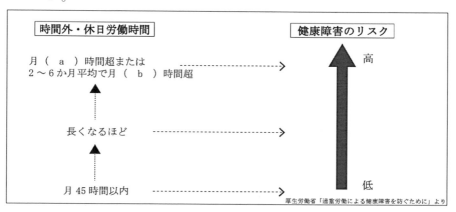

ア．a．100　　b．80　　イ．a．110　　b．90
ウ．a．120　　b．100　　エ．a．130　　b．110

解説

本問は、時間外・休日労働時間と健康障害のリスクについての理解を問うものである。

問題の図は厚生労働省『過重労働による健康障害を防ぐために』で示されている。
時間外・休日労働時間が長くなれば、それに伴って健康障害リスクが高まる。厚生労働省では脳・心臓疾患の労災認定について、医学的検討結果を踏まえ、発症前１ヶ月間に約100時間、または発症前２～６ヶ月間に１ヶ月あたり約80時間を超える時間外労働・休日労働時間が認められる場合、業務と発症との関連性が高まるとする評価基準を定めている（厚生労働省・都道府県労働局・労働基準監督署『脳・心臓疾患の労災認定』）。
これらの時間は、一般的には「過労死ライン」とも呼ばれている。

解答　ア

問題34：次の図は、労働者（正社員）の残業が発生する理由の回答率の高かった項目を順に5つ並べたものである。（　）に入る最も適切な語句の組合せを、以下のアからエまでのうち1つ選びなさい。

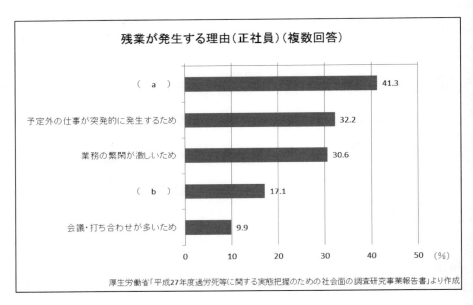

ア．a．人員が足りないため（仕事量が多いため）
　　b．仕事の締切や納期が短いため
イ．a．人員が足りないため（仕事量が多いため）
　　b．残業手当を増やしたいため
ウ．a．仕事の質を高めたいため
　　b．残業手当を増やしたいため
エ．a．仕事の締切や納期が短いため
　　b．後輩や同僚等の指導を担当しているため

解説
本問は、長時間労働の要因となる事柄についての理解を問うものである。

> aには「人員が足りないため（仕事量が多いため）」、bには「仕事の締切や納期が短いため」が入る。本調査で、残業が発生する理由の上位3つは設問のグラフの通りであるが、「会議・打ち合わせが多いため」(9.9%)、「仕事の質を高めたいため」(6.0%)、「後輩や同僚等の指導を担当しているため」(5.4%)、「残業手当を増やしたいため」(2.2%)は上位に挙っていない（厚生労働省『平成28年版過労死等防止対策白書』P.57）。

解答　ア

問題35：勤務間インターバル制度に関する【問題文A】から【問題文C】の内容として正しいものを、以下のアからエまでのうち1つ選びなさい。

【問題文A】「勤務間インターバル」とは、勤務終了後、次の勤務までに一定時間以上の「休息期間」を設けることで、働く人の生活時間や睡眠時間を確保するものであり、健康の確保や過重労働の防止にも資するものである。

【問題文B】職場意識改善助成金（勤務間インターバル導入コース）とは、労働時間等の設定の改善を図り、過重労働の防止及び長時間労働の抑制に向け勤務間インターバルの導入に取り組んだ際に、その実施に要した費用の一部を助成するものである。

【問題文C】働き方改革実行計画によれば、労働時間等の設定の改善に関する特別措置法を改正し、事業者は、前日の終業時刻と翌日の始業時刻の間に12時間以上の休息の確保に努めなければならない旨の努力義務を課すとしている。

ア．Aのみ誤っている。
イ．Bのみ誤っている。
ウ．Cのみ誤っている。
エ．すべて正しい。

解説
本問は、勤務間インターバル制度についての理解を問うものである。

A 正しい。「勤務間インターバルとは、勤務終了後、次の勤務までに一定時間以上の『休息期間』を設けることで、働く方の生活時間や睡眠時間を確保するものであり、健康の確保や過重労働の防止にも資するものである」（厚生労働省『職場意識改善助成金（勤務間インターバルコース）のご案内』）。

B 正しい。職場意識改善助成金（勤務間インターバル導入コース）とは、労働時間等の設定の改善を図り、過重労働の防止及び長時間労働の抑制に向け勤務間インターバルの導入に取り組んだ際に、その実施に要した費用の一部を助成するものである（厚生労働省HP『職場意識改善助成金（勤務間インターバル導入コース）』）。

C 誤り。働き方改革実行計画では、休息期間に関して「12時間以上」という記述はない。「労働時間等の設定の改善に関する特別措置法を改正し、事業者は、前日の終業時刻と翌日の始業時刻の間に一定時間の休息の確保に努めなければならない旨の努力義務を課し、制度の普及促進に向けて、政府は労使関係者を含む有識者検討会を立ち上げる」（『働き方改革実行計画』本文P.12）。従って、本記述は誤っている。

以上により、問題文ABは正しいが、Cは誤っている。従って、正解は肢ウとなる。

解答　ウ

問題36：「勤務間インターバル制度」の説明に関する以下のアからエまでの記述のうち、正しいものを1つ選びなさい。

ア．午前と午後の間の休息時間を確保すること。
イ．所定労働時間の終業から残業開始までの間の休息時間を確保すること。
ウ．終業から次の始業までの間の休息時間を確保すること。
エ．勤続年数の区切りの時期などに勤労者の心身の疲労回復等を目的として休暇を付与すること。

解説
本問は、勤務間インターバル制度についての理解を問うものである。

ア　誤り。いわゆる昼休みのことである。「労働時間が6時間を超える場合においては少くとも45分、8時間を超える場合においては少くとも1時間の休憩時間を労働時間の途中に与えなければならない」（労働基準法34条1項）。従って、本記述は誤っている。

イ　誤り。長時間労働に対する従業員の健康への配慮や、仕事の効率性を高めるために企業が独自に就業規則で定めることがある休憩時間のことで、法的には義務づけられていない。従って、本記述は誤っている。

ウ　正しい。厚生労働省『職場意識改善助成金（勤務間インターバルコース）のご案内』では、「勤務間インターバル」を次のように記している。「『勤務間インターバル』とは、休息時間数を問わず、就業規則等において『終業から次の始業までの休息時間を確保することを定めているもの』を指します。なお、就業規則等において、○時以降の残業を禁止し、かつ○時以前の始業を禁止する旨の定めや、所定外労働を行わない旨の定めがある等により、終業から次の始業までの休息時間が確保される場合においては、当該労働者について勤務間インターバルを導入しているものとします。」

エ　誤り。いわゆる「リフレッシュ休暇」のことで、法的に義務づけられているものではない。「職業生涯の節目に勤労者の心身の疲労回復等を目的として付与される休暇です。例えば、勤続3年ごとに5日間の休暇を付与することなどが考えられます」(厚生労働省『働き方・休み方改善ポータルサイト』)。従って、本記述は誤っている。

解答　ウ

問題37：次の表は働き方改革実行計画で示されている、現行の36協定で適用除外等の取扱いを受けている業種における、労働基準法改正後の対応内容である。（　）に入る最も<u>適切な</u>語句の組合せを、以下のアからエまでのうち1つ選びなさい。

業種名	労働基準法改正後の対応内容
（　a　）	専門的な知識、技術を有する者が従事し、業務の特殊性が存在するため、代替休暇の付与など実効性のある健康確保措置を課すことを前提に、その対象を明確化した上で（　b　）とする。
自動車運転	改正法の一般則の施行期日の5年後に、年（　c　）時間以内の規制を適用することとし、かつ、将来的には一般則の適用を目指す旨の規定を設ける。

ア．a．研究開発　　　b．適用除外　　c．960
イ．a．医師　　　　　b．適用除外　　c．720
ウ．a．研究開発　　　b．適用　　　　c．720
エ．a．建設　　　　　b．適用　　　　c．960

解説
本問は働き方改革実行計画で示されている、現行の36協定で適用除外等の取扱いを受けている業種と、それら業種の労働基準法改正後の対応内容についての理解を問うものである。
表の内容については、次のとおりである。

業種名	労働基準法改正後の対応内容
研究開発	専門的な知識、技術を有する者が従事し、業務の特殊性が存在するため、代替休暇の付与など実効性のある健康確保措置を課すことを前提に、その対象を明確化した上で**適用除外**とする。
自動車運転	改正法の一般則の施行期日の5年後に、年**960**時間以内の規制を適用することとし、かつ、将来的には一般則の適用を目指す旨の規定を設ける。

この他にも、働き方改革実行計画では、36協定で適用除外等の取扱いを受けている業種の対応内容として「医師」、「建設事業」についても示されている。

解答　ア

問題38：短時間正社員に関する以下のアからエまでの記述のうち、<u>誤っている</u>ものを1つ選びなさい。

ア．「短時間正社員」は、期間の定めのない労働契約（無期労働契約）を締結し、時間当たりの基本給及び賞与・退職金等の算定方法等がフルタイム正社員と同等であるが、フルタイム正社員と比較して、1週間の所定労働時間が短い労働者である。

イ．厚生労働省は、「短時間正社員制度導入支援マニュアル」を策定・公表し、「短時間正社員制度導入支援ナビ」を運用している。

ウ．短時間正社員は、子育て、介護、自己啓発等の事情により、従来のフルタイム正社員としての働き方では活躍できなかった意欲・能力の高い人材を正社員として確保・活用できる制度である。また、労働者にとっても、ワーク・ライフ・バランスの実現や正社員登用を通じたキャリア形成の実現、処遇の改善、職場全体の長時間労働の解消といったメリットが考えられる。

エ．厚生労働省の平成28年度雇用均等基本調査によると、短時間正社員制度（育児・介護のみを理由とする短時間・短日勤務は除く）がある事業所の割合は、2.5%である。

解説
本問は、短時間正社員についての理解を問うものである。

ア　正しい。「短時間正社員」は、期間の定めのない労働契約（無期労働契約）を締結し、時間当たりの基本給及び賞与・退職金等の算定方法等がフルタイム正社員と同等であるが、フルタイム正社員と比較して、1週間の所定労働時間が短い労働者である。

イ　正しい。厚生労働省は、「短時間正社員制度導入支援マニュアル」を策定・公表し、「短時間正社員制度導入支援ナビ」を運用している。

ウ　正しい。短時間正社員は、子育て、介護、自己啓発等の事情により、従来のフルタイム正社員としての働き方では活躍できなかった意欲・能力の高い人材を正社員として確保・活用できる制度である。また、労働者にとっても、ワーク・ライフ・バランスの実現や正社員登用を通じたキャリア形成の実現、処遇の改善、職場全体の長時間労働の解消といったメリットが考えられる。

エ　誤り。「2.5％」が誤りで、正しくは「21.2％」である。我が国では、短時間正社員制度がある事業所の割合は21.2％で、短時間正社員制度のある事業所において、平成27年10月1日から平成28年9月30日までの間に制度を利用した者の割合は2.5％であった。制度の利用者の男女比は、女性85.3％、男性14.7％であった（厚生労働省「平成28年度雇用等基本調査」）。従って、本記述は誤っている。

　　　　　　　　　　　　　　　　　　　　　　　　　解答　エ

第2章　試験対策問題集

問題39：パワーハラスメントに関する次の文章中の（　）に入る最も適切な語句の組合せを、以下のアからエまでのうち1つ選びなさい。

　　職場のパワーハラスメントとは、同じ職場で働く者に対して、職場内での（　a　）を背景に、業務の適正な範囲を超えて、精神的・身体的苦痛を与える又は（　b　）を悪化させる行為をいう。また、パワーハラスメントの定義には、部下から上司に対して行われる（　c　）。

ア．a．優位性　　b．経営状況　　c．ものは含まれない
イ．a．労働内容　b．経営状況　　c．ものが含まれる
ウ．a．労働内容　b．職場環境　　c．ものは含まれない
エ．a．優位性　　b．職場環境　　c．ものが含まれる

解説
本問は、パワーハラスメントについての理解を問うものである。
パワーハラスメントに関する記述は、次のとおりである。

職場のパワーハラスメントとは、同じ職場で働く者に対して、職場内での**優位性**を背景に、業務の適正な範囲を超えて、精神的・身体的苦痛を与える又は**職場環境**を悪化させる行為をいう。また、パワーハラスメントの定義には、部下から上司に対して行われる**ものが含まれる**。

「職場のパワーハラスメントとは、同じ職場で働く者に対して、職務上の地位や人間関係などの職場内での優位性を背景に、業務の適正な範囲を超えて、精神的・身体的苦痛を与える又は職場環境を悪化させる行為をいいます」（厚生労働省『パワーハラスメント対策導入マニュアル』）。「パワーハラスメントという言葉は、上司から部下へのいじめ・嫌がらせをさして使われる場合が多いですが、先輩・後輩間や同僚間、さらには部下から上司に対して行われるものもあります。「職場内での優位性」には、「職務上の地位」に限らず、人間関係や専門知識、経験などの様々な優位性が含まれます」（厚生労働省『パワーハラスメント対策導入マニュアル』）。

解答　エ

⑧ 柔軟な働き方がしやすい環境整備

問題40：働き方改革実行計画で述べられている非雇用型テレワークに関する以下のアからエまでの記述のうち、<u>誤っている</u>ものを１つ選びなさい。

ア．事業主と雇用関係にない請負契約等に基づく非雇用（自営業・自由業・内職等）で行うテレワークを非雇用型テレワークという。

イ．非雇用型テレワークの働き手は、仕事内容の一方的な変更やそれに伴う過重労働、不当に低い報酬やその支払い遅延など、発注者等との間で様々なトラブルに直面している。

ウ．厚生労働省による現行の非雇用型テレワークの発注者向けガイドラインでは、仲介手数料や著作権の取扱の明示など、仲介事業者に求められるルールが明確化されている。

エ．非雇用型テレワークを始めとする雇用類似の働き方が拡大している現状に鑑み、その実態を把握し、政府は有識者会議を設置し法的保護の必要性を中長期的課題として検討する。

解説

本問は、働き方改革実行計画で述べられている非雇用型テレワークについての理解を問うものである。

ア　正しい。「事業者と雇用契約を結ばずに仕事を請け負い、自宅等で働くテレワークを「非雇用型テレワーク」という」（『働き方改革実行計画』本文P.16）。

イ　正しい。「非雇用型テレワークの働き手は、仕事内容の一方的な変更やそれに伴う過重労働、不当に低い報酬やその支払い遅延、提案形式で仮納品した著作物の無断転用など、発注者や仲介事業者との間で様々なトラブルに直面している」（『働き方改革実行計画』本文P.16）。

ウ　誤り。「明確化されている」が誤りである。厚生労働省による現行の非雇用型テレワークの発注者向けガイドラインでは、仲

介業者に求められるルールが明確化されていない。「現行の非雇用型テレワークの発注者向けガイドラインを改定し、仲介事業者が一旦受注して働き手に再発注する際にも当該ガイドラインを守るべきことを示すとともに、契約文書のない軽易な取引や著作物の仮納品が急増しているなどクラウドソーシングの普及に伴うトラブルの実態を踏まえ、仲介手数料や著作権の取扱の明示など、仲介事業者に求められるルールを明確化し、その周知徹底及び遵守を図る」(『働き方改革実行計画』P.16)。従って、本記述は誤っている。

エ　正しい。「非雇用型テレワークを始めとする雇用類似の働き方が拡大している現状に鑑み、その実態を把握し、政府は有識者会議を設置し法的保護の必要性を中長期的課題として検討する」(『働き方改革実行計画』本文P.16)。

解答　ウ

問題41：テレワークに関する次の文章中の（　）に入る最も適切な組合せを、以下のアからエまでのうち1つ選びなさい。

　雇用型テレワークとは、（　a　）を活用し、（　b　）柔軟な働き方のことであり、（　c　）の管理方法などについて、適正なルールづくりをすることが重要である。

ア．a．IoT　　b．伝統的な社員区分制度を変更する
　　c．通信費・交通費など経費

イ．a．ICT　　b．時間や場所を有効に活用できる
　　c．始業・終業時刻など労働時間

ウ．a．IoT　　b．時間や場所を有効に活用できる
　　c．始業・終業時刻など労働時間

エ．a．ICT　　b．伝統的な社員区分制度を変更する
　　c．通信費・交通費など経費

解説
本問は、テレワークについての理解を問うものである。
テレワークに関する記述は、次のとおりである。

雇用型テレワークとは、<u>ICT</u>を活用し、**時間や場所を有効に活用できる**柔軟な働き方のことであり、**始業・終業時刻など労働時間**の管理方法などについて、適正なルールづくりをすることが重要である。

「テレワークとは、『ICT（情報通信技術）を活用し、時間や場所を有効に活用できる柔軟な働き方』です。インターネットなどのICTを利用することで、本来勤務する場所から離れ、自宅などで仕事をすることができます」
「テレワークは、所属するオフィスから離れて仕事を行うため、始業・終業時刻など労働時間の管理方法などについて、適正なルールづくりをすることが重要です」（厚生労働省『テレワークではじめる働き方改革』）。

解答　イ

第2章 試験対策問題集

問題42：働き方改革実行計画における柔軟な働き方がしやすい環境整備に関する次の文章中の（　）に入る最も適切な語句の組合せを、以下のアからエまでのうち1つ選びなさい。

　　副業や兼業は、（　a　）、オープンイノベーションや、労働者の起業の手段、（　b　）として有効であるが、複数の事業所で働く人の保護等の観点や副業・兼業を普及促進させる観点から、公平な（　c　）、労働時間管理及び健康管理のルールなどの整備が必要である。

ア．a．新たな技術の開発　　b．企業への忠誠心の涵養
　　c．賃金体系
イ．a．継続的な技術の継承　b．企業への忠誠心の涵養
　　c．社会保険制度
ウ．a．新たな技術の開発　　b．第2の人生の準備
　　c．社会保険制度
エ．a．継続的な技術の継承　b．第2の人生の準備
　　c．賃金体系

解説
本問は、働き方改革実行計画における副業・兼業についての理解を問うものである。
働き方改革実行計画における副業・兼業に関する記述は、次のとおりである。

副業や兼業は、**新たな技術の開発**、オープンイノベーションや、労働者の起業の手段、**第2の人生の準備**として有効であるが、複数の事業所で働く人の保護等の観点や副業・兼業を普及促進させる観点から、公平な**社会保険制度**、労働時間管理及び健康管理のルールなどの整備が必要である。

柔軟な働き方のひとつとして副業・兼業の推進がある。副業・兼業を禁

止する企業は多いが、働き方改革実行計画では、「副業や兼業は、新たな技術の開発、オープンイノベーションや起業の手段、そして第2の人生の準備として有効」とされている。さらに、「複数の事業所で働く方の保護等の観点や副業・兼業を普及促進させる観点から、雇用保険及び社会保険の公平な制度の在り方、労働時間管理及び健康管理の在り方、労災保険給付の在り方について、検討を進める」とされている。

解答　ウ

問題43：テレワークに関する以下のアからエまでの記述のうち、<u>誤っ</u>ているものを1つ選びなさい。

ア．テレワークは時間や空間の制約にとらわれることなく働くことができる為、子育て、介護と仕事の両立の手段となり、多様な人材の能力発揮が可能となる。

イ．雇用型テレワークとは、事業者と雇用契約を結んだ労働者が自宅等で働く形態で、種類として在宅型テレワーク、サテライト型テレワーク、モバイル型テレワークがある。

ウ．モバイル型テレワークとは、ノートパソコン、携帯電話等を活用して、自社の他事業所、又は共同利用型のオフィス等で行うテレワークである。

エ．働き方改革実行計画には、これまで在宅勤務に限定されていた雇用型テレワークのガイドラインを改定し、併せて、長時間労働を招かないよう、労働時間管理の仕方も整理すると述べられている。

解説
本問は、テレワークについての理解を問うものである。

ア　正しい。「テレワークは時間や空間の制約にとらわれることなく働くことができるため、子育て、介護と仕事の両立の手段と

なり、多様な人材の能力発揮が可能となる」(『働き方改革実行計画』本文P.15)。

イ　正しい。「事業者と雇用契約を結んだ労働者が自宅等で働くテレワークを『雇用型テレワーク』という。近年、モバイル機器が普及し、自宅で働く形態だけでなく、サテライトオフィス勤務やモバイル勤務といった新たな形態のテレワークが増加している」(『働き方改革実行計画』本文P.15)。

ウ　誤り。本肢の説明はサテライト型テレワークの説明である。モバイル型テレワークとは、ノートパソコン、携帯電話等を活用して、顧客先・訪問先・外回り先、喫茶店・図書館・出張先のホテル等、または移動中に行うテレワークのことである(国土交通省『平成28年度テレワーク人口実態調査』)。従って、本記述は誤っている。

エ　正しい。「これまでは自宅での勤務に限定されていた雇用型テレワークのガイドラインを改定し、併せて、長時間労働を招かないよう、労働時間管理の仕方も整理する」(『働き方改革実行計画』本文P.15)。

解答　ウ

⑨ 病気の治療、子育て・介護等と仕事の両立、障害者就労の推進

問題44：両立支援等助成金に関する以下のアからエまでの記述のうち、<u>誤っている</u>ものを１つ選びなさい。

ア．企業主導型保育事業助成金とは、従業員の多様な働き方に応じた保育の提供が可能となるよう、企業が主導して設置する事業所内保育施設について、その整備・運営に係る費用の一部を助成する制度である。

イ．出生時両立支援助成金とは、女性労働者が育児休業を取得しやすい職場風土作りに取組み、子の出生後に育児休業を取得した女性労働者が生じた事業主に一定金額を助成する制度である。

ウ．介護離職防止支援助成金とは、仕事と介護の両立のための職場環境整備に取組むとともに、介護に直面する労働者の「介護支援プラン」を作成・導入し、介護休業や介護のための勤務制限制度を利用した労働者が生じた事業主に一定金額を助成する制度である。

エ．中小企業両立支援助成金（代替要員確保コース）とは、育児休業取得者の代替要員を確保し、育児休業取得者を原職等に復帰させた事業主に一定金額を助成する制度である。

解説
本問は、両立支援等助成金についての理解を問うものである。

ア　正しい。企業主導型保育事業助成金とは、従業員の多様な働き方に応じた保育の提供が可能となるよう、企業が主導して設置する事業所内保育施設について、その整備・運営に係る費用の一部を助成する制度である（厚生労働省『ワーク・ライフ・バランスレポート2016』P.41）。

イ　誤り。出生時両立支援助成金とは、女性労働者ではなく、男性労働者の育児休業の取得を推進するための助成金である。出

生時両立支援助成金とは、「男性労働者が育児休業を取得しやすい職場風土作りに取組み、子の出生後に育児休業を取得した男性労働者が生じた事業主に一定金額を助成」する制度である（厚生労働省『ワーク・ライフ・バランスレポート2016』P.41）。従って、本記述は誤っている。

ウ　正しい。介護離職防止支援助成金とは、仕事と介護の両立のための職場環境整備に取組むとともに、介護に直面する労働者の「介護支援プラン」を作成・導入し、介護休業や介護のための勤務制限制度を利用した労働者が生じた事業主に一定金額を助成する制度である（厚生労働省『ワーク・ライフ・バランスレポート2016』P.41）。

エ　正しい。中小企業両立支援助成金（代替要員確保コース）とは、育児休業取得者の代替要員を確保し、育児休業取得者を原職等に復帰させた事業主に一定金額を助成する制度である（厚生労働省『ワーク・ライフ・バランスレポート2016』P.41）。

解答　イ

問題45：働き方改革実行計画で述べられている病気の治療と仕事の両立に関する以下のアからエまでの記述のうち、誤っているものを1つ選びなさい。

ア．病気を治療しながら仕事をしている人は多く、また、病気を理由に仕事を辞めざるを得ない人、仕事を続けていても職場の理解が乏しいなど治療と仕事の両立が困難な状況に直面している人も多い。

イ．産業医の独立性や中立性を高めるなど産業医の在り方を見直し、産業医等が医学専門的な立場から働く人たちの健康確保のためにより一層効果的な活動を行いやすい環境を整備する。

ウ．治療と仕事の両立等の観点から傷病手当金の支給要件等について検討し、必要な措置を講ずる。

エ．労働者の治療と仕事の両立を進めていくためには、主治医、患者、両立支援コーディネーターの3者からなるトライアングル型のサポート体制を構築していく。

解説

本問は、働き方改革実行計画で述べられている病気の治療と仕事の両立についての理解を問うものである。

ア　正しい。「病気を治療しながら仕事をしている方は、労働人口の3人に1人と多数を占める。病気を理由に仕事を辞めざるを得ない方々や、仕事を続けていても職場の理解が乏しいなど治療と仕事の両立が困難な状況に直面している方々も多い」(『働き方改革実行計画』本文P.20)。

イ　正しい。「産業医の独立性や中立性を高めるなど産業医の在り方を見直し、産業医等が医学専門的な立場から働く方一人ひとりの健康確保のためにより一層効果的な活動を行いやすい環境を整備する」(『働き方改革実行計画』本文P.20)。

ウ　正しい。「治療と仕事の両立等の観点から傷病手当金の支給要件等について検討し、必要な措置を講ずる」(『働き方改革実行

計画』本文P.21)。

エ　誤 り。「主治医、患者、両立支援コーディネーター」が誤りで、正しくは「主治医、会社・産業医、両立支援コーディネーター」である。トライアングル型サポートとは、治療と仕事の両立に向け、患者を中心とした主治医、会社・産業医、両立支援コーディネーター3者によるサポート体制のことをいう。「病気の治療と仕事の両立を社会的にサポートする仕組みを整え、病を患った方々が、生きがいを感じながら働ける社会を目指す。具体的には、治療と仕事の両立に向けて、主治医、会社・産業医と、患者に寄り添う両立支援コーディネーターのトライアングル型のサポート体制を構築する」(『働き方改革実行計画』本文P.20)。従って、本記述は誤っている。

解答　エ

問題46：待機児童問題の現状に関する次の文章および図中の（　）に入る最も適切な語句の組合せを、以下のアからエまでのうち1つ選びなさい。

　　（　a　）は近年増加傾向にあり、特に2015年には前年と比べ大きく増加した。（　b　）は、2011年以降2014年まで4年連続して減少していたが、2015年以降は（　a　）が大きく増加したにも関わらず、増加傾向になっている。

ア．a. 保育所等定員　　b. 待機児童数
イ．a. 保育士数　　　　b. 待機児童数
ウ．a. 保育所等定員　　b. 保育士数
エ．a. 待機児童数　　　b. 保育所等定員

解説
本問は、待機児童問題の現状についての理解を問うものである。
待機児童問題の現状に関する記述は、次のとおりである。

<u>保育所等定員</u>は近年増加傾向にあり、特に2015年には前年と比べ大きく増加した。<u>待機児童数</u>は、2011年以降2014年まで4年連続して減少していたが、2015年以降は<u>保育所等定員</u>が大きく増加したにも関わらず、増加傾向になっている。

待機児童数は2011年以降2014年まで4年連続して減少していたが、2015年には保育所等の定員が大きく増加したにも関わらず、5年ぶりに増加に転じている。これは女性の社会進出で共働き世帯が増えていること、都市部の保育所等での定員不足などが原因と言われている。働き方改革では「待機児童解消加速化プラン」に基づき、保育所整備（「ハコ」）、保育士の確保（「ヒト」）両面からの「待機児童ゼロ」へ向けての取組みを示している。

解答　ア

⑩ 外国人材の受入れ

問題47：日本の外国人労働者に関する次の文章および図中の（　）に入る最も適切な語句の組合せを、以下のアからエまでのうち1つ選びなさい。

　我が国の外国人労働者数は増加傾向にあり、2016年に約108万人となっている。かつては、（　a　）の在留資格を持った労働者の数が（　b　）の労働者を上回っていたが、2014年を境に逆転している。
　働き方改革実行計画では、（　a　）の外国人材については、我が国の経済社会の活性化に資することから、積極的に受け入れることが重要であり、外国人材にとっても魅力ある（　c　）等を整備していく必要があるとしている。

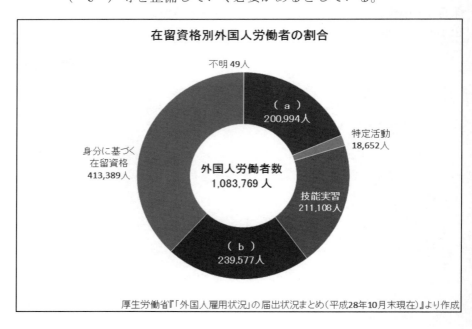

在留資格別外国人労働者の割合

不明 49人
（a）200,994人
特定活動 18,652人
身分に基づく在留資格 413,389人
外国人労働者数 1,083,769人
技能実習 211,108人
（b）239,577人

厚生労働省『「外国人雇用状況」の届出状況まとめ（平成28年10月末現在）』より作成

ア．a．専門的・技術的分野　　　b．資格外活動（留学など）
　　c．住宅環境
イ．a．資格外活動（留学など）　　b．専門的・技術的分野
　　c．就労環境
ウ．a．資格外活動（留学など）　　b．専門的・技術的分野
　　c．住宅環境
エ．a．専門的・技術的分野　　　b．資格外活動（留学など）
　　c．就労環境

解説

本問は、日本の外国人労働者についての理解を問うものである。
日本の外国人労働者に関する記述は、次のとおりである。

我が国の外国人労働者数は増加傾向にあり、2016年に約108万人となっている。かつては、**専門的・技術的分野**の在留資格を持った労働者の数が**資格外活動（留学など）**の労働者を上回っていたが、2014年を境に逆転している。
働き方改革実行計画では、**専門的・技術的分野**の外国人材については、我が国の経済社会の活性化に資することから、積極的に受け入れることが重要であり、外国人材にとっても魅力ある**就労環境**等を整備していく必要があるとしている。

我が国の外国人労働者数は増加傾向にあり、2016年には108万人となっている。そのうち、専門的・技術的分野の在留資格を持った労働者（高度人材）は約20万人、資格外活動（留学・家族滞在等）による労働者が約24万人である。働き方改革実行計画では、「我が国経済社会の活性化に資する専門的・技術的分野の外国人材を更に積極的に受け入れていくためには、外国人材にとっても魅力ある就労環境等を整備していく必要がある」としている（『働き方改革実行計画』本文P.27）。

解答　エ

第2章　試験対策問題集

問題48：働き方改革実行計画における外国人材の受入れに関する【問題文A】および【問題文B】の正誤の組合せとして適切なものを、以下のアからエまでのうち1つ選びなさい。

【問題文A】グローバル競争においては、高度IT人材のように、高度な技術、知識等を持った外国人材のより積極的な受入れを図り、イノベーションの創出等を通じて我が国経済全体の生産性を向上させることが重要である。

【問題文B】高度外国人材の永住許可申請に要する在留期間を現行の5年から世界最速級の1年とする日本版高度外国人材アイデンティティカードを創設する。

ア．A＝○　　B＝○
イ．A＝○　　B＝×
ウ．A＝×　　B＝○
エ．A＝×　　B＝×

解説
本問は、働き方改革実行計画における外国人材の受入れについての理解を問うものである。

A　正しい。「グローバル競争においては、高度IT人材のように、高度な技術、知識等を持った外国人材のより積極的な受入れを図り、イノベーションの創出等を通じて我が国経済全体の生産性を向上させることが重要である」(『働き方改革実行計画』本文P.26)。

B　誤り。「アイデンティティカード」が誤りで、正しくは「グリーンカード」である。「高度外国人材の永住許可申請に要する在留期間を現行の5年から世界最速級の1年とする日本版高度外国人材グリーンカードを創設する」(『働き方改革実行計画』本文P.27)。従って、本記述は誤っている。

以上により、問題文Aは正しいが、Bは誤っている。従って、正解は肢イとなる。

解答　イ

⑪ 女性・若者が活躍しやすい環境整備

問題49：働く女性の現状に関する以下のアからエまでの記述のうち、誤っているものを１つ選びなさい。

ア．総務省の『労働力調査』によれば、2016年の女性の労働力人口は前年に比べて増加し、労働力人口総数に占める女性の割合は４割を超えている。

イ．総務省の『労働力調査』によれば、2016年の「正規の職員・従業員」で働いている女性労働者数は、「非正規の職員・従業員」で働いている女性労働者数を上回っている。

ウ．国立社会保障・人口問題研究所『第15回出生動向基本調査』によれば、第１子出産前後の女性の継続就業率は４割前後で推移してきたものが、第１子の出生年が2010～2014年である女性の就業継続率は５割を超えるようになった。

エ．男女雇用機会均等法が1986年に施行されてから30年が経過し、この間企業の雇用管理の男女均等な取扱いは改善されつつあるが、依然として、男性と比べて女性の勤続年数は短く、管理職に占める女性割合も国際的に見ると低水準となっている。

解説
本問は、働く女性の現状についての理解を問うものである。

ア　正しい。平成28年の女性の労働力人口は2,883万人と前年に比べ41万人増加し、労働力人口総数に占める女性の割合は43.4％となった（厚生労働省『平成28年版働く女性の実情』P.1）。

イ　誤り。女性労働者数は、「正規の職員・従業員」に比べ、「非正規の職員・従業員」の方が上回っている。「役員を除く雇用者数を雇用形態（勤め先での呼称による）別にみると、平成28年の女性は、『正規の職員・従業員』が1,078万人、『非正規の職員・従業員』が1,367万人となり、前年に比べ『正規

の職員・従業員』、『非正規の職員・従業員』ともに増加した」（厚生労働省『平成28年版働く女性の実情』P.15）。従って、本記述は誤っている。

ウ　正しい。第１子出産前後の女性の継続就業率は４割前後で推移してきたものが、第１子の出生年が2010〜2014年である女性の就業継続率は53.1％になった（厚生労働省『ワーク・ライフ・バランスレポート2016』概要版P.4）。

エ　正しい。男女雇用機会均等法が昭和61年に施行されてから30年が経過した。この間企業の雇用管理の男女均等な取扱いは改善されつつあるが、依然として、男性と比べて女性の勤続年数は短く、管理職に占める女性割合も国際的に見ると低水準となっている（厚生労働省『男女雇用機会均等対策基本方針』）。

解答　イ

問題50：働く女性の現状に関する以下のアからエまでの記述のうち、誤っているものを１つ選びなさい。

ア．平成18年以後、女性の就業者数は増加が続き、就業者に占める女性の割合は４割を超え、欧米諸国とほぼ同水準になった。

イ．平成28年の「正規の職員・従業員」で働いている女性労働者数は、「非正規の職員・従業員」で働いている女性労働者数を下回っている。

ウ．男女の平均賃金の格差は、徐々に縮小し、平成28年における、男性一般労働者の給与水準を100としたときの女性一般労働者の給与水準は85となった。

エ．企業の雇用管理の男女均等な取扱いは改善されつつあるが、依然として、男性と比べて女性の勤続年数は短く、管理職に占める女性割合も国際的に見ると低水準となっている。

第2章　試験対策問題集

解説
本問は、働く女性の現状についての理解を問うものである。

ア　正しい。2016年平均でみると、女性は2,801万人と前年に比べ47万人増加し、全就業者の約43.5％を占めており、欧米諸国とほぼ同水準になった（総務省統計局『労働力調査』）。

イ　正しい。2016年平均の「正規の職員・従業員」で働いている女性労働者数は1,078万人と、「非正規の職員・従業員」で働いている女性労働者数1,367万人を下回っている（総務省統計局『労働力調査』）。

ウ　誤り。「給与水準は85」が誤りで、正しくは「給与水準は73」である。男女の平均賃金の格差は、徐々に縮小傾向にあるものの、平成28年における、男性一般労働者の給与水準を100としたときの女性一般労働者の給与水準は73と、依然として格差がある（厚生労働省『平成28年賃金構造基本統計調査』）。従って、本記述は誤っている。

エ　正しい。「企業の雇用管理の男女均等な取扱いは改善されつつあるが、依然として、男性と比べて女性の勤続年数は短く、管理職に占める女性割合も国際的に見ると低水準となっている」（厚生労働省『男女雇用機会均等対策基本方針』）。

解答　ウ

問題51：M字型カーブに関する【問題文A】から【問題文C】の内容として正しいものを、以下のアからエまでのうち1つ選びなさい。

【問題文A】M字型カーブは、結婚・出産期に当たる年代にいったん離職・非労働力化し、育児が落ち着いた時期に再び働き出す女性が多いことを反映しており、我が国における継続就業の難しさを示している。

【問題文B】近年は、M字の谷にあたる30代半ばの女性の就業率が上昇せず、M字の谷の部分の深さに変化が見られない。

【問題文C】政府は待機児童を解消するための受け皿整備の予算確保などにより、2022年度末までに、M字型カーブを解消するとしている。

ア．Aのみ誤っている。
イ．Bのみ誤っている。
ウ．Cのみ誤っている。
エ．すべて正しい。

解説
本問は、M字型カーブについての理解を問うものである。

A　正しい。M字型カーブは、結婚・出産期に当たる年代にいったん離職・非労働力化し、育児が落ち着いた時期に再び働き出す女性が多いことを反映しており、我が国における継続就業の難しさを示している。

B　誤り。「変化が見られない」が誤りである。近年は、M字の谷にあたる30代半ばの女性の就業率が上昇し（1995年の谷は53.7%であったが、2016年の谷は71.8%）、M字の谷の部分が浅くなりつつあるが、更なる改善が求められている。従って、本記述は誤っている。

C　正しい。政府は、待機児童を解消するための受け皿整備の予算確保

などにより、遅くとも2020年度末までに全国の待機児童を解消し、更に、2022年度末までに女性就業率80％を達成し、M字型カーブを解消するとしている（『子育て安心プラン』）。

以上により、問題文ACは正しいが、Bは誤っている。従って、正解は肢イとなる。

解答　イ

問題52：働き方改革実行計画における女性・若者の活躍しやすい環境整備に関する以下のアからエまでの記述のうち、下線部の内容が<u>誤っている</u>ものを１つ選びなさい。

ア．労働時間や男性の育児休業の取得状況、女性の管理職比率など、女性が活躍するために必要な情報が確実に公表されるよう、2018年度までに次世代育成支援対策推進法の情報公表制度の強化策などを検討している。

イ．就業調整を意識せずに働くことができるよう、配偶者控除等について、配偶者の収入制限を103万円から150万円に引上げることを検討している。

ウ．就業調整を意識せずに働くことができるよう、短時間労働者の被用者保険の適用拡大の円滑な実施を図るとともに、更なる適用拡大について必要な検討を行っていく。

エ．女性リーダー育成モデルプログラムの普及とともに、役員候補段階の女性を対象にしたリーダー育成研修等の取組みを推進していく。

解説
本問は、働き方改革実行計画における女性・若者の活躍しやすい環境整備についての理解を問うものである。

ア　誤　り。「次世代育成支援対策推進法」が誤りで、正しくは「女性活躍推進法」である。労働時間や男性の育児休業の取得状況、女性の管理職比率など、女性が活躍するために必要な情報が確実に公表されるよう、2018年度までに女性活躍推進法の情報公表制度の強化策などを検討している（『働き方改革実行計画』本文P.18）。従って、本記述は誤っている。

イ　正しい。就業調整を意識せずに働くことができるよう、配偶者控除等について、配偶者の収入制限を103万円から150万円に引き上げることを検討している（『働き方改革実行計画』本文P.18,19）。なお、2017年度の税制改正により、2018年から配偶者控除の年収要件が150万円に引き上げられることになった。

ウ　正しい。「短時間労働者の被用者保険の適用拡大の円滑な実施を図るとともに、更なる適用拡大について必要な検討を行い、その結果に基づいて必要な措置を講ずる」（『働き方改革実行計画』本文P.19）。

エ　正しい。「女性リーダー育成モデルプログラムの普及とともに、役員候補段階の女性を対象にしたリーダー育成研修等の取組を推進する。また、企業等の組織トップが自ら女性活躍に取り組む機運を醸成する」（『働き方改革実行計画』工程表P.55）。

解答　ア

問題53：働き方改革実行計画で述べられているリカレント教育に関する次の文章中の（　）に入る最も<u>適切な</u>語句の組合せを、以下のアからエまでのうち1つ選びなさい。

　リカレント教育は、OECD（経済協力開発機構）が提唱した（　a　）の一形態である。リカレント教育とは、本来、（　b　）教育システムであるが、日本においては主に、転職での（　c　）に必要なスキルを身につける方法として注目されている。

ア．a．生涯教育　　　　　　　b．教育と就労が融合した
　　c．キャリアデザイン

イ．a．インクルージョン教育　　b．教育と就労が融合した
　　c．キャリアアップ

ウ．a．生涯教育　　　　　　　b．教育と就労を交互に行う
　　c．キャリアアップ

エ．a．インクルージョン教育　　b．教育と就労を交互に行う
　　c．キャリアデザイン

解説

本問は、リカレント教育についての理解を問うものである。
リカレント教育に関する記述は、次のとおりである。

リカレント教育は、OECD（経済協力開発機構）が提唱した**<u>生涯教育</u>**の一形態である。リカレント教育とは、本来、**<u>教育と就労を交互に行う</u>**教育システムであるが、日本においては主に、転職での**<u>キャリアアップ</u>**に必要なスキルを身につける方法として注目されている。

解答　ウ

問題54：働き方改革実行計画で述べられている若者が活躍しやすい環境整備に関する【問題文A】から【問題文C】の内容として正しいものを、以下のアからエまでのうち1つ選びなさい。

【問題文A】職業安定法を改正し、ハローワークの新卒者向けの求人を対象に、一定の労働関係法令違反を繰り返す求人者の求人を受理しないことを新たな法令に盛り込む。

【問題文B】求人情報の提供を行う事業者に対し、実際の労働条件と異なる求人情報を提供しないこと等を内容とする業務運営の指針を策定するとともに、必要に応じて指導等を実施できるよう、法整備を行う。

【問題文C】高等学校・大学等と労働局が連携し、学生・生徒に対する労働関係法令や相談・通報窓口等の周知徹底を図る。また、求人情報の提供を行う事業者に対し、労働者を守る労働ルールの周知を行うよう要請する。

ア．Aのみ誤っている。
イ．Bのみ誤っている。
ウ．Cのみ誤っている。
エ．すべて正しい。

解説

本問は、働き方改革実行計画における若者が活躍しやすい環境整備についての理解を問うものである。

A　誤り。「ハローワークの新卒者向けの求人を」が誤りで、正しくは「ハローワークや職業紹介事業者の全ての求人を」である。現行ではすでにハローワークにおける一定の労働関係法令違反の求人者による新卒者向け求人や、申し込み内容が法令に違反する時は受理しないことができる。働き方改革実行計画では、若者の「使い捨て」が疑われる企業等への対応策の強化のため、「職業安定法を改正し、ハローワークや職

業紹介事業者の全ての求人を対象に、一定の労働関係法令違反を繰り返す求人者等の求人を受理しないことを可能とする」としている(『働き方改革実行計画』工程表P.56)。従って、本記述は誤っている。

B 正しい。「求人情報の提供を行う事業者に対し、実際の労働条件と異なる求人情報を提供しないこと等を内容とする業務運営の指針を策定するとともに、必要に応じて指導等を実施できるよう、法整備を行う」(『働き方改革実行計画』工程表P.56)。

C 正しい。「高等学校・大学等と労働局が連携し、学生・生徒に対する労働関係法令や相談・通報窓口等の周知徹底を図る。また、求人情報の提供を行う事業者に対し、労働者を守る労働ルールの周知を行うよう要請する」(『働き方改革実行計画』工程表P.56)。

以上により、問題文BCは正しいが、Aは誤っている。従って、正解は肢アとなる。

解答　ア

⑫ 雇用吸収力の高い産業への転職・再就職支援、人材育成、格差を固定化させない教育の充実

問題55：働き方改革実行計画で述べられている雇用吸収力、転職・再就職支援に関する以下のアからエまでの記述のうち、<u>誤っているもの</u>を1つ選びなさい。

ア．複線型の日本のキャリアパスを変え、再チャレンジが可能な社会としていくためには、転職・再就職など新卒以外の採用機会の拡大が課題である。

イ．雇用吸収力や付加価値の高い産業への転職・再就職を支援することは、国全体の労働参加率や生産性の向上につながる。

ウ．転職・再就職向けのインターンシップのガイドブックを作成し、企業と大学の実践的な連携プログラムを支援する。

エ．技能検定を雇用吸収力の高い産業分野における職種に拡大するとともに、若者の受検料を減免する。

解説

本問は、働き方改革実行計画で述べられている雇用吸収力、転職・再就職支援についての理解を問うものである。

ア　誤り。「複線型」が誤りで、正しくは「単線型」である。「単線型の日本のキャリアパスを変え、再チャレンジが可能な社会としていくためには、転職・再就職など新卒以外の多様な採用機会の拡大が課題である」(『働き方改革実行計画』本文P.24)。従って、本記述は誤っている。

イ　正しい。「雇用吸収力や付加価値の高い産業への転職・再就職を支援することは、国全体の労働参加率や生産性の向上につながる」(『働き方改革実行計画』本文P.24)。

ウ　正しい。「転職・再就職向けのインターンシップのガイドブックを作成し、企業と大学の実践的な連携プログラムを支援する」(『働き方改革実行計画』本文P.24)。

エ　正しい。「技能検定を雇用吸収力の高い産業分野における職種に拡大するとともに、若者の受検料を減免する」（『働き方改革実行計画』本文P.25）。

解答　ア

問題56：次の図は、厚生労働省による常用労働者を対象とした調査において、25～29歳の男性転職入職者が前職を辞めた理由（「その他の理由」を除く。）のうち回答率の高かったもの5つを並べたものである。（　　）に入る最も適切な語句の組合せを、以下のアからエまでのうちから1つ選びなさい。

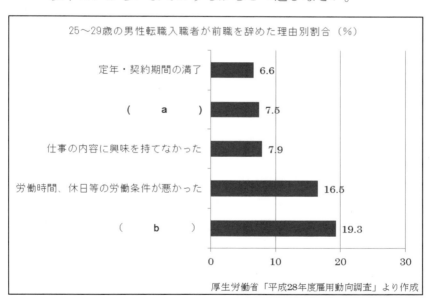

ア．a. 結婚　　　　　　　　　b. 会社の将来が不安だった
イ．a. 会社の将来が不安だった　b. 給料等収入が少なかった
ウ．a. 介護・看護　　　　　　　b. 結婚
エ．a. 給料等収入が少なかった　b. 介護・看護

解説
本問は、転職の原因についての理解を問うものである。

aには「会社の将来が不安だった」、bには「給料等収入が少なかった」が該当する。
25～29歳の男性は、給料等の経済的条件や、労働時間等の労働条件に不満を持って、転職する者が多いことがわかる。

解答　イ

問題57：働き方改革実行計画でも述べられている教育費負担の軽減に関する以下のアからエまでの記述のうち、<u>誤っているもの</u>を１つ選びなさい。

ア．幼児教育については所得が低い世帯に対し、第２子以降に加え、第１子も無償化する。
イ．返還義務の無い「給付型奨学金制度」を創設し、2018年度進学者を対象として本格実施する。
ウ．無利子奨学金については低所得世帯の子どもにおける、従来設けられていた成績基準を実質的に撤廃した。
エ．貸与型の奨学金については卒業後の所得に応じて返還月額を変える「所得連動返還型奨学金制度」を導入した。

解説
本問は、働き方改革実行計画でも述べられている教育環境の整備についての理解を問うものである。

ア　誤り。「第２子以降に加え、第１子も無償化する。」が誤りで、正しくは「第３子以降に加え、第２子も無償化する。」である。「幼児教育についても、2017年度予算において、所得の低い世帯では、第３子以降に加え、第２子も無償とするなど、

第2章　試験対策問題集

無償化の範囲をさらに拡大する」(『働き方改革実行計画』本文P.25)。従って、本記述は誤っている。

イ　正しい。「返還不要、給付型の奨学金制度を、新しく創設する。本年（2017年）から、児童養護施設や里親の下で育った子供たちなど、経済的に特に厳しい学生を対象に、先行的にスタートする。来年（2018年）以降、1学年2万人規模で、月2万円から4万円の奨学金を給付する」(『働き方改革実行計画』本文P.25)。「給付型奨学金制度」は2018年度から本格実施される。従って、本記述は正しい。

ウ　正しい。「無利子の奨学金については、本年（2017年）春から、低所得世帯の子供に係る成績基準を実質的に撤廃するとともに残存適格者を解消し、必要とする全ての子供たちが無利子奨学金を受給できるようにする」(『働き方改革実行計画』本文P.25)。成績基準の実質撤廃に伴い、無利子奨学金の追加募集を行うなど、既にスタートしている。従って、本記述は正しい。

エ　正しい。「貸与型の奨学金の返還についても、卒業後の所得に応じて返還月額を変える制度を導入することで、大幅に負担を軽減する」(『働き方改革実行計画』本文P.25)。「所得連動返還型奨学金制度（所得連動返還方式）」として、2017年4月から開始している。従って、本記述は正しい。

解答　ア

⑬ 高齢者の就業促進

問題58：平成28年版厚生労働白書で述べられている、高年齢者の就労現状に関する以下のアからエまでの記述のうち、<u>誤っている</u>ものを1つ選びなさい。

ア．65歳を超えても働きたいという希望のある高齢者は8割（2013年）を超えているのに対して、就業率（2016年）は2割程度にとどまっており、「働きたいが働いていない高齢者」が65歳以上で顕著になっている。

イ．高齢者には労働時間を抑制する傾向がみられるが、その一方で、近時は65歳以上の層で、追加的に就業を希望し、労働時間を抑制しない者の割合に増加傾向がみられる。

ウ．「起業した者」のうち「60歳以上」の割合が大幅に増大していることから、高齢者がこれまでの経験を生かし、年齢に関わりなく活躍できる場として、起業の支援も必要である。

エ．「高齢社会に関する意識調査」によれば、国の取り組むべき施策としては、「企業が65歳以上の人を雇用する助成金などのインセンティブ作り」が最も多い。

解説

本問は、高年齢者の就労現状についての理解を問うものである。

ア　誤り。「8割を超えている」が誤りである。内閣府「高齢者の地域社会への参加に関する意識調査」（2013年）において、全国の60歳以上の男女を対象に「あなたは、何歳ごろまで仕事をしたいですか」という設問をした結果、65歳を超えても働きたいとする者は65.9%を占めた。65歳以上の就業率は22.3%（2016年）にとどまっている（総務省統計局『労働力調査』）。従って、本記述は誤っている。

イ　正しい。高齢者には労働時間を抑制する傾向がみられるが、その一

方で、近時は65歳以上の層で、追加的に就業を希望し、労働時間を抑制しない者の割合に増加傾向がみられる（内閣府『平成29年度年次経済財政報告』P.125）。

ウ　正しい。「起業した者」のうち「60歳以上」の割合（2012年では32％）が大幅に増大していることから（中小企業庁『2014年版中小企業白書』）、高齢者がこれまでの経験を生かし、年齢に関わりなく活躍できる場として、起業の支援も必要である。

エ　正しい。高齢期の就労にあたり、国の取り組むべき施策としては、「企業が65歳以上の人を雇用するインセンティブ作り（39.1％）」が最も多く、次いで「希望者全員が65歳まで働ける仕組みの徹底（36.3％）」となっている（厚生労働省『平成28年版厚生労働白書』P.76、77）。

解答　ア

問題59：働き方改革実行計画における高齢者の就業促進に関する【問題文A】から【問題文C】の内容として正しいものを、以下のアからエまでのうち1つ選びなさい。

【問題文A】高齢者が年齢に関わりなく公正な職務能力評価により働き続けられる「エイジレス社会」の実現を目指す。

【問題文B】多様な技術・経験を有するシニア層が一つの企業に留まり、安定して雇用され、働き続けられる環境整備を促進する。

【問題文C】2020年度までを集中取組期間と位置づけ、65歳以降の継続雇用延長や65歳までの定年延長を行う企業への助成措置を強化する。

ア．Aのみ誤っている。
イ．Bのみ誤っている。
ウ．Cのみ誤っている。
エ．すべて正しい。

解説
本問は、働き方改革実行計画における高齢者の就業促進についての理解を問うものである。

A　正しい。「高齢者の就業促進のポイントは、年齢に関わりなく公正な職務能力評価により働き続けられる『エイジレス社会』の実現であり、これが、若者のやる気、そして企業全体の活力の増進にもつながる」(『働き方改革実行計画』本文P.26)。

B　誤り。「一つの企業に留まり」が誤りである。働き方改革実行計画では、一つの企業に留まらず幅広く社会に貢献できる仕組みを目指し、転職希望者のキャリアチェンジ促進、高齢者による起業時の雇用助成措置の強化などをしていく旨が述べられている。
　「高齢者就労促進のもう一つの中核は、多様な技術・経験を有するシニア層が、一つの企業に留まらず、幅広く社会に貢献できる仕組み。年齢に関わりなくエイジレスに働けるよう、高齢期に限らず、希望する方のキャリアチェンジを促進」(『働き方改革実行計画』概要P.21)。従って、本記述は誤っている。

C　正しい。「2020年度までを集中取組期間と位置づけ、65歳以降の継続雇用延長や65歳までの定年延長を行う企業への助成措置を強化」(『働き方改革実行計画』概要P.21)。

以上により、問題文ACは正しいが、Bは誤っている。従って、正解は肢イとなる。

解答　イ

第2章　試験対策問題集

問題60： 平成28年版厚生労働白書で述べられている高年齢者の就労現状に関する以下のアからエまでの記述のうち、誤っているものを1つ選びなさい。

ア．総務省統計局「労働力調査」によれば、15〜64歳の労働力人口は前年に比べて38万人減少となっているのに対し、65歳以上の労働力人口は前年に比べ48万人の増加となった。

イ．「高齢社会に関する意識調査」によれば、高年齢者が就業している主な理由をみると、「経済上の理由」が最も多く、次いで「生きがい、社会参加のため」となっている。

ウ．総務省統計局「労働力調査」によれば、65歳以上の非正規の職員・従業員の雇用者が、現在の雇用形態についた主な理由をみると、「自分の都合のよい時間に働きたいから」が最も多い。

エ．「高齢社会に関する意識調査」によれば、就労している高齢者が企業に望んでいるのは、「経験・知識・能力の適切な評価」が最も多く、次いで「健康や体力に配慮した配置、社内での健康づくりの取組などの健康管理」となっている。

解説
本問は、高年齢者の就労現状についての理解を問うものである。

ア　正しい。「15〜64歳（生産年齢人口に当たる年齢）の労働力人口は5,853万人と前年に比べ38万人の減少となっているのに対し、65歳以上の労働力人口は744万人と前年に比べ48万人の増加となっており、65歳以上の労働力人口の増加が総数を押し上げたことがうかがえる」（厚生労働省『平成28年版厚生労働白書』P.31）。

イ　正しい。「働く理由についてたずねたところ、全体としては、「経済上の理由（68.1％）」が最も多く、次いで「生きがい、社会参加のため（38.7％）」、「健康上の理由（23.2％）」となっている」（厚生労働省『平成28年版厚生労働白書』P.73,74）。

ウ　正しい。65歳以上の非正規の職員・従業員の雇用者について、現在

の雇用形態についた主な理由別にみると、「自分の都合のよい時間に働きたいから」が31.7%と最も高く、次いで「家計の補助・学費等を得たいから」が20.1%、「専門的な技能等をいかせるから」が14.9%などとなっている（厚生労働省『平成28年版厚生労働白書』P.36）。

エ　誤　り。高齢期の就労にあたり、企業に望んでいることのトップに挙っているのは、「健康や体力に配慮した配置、社内での健康づくりの取組などの健康管理（35.2％）」である。次いで、「経験・知識・能力の適切な評価（26.4％）」となっている（厚生労働省『平成28年版厚生労働白書』P.76）。従って、本記述は誤っている。

解答　エ

第3章
過去問題

Work Style Reform Master

第3章 過去問題

問題1： 我が国の経済社会の現状に関する以下のアからエまでの記述のうち、<u>誤っている</u>ものを1つ選びなさい。

ア．我が国の有効求人倍率は、2016年6月分において、約25年ぶりの高い水準となり、史上初めて47全ての都道府県で1倍を超えた。

イ．我が国の完全失業者は、2016年平均において、前年に比べて14万人減少して、失業率は3.1%と22年ぶりの低水準で推移している。

ウ．我が国の合計特殊出生率は、1984年の1.81から2005年の1.26まで低下したが、現在は1.45程度で推移している。

エ．我が国の労働力人口は、1997年を境に現在まで減少が続いており、他の先進国と比べて減少傾向が顕著である。

解説
本問は、我が国の経済社会の現状についての理解を問うものである。

ア　正しい。我が国の有効求人倍率は、2016年6月分において、約25年ぶりの高い水準となり、史上初めて47全ての都道府県で1倍を超えた（厚生労働省『一般職業紹介状況（平成28年6月分）』）。

イ　正しい。我が国の完全失業者は、2016年平均において、前年に比べて14万人減少して、失業率は3.1%と22年ぶりの低水準で推移している（総務省『労働力調査（2016年平均）』）。

ウ　正しい。我が国の合計特殊出生率は、1984年の1.81から2005年の1.26まで低下したが、現在は1.45程度で推移している（厚生労働省『人口動態統計（2016年）』）。

エ　誤り。「1997年を境に現在まで減少が続いており」が誤りである。労働力人口は、1999年（6779万人）を境に2004年（6642万人）まで減少傾向だったが、近年は、2011年（6261万人）～2016年（6648万人）間では増加傾向となっている（総務省『労働力調査』）。

解答　エ

問題2： 平成29年版労働経済白書で述べられている企業における人手の過不足感の状況に関する以下のアからエまでの記述のうち、誤っているものを1つ選びなさい。

ア．全体的に人手不足感が強まっている中で、「派遣労働者」と比較して「常用労働者」の不足感が高まっている。
イ．「常用労働者」のなかでは、「正社員等」労働者の人手不足感が「パートタイム」労働者の人手不足感を上回っている。
ウ．産業別にみると、全産業、製造業、非製造業はいずれも人手不足感が高まっており、特に製造業の人手不足感が高くなっている。
エ．「パートタイム」労働者は「宿泊業、飲食サービス業」「卸売業、小売業」で人手不足感が高くなっている一方、「正社員等」労働者はあらゆる産業で人手不足感が強まり続けている。

解説
本問は、企業における人手の過不足感の状況についての理解を問うものである。

ア　正しい。「全体的に人手不足感が強まっている中で、「派遣労働者」と比較して「常用労働者」の不足感が高まっている」（厚生労働省『平成29年版労働経済白書』P.20）。

イ　正しい。「「常用労働者」のなかでどの雇用形態で不足感が強まっているかをみていくと、「正社員等」が「臨時」より不足感が強い傾向が継続している中で、2015年1〜3月期で「正社員等」の不足感が「パートタイム」を超して以降、9期連続で「正社員等」の不足感が「パートタイム」の不足感を上回っており、「正社員等」において深刻な人手不足の状況にあることが分かる」（厚生労働省『平成29年版労働経済白書』P.20）。

ウ　誤り。「特に製造業の人手不足感が」が誤りで、正しくは「特に非製造業の人手不足感」である。産業別にみると、全産業、製造業、非製造業はいずれも人手不足感が高まっており、特に非製造業の人手不足感が高くなっている。（厚生労働省『平成29年版労働経済白書』P.19）。

エ　正しい。「パートタイムでは「宿泊業、飲食サービス業」「卸売業、小売業」で不足感が高くなっている一方で、正社員等ではあらゆる産業で不足感が強まり続けている」（厚生労働省『平成29年版労働経済白書』P.21）。

解答　ウ

問題3：用語の解説に関する以下のアからエまでの記述のうち、誤っているものを1つ選びなさい。

ア．「生産年齢人口」とは、生産活動の中心となる15歳以上65歳未満の人口である。

イ．「労働力人口」とは、15歳以上の人口のうち、従業者と休業者を合わせたものである。

ウ．「完全失業者」とは、仕事はないが仕事があればすぐ就くことができる者で、仕事を探す活動や事業を始める準備をしていた者である。

エ．「合計特殊出生率」は、15～49歳までの女性の年齢別出生率を合計したもので、一人の女性がその年齢別出生率で一生の間に生むとしたときの子どもの数に相当する。

解説
本問は、働き方に関連する用語についての理解を問うものである。

ア　正しい。「生産年齢人口」とは、生産活動の中心となる15歳以上65歳未満の人口である。

イ　誤り。「従業者と休業者を合わせたもの」が誤りであり、正しくは「就業者と完全失業者を合わせたもの」である。従業者と休業者を合わせたものは就業者である。

ウ　正しい。完全失業者：次の3つの条件を満たす者
① 仕事がなくて調査週間中に少しも仕事をしなかった（就業者ではない。）。

② 仕事があればすぐ就くことができる。
③ 調査週間中に，仕事を探す活動や事業を始める準備をしていた（過去の求職活動の結果を待っている場合を含む）。

エ　正しい。「合計特殊出生率」は，15～49歳までの女性の年齢別出生率を合計したもので，一人の女性がその年齢別出生率で一生の間に生むとしたときの子どもの数に相当する。

解答　イ

問題４：次の図は、雇用・失業情勢の動向に関するものである。以下のアからエまでの記述のうち、正しいものを１つ選びなさい。

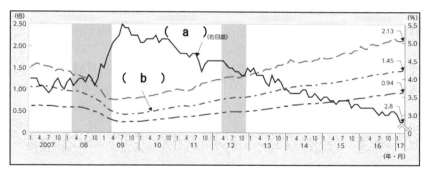

厚生労働省『平成29年版労働経済白書』より
※図のシャドー部分は、景気後退期

ア．aは完全失業率の推移、bは有効求人倍率の推移を表している。
イ．aは有効求人倍率の推移、bは完全失業率の推移を表している。
ウ．aは完全失業率の推移、bは新規求人倍率の推移を表している。
エ．aは新規求人倍率の推移、bは有効求人倍率の推移を表している。

解説
本問は、雇用・失業情勢の動向についての理解を問うものである。

a　曲線aは、完全失業率の推移を表している。
b　曲線bは、有効求人倍率の推移を表している。

雇用情勢は着実に改善が進んでおり、完全失業率は、2017年2月には2.8%と1994年6月以来22年8ヶ月ぶりの低い水準となり、有効求人倍率は、2017年3月には1.45倍と1990年11月以来26年4か月ぶりの水準となった。
(『平成29年版　労働経済白書』P.13)

解答　ア

問題5：次の表は、「仕事と生活の調和推進のための行動指針」における、政策によって一定の影響を及ぼすことのできる指標について、取組みが進んだ場合に達成される水準として数値目標を設定したものの一部を表している。(　)に入る最も適切な数値の組合せを、以下のアからエまでのうち1つ選びなさい。

数値目標設定指標	現状	目標値 (2020年)
年次有給休暇取得率	47.6% (2014年)	(a) %
男性の育児休業取得率	(b) % (2014年)	13%

内閣府『仕事と生活の調和(ワーク・ライフ・バランス)レポート 2015, 2016』より作成

ア．a. 70　　b. 2.3
イ．a. 70　　b. 4.3
ウ．a. 90　　b. 4.3
エ．a. 90　　b. 2.3

解説

本問は、雇用・失業情勢の動向についての理解を問うものである。

数値目標設定指標	現状	目標値（2020年）
年次有給休暇取得率	47.6%（2014年）	70%
男性の育児休業取得率	2.3%（2014年）	13%

「仕事と生活の調和推進のための行動指針」では、政策によって一定の影響を及ぼすことのできる13項目18指標について、取組みが進んだ場合に達成される水準として数値目標を設定している。

目標設定時から、2020年の目標値に向けて直線的に進捗すると仮定した場合の直近の想定値を算出し、これを達成している項目を「順調に進捗」、達成していないものの目標設定時より進捗している項目を「順調ではないものの進捗」、目標設定時の数値より目標までの差が拡大している項目を「進捗していない」と整理されている。

内閣府の『仕事と生活の（ワーク・ライフ・バランス）レポート2016』における数値目標の達成に向けた進捗状況では、「年次有給休暇取得率」および「男性の育児休業取得率」は「順調ではないものの進捗」となっている。

解答　ア

問題6：次の図は、1人当たり平均年間総実労働時間（雇用者）の国際比較の結果を表している。（　）に入る最も適切な語句の組合せを、以下のアからエまでのうち1つ選びなさい。

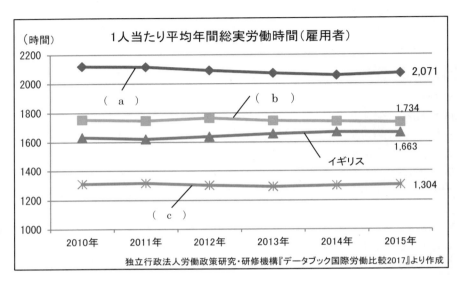

ア．a．日本　　　　b．フランス　　c．ドイツ
イ．a．フランス　　b．日本　　　　c．アメリカ
ウ．a．アメリカ　　b．韓国　　　　c．日本
エ．a．韓国　　　　b．日本　　　　c．ドイツ

解説

本問は、1人当たり平均年間総実労働時間（雇用者）についての理解を問うものである。

2015年における1人当たり平均年間総実労働時間（雇用者）の国際比較を見ると、我が国は1,734時間で、韓国（2,071時間）やアメリカ（1,795時間）より短いが、イギリス（1,663時間）やフランス（1,399時間）、ドイツ（1,304時間）などの欧州諸国より長くなっている。

解答　エ

第 3 章　過去問題

問題 7：ニッポン一億総活躍プランに関する【問題文 A】から【問題文 C】の下線部の内容として<u>正しい</u>ものを、以下のアからエまでのうち 1 つ選びなさい。

【問題文A】 一億総活躍国民会議では、<u>「ニッポン一億総活躍プラン」（案）が取りまとめられ、閣議決定された。</u>

【問題文B】 ニッポン一億総活躍プランとは、一億総活躍社会の実現に向けた<u>横断的課題である「働き方改革」</u>の方向を提示したうえで、新たな三本の矢の目標の実現に向けた取り組みの方向について、具体的に記載しているものである。

【問題文C】 我が国の労働者の約 4 割を占める非正規雇用労働者の待遇改善のため、正規か、非正規かといった雇用の形態にかかわらない<u>均等待遇を確保し</u>、同一労働同一賃金の実現に踏み込むとしている。

ア．A のみ誤っている。

イ．B のみ誤っている。

ウ．C のみ誤っている。

エ．すべて正しい。

解説
本問は、ニッポン一億総活躍プランについての理解を問うものである。

A　正しい。「2016年 5 月18日の一億総活躍国民会議（第 8 回）では、「ニッポン一億総活躍プラン」（案）が取りまとめられ、同年 6 月 2 日閣議決定された」（厚生労働省『平成28年版厚生労働白書』P.232）。

B　正しい。「ニッポン一億総活躍プランとは、一億総活躍社会の実現に向けた横断的課題である「働き方改革」の方向を提示したうえで、新たな三本の矢の目標の実現に向けた取り組みの方向について、具体的に記載しているものである」（厚生労働省『平成28年版厚生労働白書』P.233・234）。

C 誤 り。「均等待遇」が誤りで、正しくは「均等・均衡待遇」である。我が国の労働者の約4割を占める非正規雇用労働者の待遇改善のため、正規か、非正規かといった雇用の形態にかかわらない均等・均衡待遇を確保し、同一労働同一賃金の実現に踏み込むとしている(厚生労働省『平成28年版厚生労働白書』P.234)。

以上により、問題文ABは正しいが、Cは誤っている。従って、正解は肢ウとなる。

解答　ウ

問題8： ダイバーシティ経営に関する次の文章中の（　）に入る最も適切な語句の組合せを、以下のアからエまでのうち1つ選びなさい。

　「ダイバーシティ経営」は、（　a　）を活かし、個々の人材の能力を最大限引き出すことにより、付加価値を生み出し続ける企業を目指して、全社的かつ継続的に進めていく経営上の取組みである。
　海外投資家を中心に、ダイバーシティによるイノベーションの創出や、取締役会の監督機能向上に対する効果に注目が集まっている。また、優秀な人材獲得のためにも、従来の均質的な（　b　）を変革する柱として、ダイバーシティ経営の実践が求められている。

(経済産業省『ダイバーシティ 2.0検討会報告書〜競争戦略としてのダイバーシティの実践に向けて〜』より)

ア．a．多様な属性の違い　　b．労働環境
イ．a．一様な属性　　　　　b．労働環境
ウ．a．多様な属性の違い　　b．人材戦略
エ．a．一様な属性　　　　　b．人材戦略

> **解説**
> 本問は、ダイバーシティ経営についての理解を問うものである。
>
> 「ダイバーシティ経営」は、**多様な属性の違い**を活かし、個々の人材の能力を最大限引き出すことにより、付加価値を生み出し続ける企業を目指して、全社的かつ継続的に進めていく経営上の取組みである。
> 海外投資家を中心に、ダイバーシティによるイノベーションの創出や、取締役会の監督機能向上に対する効果に注目が集まっている。また、優秀な人材獲得のためにも、従来の均質的な**人材戦略**を変革する柱として、ダイバーシティ経営の実践が求められている。
> (経済産業省『ダイバーシティ 2.0検討会報告書〜競争戦略としてのダイバーシティの実践に向けて〜』より)

解答　ウ

問題9: 次の図は、60歳以降に希望する就労形態に関する意識調査の結果を示している。図中の（　）に入る最も適切な語句の組合せを、以下のアからエまでのうち1つ選びなさい。

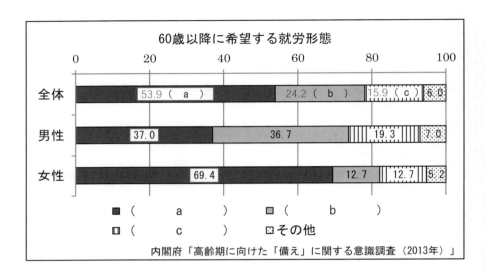

ア．a．フルタイムの社員・職員　　b．パートタイムの社員・職員
　　c．自営業・個人事業主など
イ．a．自営業・個人事業主など　　b．フルタイムの社員・職員
　　c．パートタイムの社員・職員
ウ．a．パートタイムの社員・職員　b．フルタイムの社員・職員
　　c．自営業・個人事業主など
エ．a．パートタイムの社員・職員　b．自営業・個人事業主など
　　c．フルタイムの社員・職員

解説
本問は、60歳以降に希望する就労形態についての理解を問うものである。

内閣府の調査で60歳以降に希望する就労形態をたずねている。60歳以降に希望する就労形態は、「パートタイム（短時間勤務など）の社員・職員

（53.9％）」と最も多く回答している。ただし、性別をみると、傾向ははっきり分かれる。女性は、69.4％もの人が「パートタイム（短時間勤務など）の社員・職員」を選んでいるものに対し、男性は、37.0％となっており、「フルタイムの社員・職員」を選んでいる人も36.7％でほぼ二分されている状況であることにも留意する必要がある。

解答　ウ

問題10：働き方改革実行計画等における子育て・介護と仕事の両立支援策の充実・活用促進策に関する以下のアからエまでの記述のうち、下線部の内容が誤っているものを1つ選びなさい。

ア．多様な保育士の確保・育成に向けて、保育士を目指す学生に返済を免除する月5万円の修学資金貸付制度を拡充し、いったん仕事を離れた人が再び仕事に就く場合の20万円の再就職準備金貸付制度を創設した。

イ．保育士としての技能・経験を積んだ職員について、現在4万円程度ある全産業の女性労働者との賃金格差がなくなるよう、概ね1年以上で月5千円、3年以上で月4万円の加算を行う。

ウ．介護ロボットの活用促進やICT等を活用した生産性向上の促進、行政が求める帳票などの文書量の半減などにも取り組むこととしている。

エ．政府の方針として、男性の育児・介護等への参加を徹底的に促進するためあらゆる政策を動員することとしている。

解説

本問は、働き方改革実行計画における子育て・介護と仕事の両立支援策の充実・活用促進策についての理解を問うものである。

働き方改革実行計画における子育て・介護と仕事の両立支援策の充実・活用促進策では、保育の介護の処遇改善、男性の育児・介護等への参加促進が掲げられている。処遇改善の内容では、賃金格差の是正、多様な介護人材の確保育成のための貸付制度、生産性の向上などが主に挙げられる。

ア　正しい。多様な保育士の確保・育成に向けて、保育士を目指す学生に返済を免除する月5万円の修学資金貸付制度を拡充し、いったん仕事を離れた人が再び仕事に就く場合の20万円の再就職準備金貸付制度を創設した（厚生労働省『平成28年版厚生労働白書』P.235）。

イ　誤り。保育士としての技能・経験を積んだ職員について、現在4万円程度ある全産業の女性労働者との賃金格差がなくなるよう、概ね3年以上で月5千円、7年以上で月4万円の加算を行う予定である（『働き方改革実行計画』概要P.19）。2017年4月より開始されている。

ウ　正しい。介護ロボットの活用促進やICT等を活用した生産性向上の促進、行政が求める帳票などの文書量の半減などにも取り組むこととしている（厚生労働省『平成28年版厚生労働白書』P.237）。

エ　正しい。男性の育児・介護等への参加を徹底的に促進するためあらゆる政策を動員することとしている（『働き方改革実行計画』概要P.19）。

解答　イ

第3章 過去問題

問題11: 平成28年版厚生労働白書における一億総活躍社会の実現のための子育て支援に関する以下のアからエまでの記述のうち、下線部の内容が誤っているものを1つ選びなさい。

ア．政府は、一億総活躍社会の実現のために、「希望出生率2.0」などの目標を掲げている。
イ．政府は、希望出生率に向けて、保育士の処遇改善、多様な人材の確保・育成、生産性向上を通じた労働負担の軽減、さらには、安心・快適に働ける環境の整備を推進するなどの総合的対策を示している。
ウ．子育て中の保護者の約4割が悩みや不安を抱えていることに鑑み、妊娠期から子育て期にわたる切れ目ない支援を実施する子育て世代包括支援センターについて、児童福祉法等改正により市町村での設置の努力義務等を法定化し、2020年度末までの全国展開を目指す。
エ．不妊に悩む人が増加している現状を踏まえ、不妊専門相談センターを2019年度末までに全都道府県・指定都市・中核市に配置して相談機能を強化し、不妊治療支援の充実を継続するとともに、不妊治療をしながら働いている人の実態調査を行い、必要な支援を検討する。

解説
本問は、総合的な子育て支援の推進についての理解を問うものである。

ア　誤り。政府は、誰もが活躍できる一億総活躍社会を創っていくため、「戦後最大の名目GDP600兆円」、「希望出生率1.8」、「介護離職ゼロ」という目標掲げている（厚生労働省『平成28年版厚生労働白書』P.230）。
イ　正しい。政府は、希望出生率に向けて、保育士の処遇改善、多様な人材の確保・育成、生産性向上を通じた労働負担の軽減、さらには、安心・快適に働ける環境の整備を推進するなどの総合的対策を示している（厚生労働省『平成28年版厚生労働白書』P.235）。
ウ　正しい。子育て中の保護者の約4割が悩みや不安を抱えていることに鑑み、妊娠期から子育て期にわたる切れ目ない支援を実施する子育て世代包括支援センターについて、児童福祉法等改正により市町村での設置の努力義務等を法定化し、2020年度末まで

の全国展開を目指す（厚生労働省『平成28年版厚生労働白書』P.237）。

エ　正しい。不妊に悩む方が増加している現状を踏まえ、不妊専門相談センターを2019年度末までに全都道府県・指定都市・中核市に配置して相談機能を強化し、不妊治療支援の充実を継続するとともに、不妊治療をしながら働いている人の実態調査を行い、必要な支援を検討する（厚生労働省『平成28年版厚生労働白書』P.237）。

解答　ア

問題12：平成28年版厚生労働白書における子供を産み育てやすい環境づくりに関する【問題文A】から【問題文C】の下線部の内容として正しいものを、以下のアからエまでのうち1つ選びなさい。

【問題文A】児童虐待の問題に社会全体で対応し、児童の最善の利益が優先して考慮されるよう、児童相談所の専門性強化等による発生時の迅速・的確な対応に加え、予防から児童の自立支援（家庭養護の推進等）に至るまでの総合的な対策を進める。

【問題文B】政府は、2013年4月から「待機児童解消加速化プラン」を実施し、2013年度から2017年度末までの5年間で新たに10万人分の保育の受け皿を確保して待機児童解消を図るとしている。

【問題文C】2016年4月から全面施行された女性活躍推進法に基づき、企業における女性活躍のための行動計画の策定・女性の活躍状況に関する情報公表などを推進する。

ア．Aのみ誤っている。
イ．Bのみ誤っている。
ウ．Cのみ誤っている。
エ．すべて正しい。

解説

本問は、子供を産み育てやすい環境づくりについての理解を問うものである

少子化の現状を踏まえ、女性の社会進出や、待機児童問題の解消を推進することが重要である。

A 正しい。「児童虐待の問題に社会全体で対応し、児童の最善の利益が優先して考慮されるよう、児童相談所の専門性強化等による発生時の迅速・的確な対応に加え、予防から児童の自立支援（家庭養護の推進等）に至るまでの総合的な対策を進める。これを踏まえ、児童保護手続における裁判所の関与の在り方や、特別養子縁組制度の利用促進の在り方について検討し、必要な措置を講ずる」（厚生労働省『平成28年版厚生労働白書』P.236）。

B 誤り。待機児童数は、2010年に2万6千人を突破して社会問題化した。そこで、2013年4月から、政府の「待機児童解消加速化プラン」が実施された。同プランでは、2013年度から2017年度末までの5年間で新たに50万人分の保育の受け皿を確保して待機児童解消を図るとされ、2013年度から2015年度までの3年間で合計約31.4万人分の受け入れ枠拡大が実現した（厚生労働省『平成28年版厚生労働白書』P.253）。

C 正しい。「2016（平成28）年4月から全面施行された女性活躍推進法に基づき、企業における女性活躍のための行動計画の策定・女性の活躍状況に関する情報公表などを推進する」（厚生労働省『平成28年版厚生労働白書』P.236）。

以上により、問題文ACは正しいが、Bは誤っている。従って、正解は肢イとなる。

解答　イ

問題13： 次の図は、ポジティブ・アクションに関する調査で回答率が高かった項目を順に5つ並べたものである。（　）に入る最も<u>適切な</u>語句の組合せを、以下のアからエまでのうち1つ選びなさい。

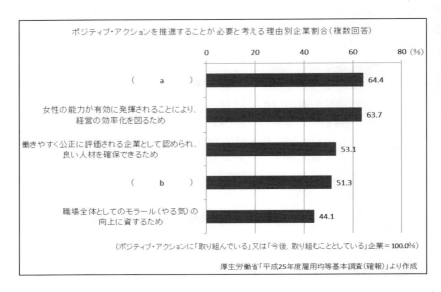

ア．a．男女ともに職務遂行能力によって評価されるという意識を高めるため
　　b．男女社員の能力発揮が生産性向上や競争力強化につながるため
イ．a．企業イメージの向上を図るため
　　b．社会的趨勢であり、法律で規定されているため
ウ．a．企業イメージの向上を図るため
　　b．労働力人口の減少が見込まれているため
エ．a．社会的趨勢であり、法律で規定されているため
　　b．男女ともに職務遂行能力によって評価されるという意識を高めるため

解説

本問は、労働白書における若者・女性・高年齢者・障害者等の就業実現に関する女性の活躍促進等についての理解を問うものである。

本問のグラフにおいて、aに該当するのは「男女ともに職務遂行能力によって評価されるという意識を高めるため」であり、bに該当するのは「男女社員の能力発揮が生産性向上や競争力強化につながるため」である。
従って、正解は肢アとなる。（平成28年版　厚生労働白書　資料編P.174)

解答　ア

問題14：平成28年版厚生労働白書等における経済社会の活力向上と地域の活性化に向けた雇用対策の推進に関する以下のアからエまでの記述のうち、下線部の内容が誤っているものを1つ選びなさい。

ア．若者雇用促進法の改正において、一定の労働関係法令違反の求人者について、ハローワークでの新卒求人を不受理とできるなどの内容が盛り込まれた。

イ．全国のマザーズハローワーク・マザーズコーナーにおいて、子育てをしながら就職を希望する女性等に対して、担当者制によるきめ細かな就職支援、求人情報や地方公共団体との連携による保育サービス関連情報等の提供など、再就職に向けた総合的かつ一貫した支援を行っている。

ウ．精神障害者の就労支援については、ハローワークに精神障害者雇用トータルサポーターを配置し、求職者へのカウンセリング業務に加え、企業への意識啓発や職場実習の開拓、就職後のフォローアップまでの総合的な支援を行っている。

エ．高年齢者の希望に応じた多様な就業機会を確保していくため、定年退職後等に、地域社会に根ざした臨時的かつ短期的又は軽易な就業を通じた社会参加を希望する高年齢者に対して、その希望に応じた就業機会を確保・提供するファミリー・サポート・センター事業を推進している。

解説

本問は、労働白書等における経済社会の活力向上と地域の活性化に向けた雇用対策の推進についての理解を問うものである。

ア　正しい。「勤労青少年福祉法等の一部を改正する法律」（平成27年　法律第72号）が、2015（平成27）年9月18日に公布され、同法において改正された「青少年の雇用の促進等に関する法律（若者雇用促進法）」（昭和45年法律第98号）において、一定の労働関係法令違反の求人者について、ハローワークでの新卒求人の不受理などの内容が盛り込まれた（厚生労働省『平成28年度厚生労働白書』P.269、厚生労働省ホームページ『勤労青少年福祉法等の一部を改正する法律の概要』）。

イ　正しい。平成28年度厚生労働白書において、全国のマザーズハローワーク・マザーズコーナーにおいて、子育てをしながら就職を希望する女性等に対して、子ども連れで来所しやすい環境を整備するとともに、担当者制によるきめ細かな就職支援、求人情報や地方公共団体との連携による保育サービス関連情報等の提供など、再就職に向けた総合的かつ一貫した支援を行っているとされている（厚生労働省『平成28年度厚生労働白書』P.274）。

ウ　正しい。平成28年度厚生労働白書において、精神障害者の就労支援については、ハローワークに「精神障害者雇用トータルサポーター」を配置し、求職者へのカウンセリング業務に加え、企業への意識啓発や職場実習の開拓、就職後のフォローアップまでの総合的な支援を行っているとされている（厚生労働省『平成28年度厚生労働白書』P.278）。

エ　誤り。平成28年度厚生労働白書において、高年齢者の希望に応じた多様な就業機会を確保していくため、定年退職後等に、地域社会に根ざした臨時的かつ短期的又は軽易な就業を通じた社会参加を希望する高年齢者に対して、その希望に応じた就業機会を確保・提供するシルバー人材センター事業を推進している。ファミリー・サポート・センター事業は保育所待機児童の解消・放課後児童クラブの充実、子育て援助活動支援事業である（厚生労働省『平成28年度厚生労働白書』P.276）。

解答　エ

第3章　過去問題

問題15： 平成28年版厚生労働白書における非正規雇用の雇用の安定及び人材の育成・処遇の改善に関する以下のアからエまでの記述のうち、正しいものを1つ選びなさい。

ア．近年、有期契約労働者やパートタイム労働者、派遣労働者といった非正規雇用労働者は全体として減少傾向にあるものの、雇用が不安定、賃金が低い、能力開発機会が乏しいなどの課題がある。

イ．ニート、フリーターなどの職業経験、技能、知識の不足等から安定的な就職が困難な求職者について、正規雇用化等の早期実現を図るため、これらの者を公共職業安定所等の紹介を通じて一定期間試行雇用する事業主に対して助成措置を講じている。

ウ．ハローワークの求職者のうち、就職のために職業訓練が必要な者に対して、有料の公的職業訓練を実施し、安定した就職に向けて能力開発機会を提供している。

エ．近年、パートタイム労働者は減少傾向にあるものの、従来のような補助的な業務ではなく、役職に就くなど職場で基幹的役割を果たす者が増加している。一方で、パートタイム労働者について正社員との不合理な待遇の格差を解消し、働き・貢献に見合った公正な待遇を確保することが課題となっている。

解説
本問は、労働白書における非正規雇用の雇用の安定及び人材の育成・処遇の改善についての理解を問うものである。

ア　誤り。近年、有期契約労働者やパートタイム労働者、派遣労働者といった非正規雇用労働者は全体として増加傾向にあり、2015（平成27）年には約1,980万人と、役員を除く雇用者全体の3分の1超を占める状況にあるとされている。（厚生労働省『平成28年度厚生労働白書』P.302）

イ　正しい。ニート、フリーターなどの職業経験、技能、知識の不足等から安定的な就職が困難な求職者について、正規雇用化等の早期実現を図るため、これらの者を公共職業安定所等の紹介を通じて一定期間試行雇用する事業主に対して助成措置（トライ

アル雇用奨励金）を講じている。(厚生労働省『平成28年度厚生労働白書』P.302〜3)
ウ　誤　り。ハローワークの求職者のうち、就職のために職業訓練が必要な者に対して無料の公的職業訓練を実施し、安定した就職に向けて能力開発機会を提供している。(厚生労働省『平成28年度厚生労働白書』P.303)
エ　誤　り。近年、パートタイム労働者が増加し、2015（平成27）年には1,634万人と雇用者総数の29.9%にも達し、従来のような補助的な業務ではなく、役職に就くなど職場で基幹的役割を果たす者も増加しているとされている。(厚生労働省『平成28年度厚生労働白書』P.304)

解答　イ

第3章 過去問題

問題16: 次の図は、我が国における民事上の個別労働紛争の相談内容別の内訳件数を示している。図中の（　）に入る最も適切な語句の組合せを、以下のアからエまでのうち1つ選びなさい。

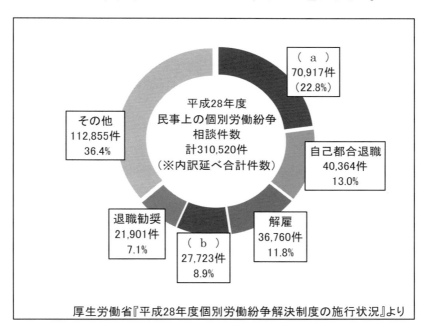

厚生労働省『平成28年度個別労働紛争解決制度の施行状況』より

ア．a．いじめ・嫌がらせ　　b．労働条件の引下げ
イ．a．いじめ・嫌がらせ　　b．採用内定取消
ウ．a．労働条件の引下げ　　b．雇止め
エ．a．募集・採用　　　　　b．いじめ・嫌がらせ

解説
本問は、民事上の個別労働紛争の相談内容についての理解を問うものである。

民事上の個別労働紛争の相談件数では、「いじめ・嫌がらせ」が70,917件（対前年比6.5％増）で5年連続トップ。「自己都合退職」は近年増加傾向（同7.2％増）にあり、「解雇」は近年減少傾向（同2.7％減）である。
なお、「採用内定取消」は1,961件（0.6％）、「雇止め」は12,472件（4.0％）、

「募集・採用」は3,162件（1.0％）となっている。
aには「いじめ・嫌がらせ」、bには「労働条件の引き下げ」が入る。従って、正解は肢アとなる。

解答　ア

問題17： 平成29年版厚生労働白書における障害者支援の総合的な推進に関する以下のアからエまでの記述のうち、下線部の内容が誤っているものを1つ選びなさい。

ア．障害者雇用率制度は、障害者の雇用促進の柱であり、1976年の障害者雇用促進法改正により、障害者雇用を義務化して以降、本制度を確実に履行させるために、ハローワークが事業主に対する指導を実施している。

イ．最近の障害者雇用の状況は、民間企業での障害者の雇用者数（2016年6月1日現在）が13年連続で過去最高を更新している。

ウ．最近の障害者雇用の状況は、民間企業での障害者の実雇用率（2016年6月1日現在）が過去最高を更新するなど、実雇用率が法定雇用率を上回っている。

エ．障害者雇用の進展の背景には、企業における障害者雇用への理解が進んでいること、就職を希望する障害者が増加していることなどが要因として考えられる。

解説
本問は、障害者支援の総合的な推進についての理解を問うものである。

ア　正しい。「障害者雇用率制度は、障害者の雇用促進の柱であり、1976（昭和51）年の障害者雇用促進法改正により、障害者雇用を義務化して以降、本制度を確実に履行させるために、ハローワークが事業主に対する指導を実施している」（厚生労働省『平成29年版厚生労働白書』P.260）。

イ　正しい。「最近の障害者雇用の状況は、民間企業での障害者の雇用者数

(2016（平成28）年6月1日現在47万4千人（前年比4.7％増））が13年連続で過去最高を更新」している（厚生労働省『平成29年版厚生労働白書』P.259）。

ウ　誤　り。「実雇用率が法定雇用率を上回っている」が誤りである。2016（平成28）年6月1日現在の民間企業における雇用状況（法定雇用率2.0％）では、実雇用率が1.92％と過去最高となったが、未だ法定雇用率を下回っている。（厚生労働省『平成29年版厚生労働白書』P.259）。

エ　正しい。「障害者雇用の進展の背景には、企業における障害者雇用への理解が進んでいること、就職を希望する障害者が増加していることなどが要因として考えられる」（厚生労働省『平成29年版厚生労働白書』P.259）。

解答　ウ

問題18：平成29年版厚生労働白書における外国人材の活用・国際協力に関する以下のアからエまでの記述のうち、下線部の内容が誤っているものを1つ選びなさい。

ア．2017年3月より、10カ国語の電話通訳が可能な<u>多言語コンタクトセンターを設置</u>し、全国いずれのハローワーク窓口からも多言語通訳が利用可能な体制を整備し、定住外国人等への支援を行っている。

イ．留学生の在籍者が多い大学等が多数所在する地域を管轄する<u>新卒応援ハローワークに留学生コーナーを設置</u>し、外国人雇用サービスセンターと密接に連携のうえ、留学生に対する就職支援の取組みを推進している。

ウ．2020年東京オリンピック・パラリンピック競技大会関連の建設需要に的確に対応するための緊急かつ時限的措置として、<u>建設分野における外国人の受入れ</u>の実施が決定され、2015年度初頭から受入れを開始している。

エ．経済連携協定（EPA）等に基づく外国人看護師候補者及び介護福祉士候補者の受入れは、<u>2008年度にカンボジア</u>から実施されている。

解説
本問は、外国人材の活用・国際協力についての理解を問うものである。

ア 正しい。「2017（平成29）年3月より、10カ国語の電話通訳が可能な多言語コンタクトセンターを設置し、全国いずれのハローワーク窓口からも多言語通訳が利用可能な体制を整備し、定住外国人等への支援を行っている」（厚生労働省『平成29年版厚生労働白書』P.266）。

イ 正しい。「留学生の在籍者が多い大学等が多数所在する地域を管轄する新卒応援ハローワークに留学生コーナーを設置し、外国人雇用サービスセンターと密接に連携のうえ、留学生に対する就職支援の取組みを推進している」（厚生労働省『平成29年版厚生労働白書』P.267）。

ウ 正しい。「2014（平成26）年4月4日の関係閣僚会議において、2020年東京オリンピック・パラリンピック競技大会関連の建設需要に的確に対応するための緊急かつ時限的措置として、建設分野における外国人の受入れの実施が決定され、2015（平成27）年度初頭から受入れを開始している」（厚生労働省『平成29年版厚生労働白書』P.267）。

エ 誤り。「カンボジア」が誤りで、正しくは「インドネシア」である。「経済連携協定（EPA）等に基づく外国人看護師候補者及び介護福祉士候補者の受入れは、経済活動の連携強化の観点から、公的な枠組みで特例的に行われているものである。（中略）インドネシアは2008（平成20）年度から、フィリピンは2009（平成21）年度から、ベトナムは2014（平成26）年度から受け入れている」（厚生労働省『平成29年版厚生労働白書』P.267・268）。

解答　エ

第3章 過去問題

問題19：働き方改革実行計画に関する【問題文A】から【問題文C】の内容として正しいものを、以下のアからエまでのうち1つ選びなさい。

【問題文A】働き方改革の実現に向けては、改革のモメンタムを絶やすことなく、長期的かつ継続的に実行していくことが必要である。

【問題文B】働き方改革実行計画は、働く人の実態を最もよく知っている労働側と使用者側、さらには他の有識者も含め合意形成をしたものである。

【問題文C】働き方改革実行計画では、働き方改革を、社会問題ではなく経済問題として捉え、日本経済の潜在成長力の底上げにもつながる、第三の矢・構造改革の柱となる改革としている。

ア．Aのみ誤っている。
イ．Bのみ誤っている。
ウ．Cのみ誤っている。
エ．すべて正しい。

解説
本問は、働き方改革実行計画についての理解を問うものである。

A 正しい。「働き方改革の実現に向けては、前述の基本的考え方に基づき、改革のモメンタムを絶やすことなく、長期的かつ継続的に実行していくことが必要」(『働き方改革実行計画』概要P.4)。

B 正しい。働き方改革実行計画は、働く人の実態を最もよく知っている労働側と使用者側、さらには他の有識者も含め合意形成をしたものである(『働き方改革実行計画』概要P.4)。

C 誤り。正しくは「社会問題であるとともに、経済問題として」である。「すなわち、働き方改革は、社会問題であるとともに、経済問題であり、日本経済の潜在成長の底上げにもつながる、第三の矢・構造改革の柱となる改革である」(『働き方改革実行計画』本文P.2)。

以上により、問題文ABは正しいが、Cは誤っている。従って、正解は肢ウとなる。

解答　ウ

問題20： 次の図は、国内企業に対して行ったアンケートにおいて働き方改革に取り組む目的として回答率の高かった項目を順に5つ並べたものである。（　）に入る最も適切な語句の組合せを、以下のアからエまでのうち1つ選びなさい。

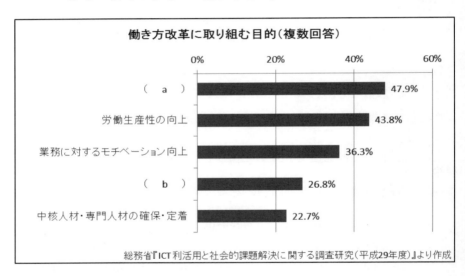

ア．a．育児、配偶者転勤等による退職防止
　　b．介護による退職の防止
イ．a．人手の確保
　　b．イノベーション創出に向けた環境作り
ウ．a．イノベーション創出に向けた環境作り
　　b．社員のワークライフバランスの実現
エ．a．人手の確保
　　b．社員のワークライフバランスの実現

解説
本問は、働き方改革に取り組む目的についての理解を問うものである。

現在我が国においては有効求人倍率の上昇傾向が続くとともに企業における人手不足感が強くなっている。そのため、従業員の確保、さらには労働生産性を高めることを、働き方改革に取り組む目的としてあげる企業が多くなっている。

aには「人手の確保」、bには「社員のワークライフバランスの実現」が入る。従って、正解は肢エとなる。

なお、他の項目の割合は「育児、配偶者転勤等による退職防止（17.1％）」、「介護による退職の防止（12.3％）」、「イノベーション創出に向けた環境作り（5.6％）」となっている。

解答　エ

問題21： 働き方改革実行計画における派遣労働者についての法整備に関する次の文章および表中の（　　）に入る最も適切な語句の組合せを、以下のアからエまでのうち1つ選びなさい。

　　同一労働同一賃金の実効性を担保するため、派遣労働者として十分に保護が図られている場合として以下の3要件を満たす労使協定を締結した場合については、派遣先労働者との均等・均衡待遇を（　a　）こととする。この場合でも、単に要件を満たす労使協定を締結することだけでは足りず、3要件を満たす形で協定が実際に履行されていることが求められる。

①同種業務の一般の労働者の賃金水準と同等（　b　）であること。
②派遣労働者のキャリア形成を前提に能力を適切に評価して賃金に反映させていくこと。
③賃金以外の待遇について（　c　）事業者に雇われている正規雇用労働者の待遇と比較して不合理でないこと。

ア．a．求める　　　b．以上　　　c．派遣先
イ．a．求めない　　b．以下　　　c．派遣元
ウ．a．求めない　　b．以下　　　c．派遣先
エ．a．求めない　　b．以上　　　c．派遣元

解説
本問は、働き方改革実行計画における派遣労働者についての法整備についての理解を問うものである。

派遣労働者については、同一労働同一賃金の適用により、派遣先が変わるごとに賃金水準が変わることで不安定となり、派遣元事業者による段階的・体系的な教育訓練等のキャリアアップ支援と不整合な事態を招くこともありうる。このため、ドイツでは、労働協約を締結することで同一労働同一賃金の適用を除外している。しかしながら単に労使の合意のみに委ねると、同一労働同一賃金の実効性を担保できない恐れがある。
このため、派遣労働者として十分に保護が図られている場合として以下の

3要件を満たす労使協定を締結した場合については、派遣先労働者との均等・均衡待遇を**求めない**こととする。この場合でも、単に要件を満たす労使協定を締結することだけでは足りず、3要件を満たす形で協定が実際に履行されていることが求められる。

①同種業務の一般の労働者の賃金水準と同等**以上**であること。
②派遣労働者のキャリア形成を前提に能力を適切に評価して賃金に反映させていくこと。
③賃金以外の待遇について**派遣元**事業者に雇われている正規雇用労働者の待遇と比較して不合理でないこと。

解答 エ

問題22：同一労働同一賃金に関する次の文章中の（　）に入る最も<u>適切</u>な語句の組合せを、以下のアからエまでのうち１つ選びなさい。

　　同一労働同一賃金とは、一般に、同じ労働に対して同じ賃金を支払うべきという考え方である。具体的には、同一企業・団体における正規雇用労働者と非正規雇用労働者との間で、「（　a　）待遇」と「（　b　）待遇」を求める考え方である。
　　「（　a　）待遇」とは、正規雇用労働者と非正規雇用労働者との間の待遇に相違がある場合に、待遇の相違は、①職務内容、②（　c　）、③運用その他の事情の３要素を考慮して、不合理があってはならないとすることである。一方、「（　b　）待遇」とは、①職務内容と、②（　c　）が、正規雇用労働者と非正規雇用労働者の間で同一である場合には、非正規雇用労働者の待遇に対して差別的取扱いをしてはならないとすることである。

ア．a．均等　　b．均衡
　　c．業務経験の内容
イ．a．均等　　b．均衡
　　c．人材活用の仕組み（人事異動の有無及び範囲）
ウ．a．均衡　　b．均等
　　c．業務経験の内容
エ．a．均衡　　b．均等
　　c．人材活用の仕組み（人事異動の有無及び範囲）

解説
本問は、同一労働同一賃金についての理解を問うものである。

同一労働同一賃金とは、一般に、同じ労働に対して同じ賃金を支払うべきという考え方である。具体的には、同一企業・団体における正規雇用労働者と非正規雇用労働者との間で、「**均衡**待遇」と「**均等**待遇」を求める考え方である。「**均衡**待遇」とは、正規雇用労働者と非正規雇用労働者との間の待遇に相違がある場合に、待遇の相違は、①職務内容、②<u>人材活用の仕組み（人事異動の有無及び範囲）</u>、③運用その他の事情の３要素を考慮して、不

合理があってはならないとすることである。一方、「均等待遇」とは、①職務内容と、②<u>人材活用の仕組み（人事異動の有無及び範囲）</u>が、正規雇用労働者と非正規雇用労働者の間で同一である場合には、非正規雇用労働者の待遇に対して差別的取扱いをしてはならないとすることである。
aには「均衡」、bには「均等」、cには「人材活用の仕組み（人事異動の有無及び範囲）」が入る。従って、正解は肢エである。

「均衡待遇」とは、非正規雇用労働者に対し、正規雇用労働者と異なる待遇をするならば、その待遇の差異に不合理があってはならないとし、「均等待遇」とは、正規雇用労働者と非正規雇用労働者の間で、職務内容等が同一であれば、同一の待遇をするという考え方である。
具体的には、正規雇用労働者の待遇に相違がある場合は、①職務内容、②人材活用の仕組み（人事異動の有無及び範囲）、③運用その他の事情の3要素を考慮して、不合理であってはならないとするのが「均衡待遇」である。①職務内容と②人材活用の仕組み（人事異動の有無及び範囲）の2つの要件について、正規雇用労働者と非正規雇用労働者とが同一であれば、正規、非正規を問わず同一の待遇、すなわち「均等待遇」をしなければならない。

解答　エ

問題23： 同一労働同一賃金ガイドライン案に関する以下のアからエまでの記述のうち、誤っているものを1つ選びなさい。

　ア．同一労働同一賃金は、いわゆる正規雇用労働者（無期雇用フルタイム労働者）と非正規雇用労働者（有期雇用労働者、パートタイム労働者、派遣労働者）の間の不合理な待遇差の解消を目指すものである。

　イ．現状の同一労働同一賃金のガイドライン案は、基本給、昇給、ボーナス、各種手当といった賃金に関わるものを対象としているため、教育訓練や福利厚生をも含めた新ガイドライン案の策定が急がれている。

　ウ．各企業が職務や能力等の内容の明確化と、それに基づく公正な評価を推進し、それに則った賃金制度を、労使の話し合いにより、可能な限り速やかに構築していくことが、同一労働同一賃金の実現には望ましい。

　エ．正規雇用労働者と非正規雇用労働者の間に実際に待遇差が存在する場合に参照されることを目的としているため、そもそも客観的に見て待遇差が存在しない場合は、本ガイドライン案は対象としていない。

解説
本問は、同一労働同一賃金ガイドライン案についての理解を問うものである。

ア　正しい。「同一労働同一賃金は、いわゆる正規雇用労働者（無期雇用フルタイム労働者）と非正規雇用労働者（有期雇用労働者、パートタイム労働者、派遣労働者）の間の不合理な待遇差の解消を目指すものである」（『同一労働同一賃金ガイドライン案』）。

イ　誤り。「教育訓練や福利厚生をも含めた新ガイドライン案の策定が急がれている」が誤りである。現状のガイドライン案では、基本給、昇給、ボーナス、各種手当といった賃金にとどまらず、教育訓練や福利厚生をも対象としている。「政府が示した同一労働同一賃金のガイドライン案は、正規か非正規かという雇用

形態に関わらない均等・均衡待遇を確保し、同一労働同一賃金の実現に向けて策定したものである。その対象は、基本給、昇給、ボーナス、各種手当といった賃金にとどまらず、教育訓練や福利厚生もカバーしている」(『働き方改革実行計画』本文P.5)。

ウ　正しい。「今後、各企業が職務や能力等の内容の明確化と、それに基づく公正な評価を推進し、それに則った賃金制度を、労使の話し合いにより、可能な限り速やかに構築していくことが、同一労働同一賃金の実現には望ましい」(『同一労働同一賃金ガイドライン案』)。

エ　正しい。「本ガイドライン案は、同一の企業・団体における、正規雇用労働者と非正規雇用労働者の間の不合理な待遇差を是正することを目的としているため、正規雇用労働者と非正規雇用労働者の間に実際に待遇差が存在する場合に参照されることを目的としている。このため、そもそも客観的に見て待遇差が存在しない場合については、本ガイドライン案は対象としていない」(『同一労働同一賃金ガイドライン案』)。

解答　イ

問題24：同一労働同一賃金ガイドライン案で述べられている内容について、【問題文A】および【問題文B】に示された、問題となる例と問題とならない例の組合せとして<u>適切な</u>ものを、以下のアからエまでのうち1つ選びなさい。

【問題文A】 X社においては、無期雇用フルタイム労働者・有期雇用労働者・パートタイム労働者の別を問わず、勤務曜日・時間を特定して勤務する労働者については、採用が難しい曜日（土日祝祭日）や時間帯（早朝・深夜）の時給を上乗せして支給するが、それ以外の労働者にはそのような上乗せ支給はしない。

【問題文B】 役職手当について、役職の内容、責任の範囲・程度に対して支給しているY社において、無期雇用フルタイム労働者であるZと同一の役職名で役職の内容・責任も同一である役職に就く有期雇用労働者であるWに、Zに比べて低額の役職手当を支給している。

ア．A＝問題となる例　　　　B＝問題とならない例
イ．A＝問題となる例　　　　B＝問題となる例
ウ．A＝問題とならない例　　B＝問題となる例
エ．A＝問題とならない例　　B＝問題とならない例

解説
本問は、同一労働同一賃金ガイドライン案についての理解を問うものである。Aは「問題とならない例」であり、Bは「問題となる例」である。
「役職手当について、役職の内容、責任の範囲・程度に対して支給する場合、無期雇用フルタイム労働者と同一の役職・責任に就く有期雇用労働者又はパートタイム労働者には、同一の支給をしなければならない。また、役職の内容、責任に一定の違いがある場合においては、その相違に応じた支給をしなければならない。」（同一労働同一賃金ガイドライン案）
Bの場合、無期雇用フルタイム労働者と同一の役職・責任に就く有期雇用労働者に対して、同一の支給をしていないのが問題となる。

解答　ウ

問題25: 次の図は、諸外国のフルタイム労働者の賃金を100とした場合のパートタイム労働者の賃金水準を表したものである。（　）に入る最も適切な語句の組合せを、以下のアからエまでのうち1つ選びなさい。

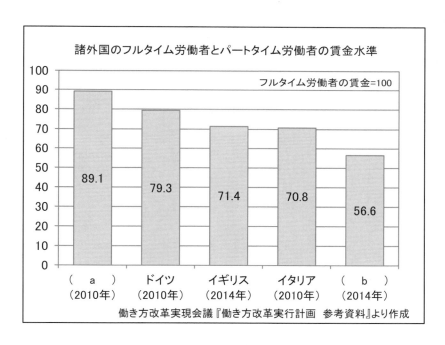

ア．a. 日本　　　　　b. スウェーデン
イ．a. スウェーデン　b. フランス
ウ．a. フランス　　　b. スウェーデン
エ．a. フランス　　　b. 日本

解説
本問は、パートタイム労働者の賃金水準についての理解を問うものである。諸外国のフルタイム労働者の賃金を100とした場合のパートタイム労働者の賃金水準は以下の通りである。

フランス（2010年）	ドイツ（2010年）
89.1	79.3
イギリス（2014年）	イタリア（2010年）
71.4	70.8
日本（2014年）	
56.6	

aには「フランス」、bには「日本」が入る。従って、正解は肢エとなる。

解答　エ

問題26： 次の図は、パートタイム労働者に対する各種手当等の支給状況を示している。（　）に入る最も適切な語句の組合せを、以下のアからエまでのうち1つ選びなさい。

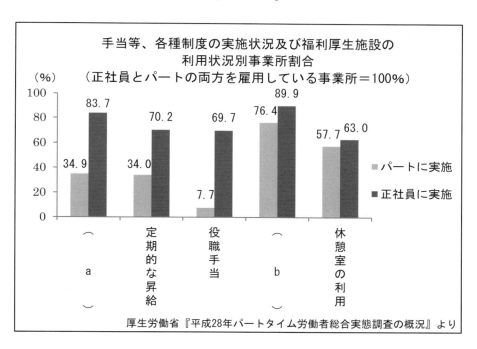

ア．a．慶弔休暇　　b．住宅手当
イ．a．賞与　　　　b．通勤手当
ウ．a．退職金　　　b．通勤手当
エ．a．賞与　　　　b．慶弔休暇

解説

本問は、パートタイム労働者に対する各種手当等の支給状況についての理解を問うものである。

各種手当等については、正社員とパートタイム労働者で支給状況に差がある。特に、「賞与（正：83.7％　パ：34.9％）」、「定期的な昇給（正：70.2％　パ：

34.0%）」、「役職手当（正：69.7%　パ：7.7%）」、「退職金（正：69.9%　パ：9.2%）」、「住宅手当（正：35.5%　パ：1.3%）」、「慶弔休暇（正：79.4%　パ：40.3%）」などに関しては、かなり差がある。「通勤手当」や「休憩室の利用」に関しては、正社員とパートタイム労働者で支給状況の差は少ない。
aには「賞与」、bには「通勤手当」が入る。従って、正解はイとなる。

解答　イ

問題27：労働生産性に関する次の文章中の（　）に入る最も適切な語句の組合せを、以下のアからエまでのうち1つ選びなさい。

　　労働生産性とは、（　a　）1人当たりで生み出す成果、あるいは（　a　）が1時間で生み出す成果を指標化したものである。OECDデータに基づく2015年の日本の時間当たり労働生産性は、（　b　）ドル（単位：購買力単価換算ドル）であり、これは米国の6割強の水準で、順位はOECD加盟35カ国中20位だった。
（公益財団法人日本生産性本部『労働生産性の国際比較 2016年版』より）

ア．a．国民　　　b．68.3
イ．a．国民　　　b．65.5
ウ．a．労働者　　b．52.0
エ．a．労働者　　b．42.1

解説
本問は、労働生産性についての理解を問うものである。

労働生産性とは、**労働者**1人当たりで生み出す成果、あるいは**労働者**が1時間で生み出す成果を指標化したものである。OECDデータに基づく2015年の日本の時間当たり労働生産性は、**42.1**ドル（単位：購買力単価換算ドル）であり、これは米国の6割強の水準で、順位はOECD加盟35カ国中20位だった。

（公益財団法人日本生産性本部『労働生産性の国際比較 2016年版』より）
なお、米国の時間当たり労働生産性は、68.3ドルで、順位はOECD加盟35カ国中5位となっている。

解答　エ

問題28： 働き方改革実行計画における賃金引き上げと労働生産性向上に関する以下のアからエまでの記述のうち、下線部の内容が<u>誤っているもの</u>を1つ選びなさい。

ア．企業収益を継続的に賃上げに確実につなげ、近年低下傾向にある労働分配率を上昇させ、経済の好循環をさらに確実にすることにより<u>総雇用者所得を増加させていく</u>。

イ．最低賃金については、年率3％程度を目途として、名目GDPの成長率にも配慮しつつ引き上げ、<u>全国加重平均が900円</u>になることを目指す。

ウ．中小・小規模事業者の取引条件を改善するため、50年ぶりに、下請代金の支払いについて通達を見直し、これまで下請事業者の資金繰りを苦しめてきた<u>手形払いの慣行を断ち切り、現金払いを原則</u>とする。

エ．生産性向上に資する人事評価制度や賃金制度を整備し、<u>生産性向上と賃上げを実現した企業</u>への助成制度を創設した。

解説
本問は、賃金引き上げと労働生産性向上についての理解を問うものである。

ア　正しい。「アベノミクスの三本の矢の政策によって、デフレではないという状況を作り出す中で、企業収益は過去最高となっている。過去最高の企業収益を継続的に賃上げに確実につなげ、近年低下傾向にある労働分配率を上昇させ、経済の好循環をさらに確実にすることにより総雇用者所得を増加させていく」（『働き方

改革実行計画』本文P.10）。

イ　誤り。「900円」が誤りで、正しくは「1,000円」である。「最低賃金については、年率3％程度を目途として、名目GDP成長率にも配慮しつつ引き上げていく。これにより、全国加重平均が1,000円になることを目指す。このような最低賃金の引き上げに向けて、中小企業、小規模事業者の生産性向上等のための支援や取引条件の改善を図る」（『働き方改革実行計画』本文P.10）。

ウ　正しい。「中小・小規模事業者の取引条件を改善するため、50年ぶりに、下請代金の支払いについて通達を見直した。これまで下請事業者の資金繰りを苦しめてきた手形払いの慣行を断ち切り、現金払いを原則とする。近年の下請けいじめの実態を踏まえ、下請法の運用基準を13年ぶりに抜本改定した」（『働き方改革実行計画』本文P.10）。

エ　正しい。「生産性向上に資する人事評価制度及び賃金制度を整備し、生産性の向上、従業員の賃金アップ、離職率低下を実現した企業を助成する制度を創設する」（『働き方改革実行計画』工程表P.35）。「人事評価改善等助成金」は2017年4月1日から開始している。

　　　　　　　　　　　　　　　　　　　　　　　　　　　　解答　イ

問題29： 働き方改革実行計画で述べられている法改正による時間外労働の上限規制に関する以下のアからエまでの記述のうち、誤っているものを1つ選びなさい。

ア．現行の時間外労働の規制では、いわゆる36協定で定める時間外労働の限度を厚生労働大臣の限度基準告示で定めている。

イ．週40時間を超えて労働可能となる時間外労働の限度を定め、違反には特例の場合を除いて罰則を課すとしている。

ウ．上回ることのできない時間外労働の上限を年720時間とするが、特例として臨時的な特別の事情があり、労使が合意して労使協定を結ぶ場合においては、その限りではない。

エ．一時的に事務量が増加する場合の時間外労働の上限について、単月では、休日労働を含んで100時間未満を満たさなければならないとする。

解説
本問は、法改正による時間外労働の上限規制についての理解を問うものである。

ア　正しい。「現行の時間外労働の規制では、いわゆる36協定で定める時間外労働の限度を厚生労働大臣の限度基準告示で定めている」（『働き方改革実行計画』本文P.11）。

イ　正しい。「週40時間を超えて労働可能となる時間外労働の限度を、原則として、月45時間、かつ、年360時間とし、違反には特例の場合を除いて罰則を課す」としている（『働き方改革実行計画』本文P.11）。

ウ　誤り。「その限りではない」が誤りである。「特例として臨時的な特別の事情があり、労使が合意して労使協定を結ぶ場合においても、上回ることができない時間外労働時間を年720時間（＝月平均60時間）とする」（『働き方改革実行計画』本文P.11,12）。

エ　正しい。一時的に事務量が増加する場合について、最低限、上回ることのできない上限を設ける。この上限について、①2か月～6か月の月平均で、いずれにおいても、休日労働を含んで、80時間

以内を満たさなければならないとする。②単月では、休日労働を含んで100時間未満を満たさなければならないとする。③加えて、時間外労働の限度の原則は、月45時間、かつ、年360時間であることに鑑み、これを上回る特例の適用は、年6回を上限とする（『働き方改革実行計画』本文P.12）。

解答　ウ

問題30： 次の文章は働き方改革実行計画で示されている、現行の36協定で適用除外等の取扱いを受けている業種における、労働基準法改正後の対応内容である。（　　）に入る最も適切な語句の組合せを、以下のアからエまでのうち1つ選びなさい。

（　a　）については、現行制度では限度基準告示の適用除外とされている。これに対し、罰則付きの時間外労働規制の適用除外とせず、改正法の一般則の施行期日の5年後に、年960時間（＝月平均80時間）以内の規制を適用することとし、かつ、将来的には一般則の適用を目指す旨の規定を設けることとする。

（　b　）については、医師による面接指導、代替休暇の付与など実効性のある健康確保措置を課すことを前提に、現行制度で対象となっている範囲を超えた職種に拡大することのないよう、その対象を明確化した上で適用除外とする。

ア． a．建設事業　　　　　　　b．新技術、新商品等の研究開発
イ． a．医師　　　　　　　　　b．自動車の運転業務
ウ． a．自動車の運転業務　　　b．建設事業
エ． a．自動車の運転業務　　　b．新技術、新商品等の研究開発

解説
本問は、現行の36協定で適用除外等の取扱いを受けている業種における、労働基準法改正後の対応について問うものである。

現行の36協定で適用除外等の取扱いを受けている業種における、労働基準

法改正後の対応内容は以下の表のとおりである。

	現行の適用除外等の取扱
自動車の運転業務	改正法の一般則の施行期日の5年後に、年960時間（＝月平均80時間）以内の規制を適用することとし、かつ、将来的には一般則の適用を目指す旨の規定を設ける。
建設事業	改正法の一般則の施行期日の5年後に、罰則付き上限規制の一般則を適用する（ただし、復旧・復興の場合については、単月で100時間未満、2か月ないし6か月の平均で80時間以内の条件は適用しない）。併せて、将来的には一般則の適用を目指す旨の規定を設ける。
医師	改正法の施行期日の5年後を目途に規制を適用することとし、医療界の参加の下で検討の場を設け、質の高い新たな医療と医療現場の新たな働き方の実現を目指し、2年後を目途に規制の具体的な在り方、労働時間の短縮策等について検討し、結論を得る。
新技術、新商品等の研究開発	医師による面接指導、代替休暇の付与など実効性のある健康確保措置を課すことを前提に、現行制度で対象となっている範囲を超えた職種に拡大することのないよう、その対象を明確化した上で適用除外とする。

aには「自動車の運転業務」、bには「新技術、新商品等の研究開発」が入る。従って、正解はエとなる。

解答　エ

問題31：働き方改革実行計画における勤務間インターバル制度に関する次の文章中の（　）に入る最も適切な語句の組合せを、以下のアからエまでのうち1つ選びなさい。

　　働き方改革実行計画では、労働時間等の設定の改善に関する特別措置法を改正し、事業者は、前日の終業時刻と翌日の始業時刻の間に（ a ）の休息の（ b ）を課すとしている。また、政府は、勤務間インターバル制度を導入する中小企業への助成金の活用や好事例の周知を通じて、取り組みを推進する。

ア．a．一定時間　　　b．確保に努めなければならない旨の努力義務
イ．a．一定時間　　　b．確保をしなければならない旨の義務
ウ．a．10時間以上　　b．確保をしなければならない旨の義務
エ．a．12時間以上　　b．確保に努めなければならない旨の努力義務

解説

本問は、法改正による時間外労働の上限規制についての理解を問うものである。

働き方改革実行計画では、労働時間等の設定の改善に関する特別措置法を改正し、事業者は、前日の終業時刻と翌日の始業時刻の間に<u>一定時間</u>の休息の<u>確保に努めなければならない旨の努力義務</u>を課すとしている。また、政府は、勤務間インターバル制度を導入する中小企業への助成金の活用や好事例の周知を通じて、取り組みを推進する。

勤務間インターバルとは、勤務終了後、次の勤務までに一定時間以上の『休息期間』を設けることで、働く人の生活時間や睡眠時間を確保するものである。

「労働時間等の設定の改善に関する特別措置法を改正し、事業者は、前日の終業時刻と翌日の始業時刻の間に一定時間の休息の確保に努めなければならない旨の努力義務を課し、制度の普及促進に向けて、政府は労使関係者を含む有識者検討会を立ち上げる。また、政府は、同制度を導入する中小企業への助成金の活用や好事例の周知を通じて、取り組みを推進する」（『働き方改革実行計画』本文P.12）。

解答　ア

問題32: 次の図は、週労働時間 60 時間以上の労働者が考える仕事の効率化に必要なものとして回答率が高い項目を順に5つ並べたものである。( )に入る最も適切な語句の組合せを、以下のアからエまでのうち1つ選びなさい。

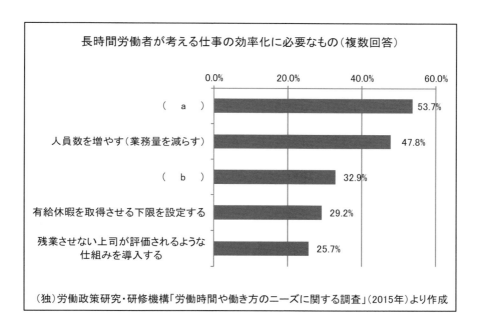

ア. a. 組織間・従業員間の業務配分のムラをなくす
　　b. 仕事中心の職場風土や社会慣行を見直す
イ. a. 組織間・従業員間の業務配分のムラをなくす
　　b. 営業時間を短縮する
ウ. a. 仕事中心の職場風土や社会慣行を見直す
　　b. 組織間・従業員間の業務配分のムラをなくす
エ. a. 年間の総実労働時間に上限を設ける
　　b. 仕事中心の職場風土や社会慣行を見直す

> **解説**
> 本問は、長時間労働に関する意識調査についての理解を問うものである。
>
> 長時間労働者が考える仕事の効率化に必要なものをみてみると、「人員数を増やす（業務量を減らす）」よりも「**組織間・従業員間の業務配分のムラをなくす**」の方が上回っており、体制の増員に加え、業務体制の見直しによる仕事の効率化についても、企業側だけでなく労働者側も大きな課題として認識していることが分かった。（厚生労働省『平成29年版労働経済白書』P.144）

解答　ア

問題33：次の表は、パワーハラスメントの行為類型と具体例の一部を示したものである。（　）に入る最も適切な語句の組合せを、以下のアからエまでのうち1つ選びなさい。

行為類型	具体例
（　a　）	新人で仕事のやり方もわからないのに、他の人の仕事まで押しつけられて、同僚は、皆先に帰ってしまった。
（　b　）	必要以上に長時間にわたり、繰り返し執拗に叱る。
（　c　）	強制的に自宅待機を命じられる。

ア．a．精神的攻撃　　　　　b．人間関係からの切り離し
　　c．個の侵害

イ．a．過大な要求　　　　　b．個の侵害
　　c．過小な要求

ウ．a．過大な要求　　　　　b．精神的攻撃
　　c．人間関係からの切り離し

エ．a．人間関係からの切り離し　b．身体的攻撃
　　c．過小な要求

解説

本問は、パワーハラスメントの行為類型とその具体例についての理解を問うものである。

パワーハラスメントに当たりうる行為類型として、①身体的な攻撃、②精神的な攻撃、③人間関係からの切り離し、④過大な要求、⑤過小な要求、⑥個の侵害の6つに整理されている。

表の内容については、以下のとおり。

行為類型	具体例
<u>過大な要求</u>	新人で仕事のやり方もわからないのに、他の人の仕事まで押しつけられて、同僚は、皆先に帰ってしまった。
<u>精神的攻撃</u>	必要以上に長時間にわたり、繰り返し執拗に叱る。
<u>人間関係からの切り離し</u>	強制的に自宅待機を命じられる。

(厚生労働省『あかるい職場応援団』)

解答　ウ

第3章　過去問題

問題34：短時間正社員に関する以下のアからエまでの記述のうち、下線部の内容が誤っているものを1つ選びなさい。

ア．短時間正社員制度は、育児・介護等と仕事を両立したい社員、定年後も働き続けたい高齢者等、様々な人材に、勤務時間や勤務日数を<u>フルタイム正社員よりも短く</u>しながら活躍してもらうための仕組みである。

イ．短時間正社員制度を導入しても、制度が職場に根付くまでには時間がかかるため、<u>仕事の配分や人事管理、制度の周知・浸透など</u>運用改善が必要になってくる。

ウ．キャリアアップ助成金のうち、短時間正社員制度を規定し活用した場合に助成金が支給される<u>「短時間正社員コース」</u>がある。

エ．短時間正社員は、<u>無期もしくは有期労働契約を締結し</u>、時間当たりの基本給および賞与・退職金等の算定方法等がフルタイム正社員と同等であるが、フルタイム正社員と比較して、1週間の所定労働時間が短い労働者である。

解説

本問は、短時間社員の理解についての理解を問うものである。

ア　正しい。短時間正社員制度は、育児・介護等と仕事を両立したい社員、定年後も働き続けたい高齢者等、様々な人材に、勤務時間や勤務日数をフルタイム正社員よりも短くしながら活躍してもらうための仕組みである（厚生労働省『短時間正社員制度導入支援ナビ』）。

イ　正しい。「短時間正社員制度の導入後、仕事の配分や人事管理、制度の周知・浸透など運用改善が必要です」（厚生労働省『短時間正社員制度導入支援ナビ』）。

ウ　正しい。キャリアアップ助成金のうち、短時間正社員制度を規定し活用した場合に助成金が支給される「短時間正社員コース」がある（厚生労働省『「短時間正社員制度」導入支援マニュアル』）。

エ　誤　り。「無期もしくは有期」が誤りである。短時間正社員とは、フルタイム正社員と比較して、1週間の所定労働時間が短い正規型の社員であって、次のいずれにも該当する社員のことを言う。
①期間の定めのない労働契約（無期労働契約）を締結している
②時間当たりの基本給及び賞与・退職金等の算定方法等が同種のフルタイム正社員と同等
（厚生労働省『短時間正社員制度導入支援ナビ』）

解答　エ

問題35：働き方改革実行計画における雇用型テレワークのガイドライン刷新と導入支援に関する以下のアからエまでの記述のうち、誤っているものを1つ選びなさい。

ア．働き方改革実行計画によれば、近年、モバイル機器が普及し、自宅で働くだけでなく、サテライトオフィス勤務やモバイル勤務といった新たな形態のテレワークが増加している。

イ．働き方改革実行計画によれば、テレワークの導入に当たっては、労働時間の管理を適切に行うことが必要であり、育児や介護などで仕事を中抜けする場合の労働時間や、半日だけテレワークを行う際の移動時間の取扱いは、既に明確化されている取扱方法などに従うことを推奨している。

ウ．働き方改革実行計画によれば、長時間労働を防止するため、深夜労働の制限や深夜・休日のメール送付の抑制等の対策例を推奨するとしている。

エ．働き方改革実行計画によれば、国家戦略特区により、テレワーク導入企業に対するワンストップの相談支援を実施するとしている。

解説

本問は、働き方改革実行計画における雇用型テレワークのガイドライン刷新と導入支援についての理解を問うものである。

ア　正しい。近年、モバイル機器が普及し、自宅で働くだけでなく、サテライトオフィス勤務やモバイル勤務といった新たな形態のテレワークが増加している。(『働き方改革実行計画』本文P.15)

イ　誤り。テレワークの導入に当たっては、労働時間の管理を適切に行なうことが必要であるが、育児や介護などで仕事を中抜けする場合の労働時間の取扱いや、半日だけテレワークする際の移動時間の取扱方法があきらかにされていないとしている。(『働き方改革実行計画』本文P.16)

ウ　正しい。働き方改革実行計画によれば、長時間労働を防止するため、深夜労働の制限や深夜・休日のメール送付の抑制等の対策例を推奨するとしている。(『働き方改革実行計画』本文P.16)

エ　正しい。働き方改革実行計画によれば、国家戦略特区により、テレワーク導入企業に対するワンストップの相談支援をするとしている。(『働き方改革実行計画』本文P.16)

解答　イ

問題36：次の図は、企業におけるテレワークの実施目的に関する調査で回答率の高かった項目を順に5つ並べたものである。（　）に入る最も適切な語句の組合せを、以下のアからエまでのうち1つ選びなさい。

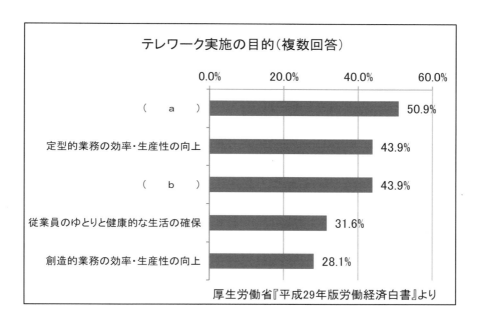

ア．a．家庭生活を両立させる従業員への対応
　　b．優秀な人材の雇用確保
イ．a．従業員の移動時間の短縮・効率化
　　b．優秀な人材の雇用確保
ウ．a．家庭生活を両立させる従業員への対応
　　b．従業員の移動時間の短縮・効率化
エ．a．従業員の移動時間の短縮・効率化
　　b．家庭生活を両立させる従業員への対応

解説
本問は、テレワークの実施目的についての理解を問うものである。

テレワークの実施目的をみてみると「定型的業務の効率・生産性の向上」が43.9％と高くなっているが、そのほか「**家庭生活を両立させる従業員への対応**」「**従業員の移動時間の短縮・効率化**」「従業員のゆとりと健康的な生活の確保」が、それぞれ50.9％、43.9％、31.6％となっているようにワーク・ライフ・バランスを配慮した目的の割合も高くなっていることが分かる。
（平成29年版労働経済白書P.160）

解答　ウ

問題37：働き方改革実行計画における非雇用型テレワークのガイドライン刷新と働き方への支援に関する以下のアからエまでの記述のうち、<u>誤っている</u>ものを１つ選びなさい。

ア．事業者と雇用契約を結ばずに仕事を請け負い、自宅等で働くテレワークを「非雇用型テレワーク」という。

イ．働き方改革実行計画によれば、インターネットを通じた仕事の仲介事業であるクラウドソーシングが急速に拡大し、雇用契約によらない働き方による仕事の機会は増加している。

ウ．非雇用型テレワークの働き手は、仕事の内容の一方的な変更やそれに伴う過重労働、不当に低い報酬やその支払い遅延、提案形式で仮納品した著作物の無断転用など、以前は発注者や仲介事業者との間で様々なトラブルに直面していたが、現在はクラウドソーシングの拡大に伴いトラブルが減少しつつある。

エ．働き方改革実行計画によれば、仲介事業を想定せず、働き手と発注者の相対契約を前提としている現行の非雇用型テレワークの発注者向けガイドラインを改定し、仲介事業者が一旦受注して働き手に再発注する際にも当該ガイドラインを守るべきことを示すなど、仲介事業者に求められるルールを明確化し、その周知徹底及び遵守を図るとしている。

第3章　過去問題

解説
本問は、働き方改革実行計画の非雇用型テレワークのガイドライン刷新と働き方への支援についての理解を問うものである。

ア　正しい。事業者と雇用契約を結ばずに仕事を請け負い、自宅等で働くテレワークを「非雇用型テレワーク」という（『働き方改革実行計画』本文P.16）。

イ　正しい。インターネットを通じた仕事の仲介事業であるクラウドソーシングが急速に拡大し、雇用契約によらない働き方による仕事の機会が増加しているとしている（『働き方改革実行計画』本文P.16）。

ウ　誤り。非雇用型テレワークの働き手は、仕事の内容の一方的な変更やそれに伴う過重労働、不当に低い報酬やその支払い遅延、提案形式で仮納品した著作物の無断転用など、発注者や仲介事業者との間で様々なトラブルに直面している（『働き方改革実行計画』本文P.16）。

エ　正しい。仲介事業を想定せず、働き手と発注者の相対契約を前提としている現行の非雇用型テレワークの発注向けガイドラインを改定し、仲介事業者が一旦受注して働き手に再発注する際にも当該ガイドラインを守るべきことを示すとともに、契約文書のない簡易な取引や著作物の仮納品が急増しているなどクラウドソーシングの普及に伴うトラブルの実体を踏まえ、仲介手数料や著作物の取扱いの明示など、仲介事業者に求められるルールを明確化し、その周知徹底及び遵守を図るとしている（『働き方改革実行計画』本文P.16・17）。

解答　ウ

問題38: 次の図は、企業が兼業・副業を容認・推進している理由・背景に関する調査結果の一部を表している。(　)に入る最も適切な語句の組合せを、以下のアからエまでのうち1つ選びなさい。

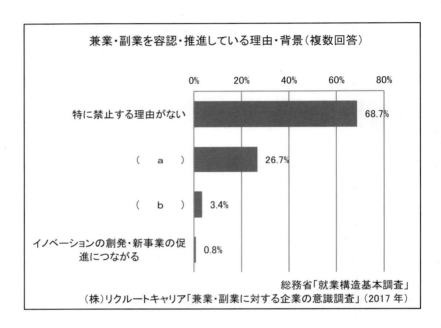

ア．a．人手不足解消、多様な人材の活躍につながる
　　b．リーダーシップの醸成、リーダーシップ人材の発掘
イ．a．従業員の収入増につながる
　　b．人手不足解消、多様な人材の活躍につながる
ウ．a．従業員の収入増につながる
　　b．社外の人脈形成につながる
エ．a．本業に良い影響が生まれる
　　b．従業員の収入増につながる

解説

本問は、企業が兼業・副業を容認・推進している理由・背景についての理解を問うものである。

副業希望者は年々増加傾向にはあるものの、5.7％程度であり、企業において兼業・副業を認めている会社の割合も2割強と低い水準にある。その要因について兼業・副業を容認・促進している理由からみると、「従業員の収入増につながる（26.7％）」が多く、「人手不足解消、多様な人材の活躍につながる（3.4％）」「社外の人脈形成につながる（2.3％）」「リーダーシップの醸成、リーダーシップ人材の発掘（1.1％）」「イノベーションの創発・新事業の促進につながる（0.8％）」といった理由は極めて少ない状況にある。（平成29年版労働経済白書P.102）

解答　イ

問題39：働き方改革実行計画で述べられている子育て・介護と仕事の両立に関する以下のアからエまでの記述のうち、下線部の内容が<u>誤っている</u>ものを１つ選びなさい。

ア．受け皿の拡大にあわせて、保育士資格の新規取得者の確保を図るほか、処遇改善や就業継続支援、離職者の再就職支援といった<u>総合的な人材確保対策</u>を講じる必要がある。

イ．保育園等において、<u>病児保育、延長保育や一時預かり、障害児支援</u>などの多様な保育を提供できるよう、これらの受け皿の拡大やニーズに応じた柔軟な利用を進めていく。

ウ．介護についても、介護支援の充実を図り、介護をしながら仕事を続けることができる「介護離職ゼロ」に向け、介護の受け皿については、<u>2020年代初頭</u>までに、<u>20万人分以上</u>の整備を確実に推進する。

エ．<u>部下や同僚の育児・介護等に配慮・理解のある</u>上司（イクボス）を増やすため、ロール・モデル集の作成やイクボス宣言を広める。

解説
本問は、子育て・介護と仕事の両立についての理解を問うものである。

ア　正しい。「受け皿の拡大にあわせて、保育士資格の新規取得者の確保を図るほか、処遇改善や就業継続支援、離職者の再就職支援といった総合的な人材確保対策を講じる必要がある。」(『働き方改革実行計画』本文P.22)。

イ　正しい。「保育園等において、病児保育、延長保育や一時預かり、障害児支援などの多様な保育を提供できるよう、これらの受け皿の拡大やニーズに応じた柔軟な利用を進めていく」(『働き方改革実行計画』本文P.22)。

ウ　誤り。「20万人分以上」が誤りで、正しくは「50万人分以上」である。「介護の受け皿については、2020年代初頭までに、50万人分以上の整備を確実に推進する」(『働き方改革実行計画』本文P.22)。

エ　正しい。「部下や同僚の育児・介護等に配慮・理解のある上司(イクボス)を増やすため、ロール・モデル集の作成やイクボス宣言を広める。」(『働き方改革実行計画』本文P.23)。

解答　ウ

問題40：働き方改革実行計画における我が国の外国人労働者の現状に関する【問題文A】から【問題文C】の内容として正しいものを、以下のアからエまでのうち1つ選びなさい。

【問題文A】日本で就労する外国人材は、評価システムが不透明であることや、求められる日本語の水準が高いこと等を不満に感じているとされている。

【問題文B】我が国経済社会の活性化に資する専門的・技術的分野の外国人材をさらに積極的に受け入れていくためには、外国人材にとっても魅力ある就労環境等を整備していく必要がある。

【問題文C】我が国の外国人労働者の人数は、従来、留学・家族滞在等の資格外活動による労働者が、専門的・技術的分野の在留資格を持った労働者を上回っていたが、2014年を境に、専門的・技術的分野の在留資格を持った労働者が、留学・家族滞在等の資格外活動による労働者を上回っている。

ア．Aのみ誤っている。
イ．Bのみ誤っている。
ウ．Cのみ誤っている。
エ．すべて正しい。

解説
本問は、我が国の外国人労働者の現状についての理解を問うものである。

A 正しい。日本で就労する外国人材は、評価システムが不透明であることや、求められる日本語の水準が高いこと等を不満に感じているとされている（『働き方改革実行計画』本文P.26・27）。

B 正しい。我が国経済社会の活性化に資する専門的・技術的分野の外国人材をさらに積極的に受け入れていくためには、外国人材にとっても魅力ある就労環境等を整備していく必要があるとされている（『働き方改革実行計画』本文P.27）。

C 誤り。我が国の外国人労働者の人数は、2014年を境に、留学等で入国

した資格外活動による労働者が、専門的・技術的分野の在留資格を持った労働者（高度人材）を上回っている（『働き方改革実行計画』参考資料P.12）。

以上により、問題文ABは正しいが、Cは誤っている。従って、正解は肢ウとなる。

解答　ウ

問題41：働き方改革実行計画等における外国人材の受入れに関する以下のアからエまでの記述のうち、下線部の内容が誤っているものを１つ選びなさい。

ア．高度外国人材とは「国内の資本・労働とは補完関係にあり、代替することが出来ない良質な人材」であり、「我が国の産業にイノベーションをもたらすとともに、日本人との切磋琢磨を通じて専門的・技術的な労働市場の発展を促し、我が国労働市場の効率性を高めることが期待される人材」とされている。

イ．高度外国人材の永住許可申請に要する在留期間を現行の5年から最短で2年とする日本版高度外国人材グリーンカードが創設された。

ウ．企業における職務等の明確化と公正な評価・処遇の推進など、我が国経済社会の活性化に資する高度外国人材を更に積極的に受け入れるための就労環境の整備を図っていくことが重要である。

エ．専門的・技術的分野とは評価されない分野の外国人材の受入れについては、ニーズの把握や経済的効果の検証だけでなく、日本人の雇用への影響、教育、治安など幅広い観点から、検討すべき問題である。

第3章　過去問題

解説
本問は、外国人材の受入れについての理解を問うものである。

ア　正しい。「我が国が積極的に受け入れるべき高度外国人材とは、「国内の資本・労働とは補完関係にあり、代替することが出来ない良質な人材」であり、「我が国の産業にイノベーションをもたらすとともに、日本人との切磋琢磨を通じて専門的・技術的な労働市場の発展を促し、我が国労働市場の効率性を高めることが期待される人材」とされています」（法務省入国管理局HP『高度人材ポイント制とは？』）。

イ　誤り。「5年から最短で2年とする」が誤りで、正しくは「5年から最短で1年とする」である。「優秀な人材の獲得競争が世界でますます激化していく中で、高度な外国人材を我が国に惹き付け、長期にわたり活躍してもらうため、高度外国人材の永住許可申請に要する在留期間を現行の5年から世界最速級の1年とする日本版高度外国人材グリーンカードを創設する」（『働き方改革実行計画』本文P.27）。なお、日本版高度外国人材グリーンカードは2017年4月に創設された。

ウ　正しい。「我が国経済社会の活性化に資する専門的・技術的分野の外国人材を更に積極的に受け入れていくためには、外国人材にとっても魅力ある就労環境等を整備していく必要がある。このため、企業における職務等の明確化と公正な評価・処遇の推進など、高度外国人材を更に積極的に受け入れるための就労環境の整備を図っていくことが重要である」（『働き方改革実行計画』本文P.27）。

エ　正しい。「専門的・技術的分野とは評価されない分野の外国人材の受入れについては、ニーズの把握や経済的効果の検証だけでなく、日本人の雇用への影響、産業構造への影響、教育、社会保障等の社会的コスト、治安など幅広い観点から、国民的コンセンサスを踏まえつつ検討すべき問題である」（『働き方改革実行計画』本文P.27）。

解答　イ

問題42： 働き方改革実行計画で述べられている女性・若者が活躍しやすい環境整備に関する以下のアからエまでの記述のうち、下線部の内容が誤っているものを1つ選びなさい。

ア．子育て等により離職した女性の<u>リカレント教育</u>など個人の主体的な学び直しを通じたキャリアアップ・再就職への支援を抜本的に拡充する。

イ．<u>介護分野を中心に</u>、今後需要増加が見込まれるスキルに関する専門教育講座を開拓・見える化し、その受講を支援する。

ウ．1人ひとりのライフステージに合った仕事を選択しやすくするため、<u>雇用保険法を改正し</u>、職場で求められるスキルに直結する専門教育講座の受講費用に対する教育訓練給付を拡充する。

エ．我が国では正社員だった女性が育児で一旦離職すると、復職や再就職を目指す際に、過去の経験、職業能力を活かせない職業に就かざるを得ないことが、<u>労働生産性の向上</u>の点でも問題を生じさせている。

解説

本問は、女性・若者が活躍しやすい環境整備についての理解を問うものである。

ア　正しい。「子育て等により離職した女性のリカレント教育や高度なITなど個人の主体的な学び直しを通じたキャリアアップ・再就職への支援を抜本的に拡充する。」(『働き方改革実行計画』工程表P.52)。

イ　誤り。「介護分野を中心に」が誤りで、正しくは「高度なIT分野を中心に」である。「また、民間企業における1人当たりの教育訓練費が減少傾向にある一方で、人工知能（AI）などによる第4次産業革命が働く人に求められるスキルを急速に変化させているため、技術革新と産業界のニーズに合った能力開発を進める。高度なIT分野を中心に、今後需要増加が見込まれるスキルに関する専門教育講座を開拓・見える化し、その受講を支援する」(『働き方改革実行計画』本文P.18)。

ウ　正しい。「大学等における職務遂行能力向上に資するリカレント教育を受け、その後再就職支援を受けることで、一人ひとりのライフステージに合った仕事を選択しやすくする。このため、雇用保険法を改正し、職場で求められるスキルに直結する専門教育講座の受講費用に対する教育訓練給付を拡充する。」（『働き方改革実行計画』本文P.17）。

エ　正しい。「我が国では正社員だった女性が育児で一旦離職すると、復職や再就職を目指す際に、過去の経験、職業能力を活かせない職業に就かざるを得ないことが、労働生産性の向上の点でも問題を生じさせている。」（『働き方改革実行計画』本文P.17）。

解答　イ

問題43： 次の図は、厚生労働省による賃金構造基本統計調査における役職別管理職に女性が占める割合の推移を表している。（　）に入る最も適切な語句の組合せを、以下のアからエまでのうち1つ選びなさい。

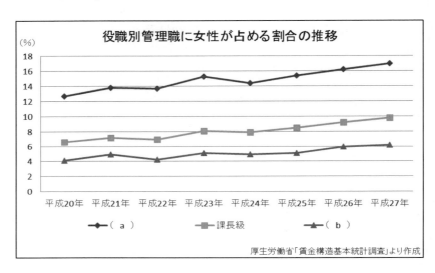

厚生労働省「賃金構造基本統計調査」より作成

ア．a．係長級　　b．部長級
イ．a．部長級　　b．主任級
ウ．a．係長級　　b．取締役級
エ．a．部長級　　b．係長級

解説
本問は、働き方改革実行計画に関連して、女性の管理職の比率の現状についての理解を問うものである。

本問のグラフにおいて、（　a　）に該当するのは「係長級」であり、（　b　）に該当するのは、「部長級」である。従って、正解は肢アとなる。（平成28年版厚生労働白書　資料編P.173）

解答　ア

問題44: 女性・若者が活躍しやすい環境整備に関する次の文章および図中の（　）に入る最も適切な語句の組合せを、以下のアからエまでのうち1つ選びなさい。

「（　a　）認定制度」とは、若者の採用・育成に積極的で、若者の雇用管理の状況などが優良な中小企業（常時雇用する労働者が300人以下）を若者雇用促進法に基づき（　b　）が認定するものである。認定企業となるメリットとして、ハローワーク等で重点的PRの実施や認定企業限定の就職面接会等への参加、自社の商品、広告などに右図の認定マークの使用が可能となる。
平成29年4月1日から、認定基準のうち、（　c　）、離職率、有給休暇の3つの認定基準が変更された。

ア．a．くるみん　　　b．厚生労働大臣　　c．労働時間
イ．a．くるみん　　　b．内閣総理大臣　　c．女性管理職割合
ウ．a．ユースエール　b．厚生労働大臣　　c．労働時間
エ．a．ユースエール　b．内閣総理大臣　　c．育児休業

解説

本問は、女性・若者が活躍しやすい環境整備についての理解を問うものである。

「<u>ユースエール</u>認定制度」とは、若者の採用・育成に積極的で、若者の雇用管理の状況などが優良な中小企業（常時雇用する労働者が300人以下）を若者雇用促進法に基づき<u>厚生労働大臣</u>が認定するものである。認定企業となるメリットとして、ハローワーク等で重点的PRの実施や認定企業限定の就職面接会等への参加、自社の商品、広告などに右図の認定マークの使用

が可能となる。
平成29年4月1日から、認定基準のうち、**労働時間**、離職率、有給休暇の3つの認定基準が変更された。

ユースエール認定（若者雇用促進法に基づく認定）制度とは、若者の採用・育成に積極的で、若者の雇用管理の状況などが優良な中小企業を厚生労働大臣が認定する制度。これらの企業の情報発信を後押しすることなどにより、企業が求める人材の円滑な採用を支援し、若者とのマッチング向上を図る（厚生労働省HP『ユースエール認定制度』）。
労働時間の認定基準は、平成29年4月1日から、直近事業年度の①正社員の所定外労働時間月平均が20時間以下、かつ②月平均の法定時間外労働60時間以上の正社員ゼロと変更された。

aには「ユースエール」、bには「厚生労働大臣」、cには「労働時間」が入る。従って、正解はウとなる。

解答　ウ

問題45: 次の図は、国立社会保障・人口問題研究所による第15回出生動向基本調査における、女性の第1子出産前後の就業変化を示している。（　　）に入る最も適切な語句の組合せを、以下のアからエまでのうち1つ選びなさい。

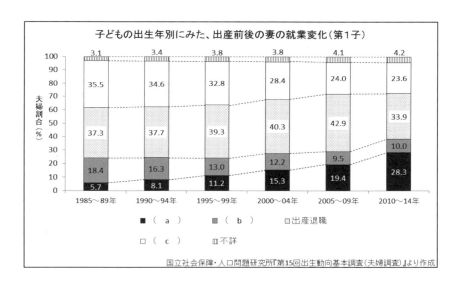

ア． a．就業継続（育児休業利用）
　　 b．就業継続（育児休業利用なし）
　　 c．妊娠前から無職
イ． a．就業継続（育児休業利用）
　　 b．妊娠前から無職
　　 c．就業継続（育児休業利用なし）
ウ． a．妊娠前から無職
　　 b．就業継続（育児休業利用）
　　 c．就業継続（育児休業利用なし）
エ． a．就業継続（育児休業利用なし）
　　 b．就業継続（育児休業利用）
　　 c．妊娠前から無職

解説
本問は、我が国の女性の就労者数の現状に関して、女性の出産後の継続就業率についての理解を問うものである。

第1子出産前後の妻の就業状態の変化を見ると、妊娠前の妻の就業率が7割超で推移する中、出産退職する妻が減少しており、第1子出産前後の就業継続者の割合は、2005〜09年の29.0%から2010〜14年の38.3%へと10%ポイント近く上昇した。(厚生労働省『平成29年度厚生労働白書』P.198〜200)
aには「就業継続(育児休業利用)」、bには「就業継続(育児休業利用なし)」、cには「妊娠前から無職」が入る。従って、正解は肢アとなる。

解答　ア

問題46：キャリアアップ助成金に関する【問題文A】から【問題文C】の内容として正しいものを、以下のアからエまでのうち1つ選びなさい。

【問題文A】キャリアアップ助成金は、有期契約労働者、短時間労働者、派遣労働者といった、いわゆる非正規雇用労働者の企業内でのキャリアアップなどを促進するため、正社員化、人材育成、処遇改善を達成した個人に対して助成する制度である。

【問題文B】キャリアアップ助成金は、平成29年4月1日改正分より、すべてのコースに、助成金の支給申請を行う直近の会計年度における「生産性」が、その3年度前に比べて6%以上伸びていることなどの生産性要件が設定されることとなった。

【問題文C】一億総活躍社会の実現のため、様々な施策が講じられているが、その1つとして、キャリアアップ助成金における、有期雇用から正規雇用への転換等に係る助成の拡充が挙げられている。

ア．Aのみ誤っている。
イ．Bのみ誤っている。
ウ．Cのみ誤っている。
エ．すべて正しい。

解説
本問は、キャリアアップ助成金についての理解を問うものである。

A　誤り。「個人に対して」が誤りで、正しくは「事業主に対して」である。キャリアアップ助成金は、有期契約労働者、短時間労働者、派遣労働者といった、いわゆる非正規雇用労働者の企業内でのキャリアアップなどを促進するため、正社員化、人材育成、処遇改善の取組を実施した事業主に対して助成する制度である（厚生労働省HP『キャリアアップ助成金』）。

B　正しい。平成29年4月1日から、キャリアアップ助成金の全てのコースに生産性要件が設定された。「生産性要件」として、助成金の支給申請を行う直近の会計年度における「生産性」が、その3年度前に比べて6％以上伸びていること、または、その3年度前に比べて1％以上（6％未満）伸びていることを挙げている。「生産性」とは、付加価値を雇用保険被保険者数で除したものである（厚生労働省HP『キャリアアップ助成金』）。

C　正しい。一億総活躍社会の実現のため、希望出生率の目標値に直結する緊急対策として、キャリアアップ助成金における、有期雇用から正規雇用への転換等に係る助成の拡充が挙げられている（厚生労働省『平成28年版厚生労働白書』P.232）。

以上により、問題文BCは正しいが、Aは誤っている。従って、正解は肢アとなる。

解答　ア

問題47: 次の図は、厚生労働省による常用労働者を対象とした調査の結果の一部を表している。（　　）に入る最も適切な語句の組合せを、以下のアからエまでのうち1つ選びなさい。

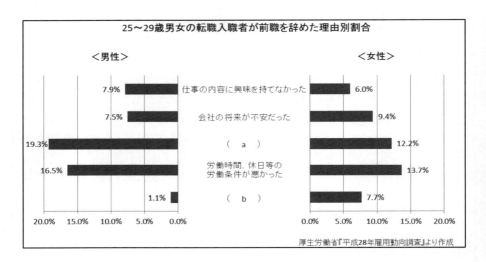

ア．a．給料等収入が少なかった
　　b．職場の人間関係が好ましくなかった
イ．a．定年・契約期間の満了
　　b．出産・育児
ウ．a．給料等収入が少なかった
　　b．結婚
エ．a．職場の人間関係が好ましくなかった
　　b．結婚

解説

本問は、転職の原因についての理解を問うものである。

aには「給料等収入が少なかった」、bには「結婚」が入る。従って、正解は肢ウである。

アンケートの詳細については、以下の表のとおりである。

区分	計	仕事の内容に興味を持てなかった	会社の将来が不安だった	給料等収入が少なかった	労働時間、休日等の労働条件が悪かった	結婚	出産・育児	介護・看護	定年・契約期間の満了	その他の理由（出向等を含む）
平成28年(%)										
男	100	5.1	8.4	12.2	9.5	0.7	0.1	1.2	16.5	46.3
25～29歳	100	7.9	7.5	19.3	16.5	1.1	0.2	0.3	6.6	40.6
65歳以上	100	0.4	0.9	3.1	4.1	3.6	—	0.3	61.6	26.0
女	100	4.6	4.9	9.9	12.3	2.5	1.5	1.5	13.2	49.6
25～29歳	100	6.0	9.4	12.2	13.7	7.7	1.6	0.5	6.3	42.6
65歳以上	100	2.6	0.3	2.3	3.9	—	—	7.2	38.8	44.9
平成27年(%)										
男	100	7.1	7.3	10.5	10.5	0.5	0.1	0.6	15.0	48.4
女	100	5.7	2.7	10.0	13.8	2.8	2.0	1.1	11.5	50.4

（厚生労働省「平成28年雇用動向調査」）

解答　ウ

問題48：働き方改革実行計画における教育環境の整備の方向性に関する【問題文A】から【問題文C】の下線部の内容として正しいものを、以下のアからエまでのうち1つ選びなさい。

【問題文A】働き方改革実行計画では、給付型奨学金について、低所得世帯の進学者2万人に対し、国公私や通学形態の違いにより、月額2万円から4万円を支給することとしている。

【問題文B】働き方改革実行計画では、無利子奨学金を、低所得世帯の子供について、成績基準を採用し、基準に達する子供に対して支給することとしている。

【問題文C】働き方改革実行計画では、貸与型の奨学金の返還について、2017年度進学者から返還月額を卒業後の所得に連動させる制度を導入することとしている。

ア．Aのみ誤っている。
イ．Bのみ誤っている。
ウ．Cのみ誤っている。
エ．すべて正しい。

解説

本問は、働き方改革実行計画における教育環境の整備の方向性についての理解を問うものである。

A 正しい。給付型奨学金を創設し、低所得世帯の進学者2万人に対し、国公私や通学形態の違いにより月額2万円から4万円を給付する。特に経済的に厳しい者に対して2017年度から一部先行実施し、2018年度進学者から本格実施する(『働き方改革実行計画』本文P.25、工程表P.58)。

B 誤り。無利子奨学金について、2017年春から、基準を満たしていながら貸与を受けられていない残存適格者を解消するとともに、低所得世帯の子供については成績基準を実質的に撤廃し、必要とする全ての子供たちが受給できるようにする(『働き方改革実

行計画』本文P.25、工程表P.58)。成績基準の実質撤廃に伴い、無利子奨学金の追加募集を行うなど、既にスタートしている。

C 正しい。貸与型の奨学金の返還について、2017年度進学者から返還月額を卒業後の所得に連動させる制度を導入するとともに、既に返還を開始している者についても減額返還制度を拡充することにより、大幅な負担軽減を図る(『働き方改革実行計画』本文P.25、工程表P.58)。「所得連動返還型奨学金制度(所得連動返還方式)」として、2017年4月から開始している。

以上により、問題文ACは正しいが、Bは誤っている。従って、正解は肢イとなる。

解答　イ

問題49: 次の図は、高齢者の就労に関する意識調査（全国の60歳以上の男女を対象）において回答率が高かった項目を順に3つ並べたものである。（　）に入る最も適切な語句の組合せを、以下のアからエまでのうち1つ選びなさい。

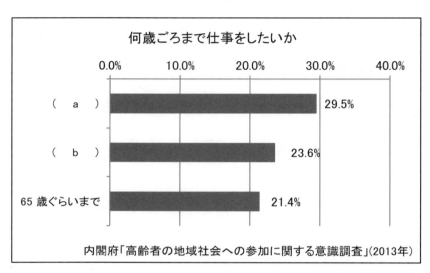

ア．a. 60歳ぐらいまで　　　　　　b. 75歳ぐらいまで
イ．a. 75歳ぐらいまで　　　　　　b. 働けるうちはいつまでも
ウ．a. 70歳ぐらいまで　　　　　　b. 60歳ぐらいまで
エ．a. 働けるうちはいつまでも　　b. 70歳ぐらいまで

解説
本問は、高齢者の労働意欲についての理解を問うものである。

60歳以上の男女に対し、「何歳ごろまで仕事をしたいか」についてたずねたところ、「働けるうちはいつまでも（29.5％）」が最も多く、次いで「70歳ぐらいまで（23.6％）」、「65歳ぐらいまで（21.4％）」となっている。（H28年版厚生労働白書P.73）

解答　エ

問題50：働き方改革実行計画で述べられている高齢者の就業促進に関する以下のアからエまでの記述のうち、下線部の内容が誤っているものを１つ選びなさい。

ア．高齢者の就業促進のポイントは、年齢に関わりなく公正な職務能力評価により働き続けられる「エイジレス社会」の実現であり、これが、若者のやる気、そして企業全体の活力の増進にもつながる。

イ．政府は、高齢者に新たなスキルを習得させ、真に当該高齢者に合った転職、再就職を進めていくと宣明している。

ウ．高齢者就労促進の１つの中核は、多様な技術・経験を有するシニア層が１つの企業に留まらず、幅広く社会に貢献できる仕組みである。

エ．ハローワークにおいて高齢者が就業可能な短時間等の求人を開拓するとともに、年齢に関わりなく職務に基づく公正な評価により働ける企業を求人票で見える化する。

解説

本問は、エイジレス社会の実現に向けた動き及び高齢者のキャリアチェンジ促進についての理解を問うものである。

ア　正しい。高齢者の就業促進のポイントは、年齢に関わりなく公正な職務能力評価により働き続けられる「エイジレス社会」の実現であり、これが、若者のやる気、そして企業全体の活力の増進にもつながる。(『働き方改革実行計画』本文P.26)

イ　誤り。新たなスキルを習得させ、真に当該高齢者に合った転職、再就職を進めていくとは宣明していない。「高齢者になってからではなく、それ以前からスキル・ノウハウの蓄積や棚卸しや、転職・再就職、副業・兼業などを推進していく。」(『働き方改革実行計画』本文P.26)

ウ　正しい。高齢者就労促進の１つの中核は、多様な技術・経験を有するシニア層が一つの企業に留まらず、幅広く社会に貢献できる仕組みである。(『働き方改革実行計画』本文P.26)

エ　正しい。ハローワークにおいて高齢者が就業可能な短時間等の求人を

開拓するとともに、年齢に関わりなく職務に基づく公正な評価により働ける企業を求人票で見える化する。(『働き方改革実行計画』本文P.26)

解答　イ

働き方検定
働き方マスター試験学習テキスト
試験対策資料集＋問題集

2018年3月22日　初版第1刷発行

編　者	一般財団法人　全日本情報学習振興協会
発行者	牧野常夫
発行所	一般財団法人　全日本情報学習振興協会
	〒101-0061　東京都千代田区神田三崎町3-7-12
	清話会ビル5F
	TEL：03-5276-6665
発売所	株式会社　泰文堂
	〒108-0075　東京都港区港南2-16-8ストーリア品川
	TEL：03-6712-0333
印刷・製本	大日本法令印刷株式会社

※本書のコピー、スキャン、電子データ化の無断複製は、著作権法上での例外を除き、禁じられています
※乱丁・落丁は、ご面倒ですが、一般財団法人全日本情報学習振興協会までお送りください。
　弊財団にて送料を負担の上、お取り替えいたします。
※定価は、表紙に表示してあります。

ISBN コード　978-4-8030-1185-2　C2034

©2018　一般財団法人　全日本情報学習振興協会　Printed in Japan